PRÉCIS CHRONOLOGIQUE
DE CIVILISATION FRANÇAISE

de Lascaux à Beaubourg

DU MÊME AUTEUR

En collaboration

Précis chronologique d'Histoire de France, Albin Michel, 1981.

Inventaire F 31, Archives nationales, 1963.

Histoire de l'Humanité, Unesco-Robert Laffont, 1966-1968.

Le Monde autour de 1492, Larousse, 1968.

Le Bas-Empire romain, Documentation française, 1971.

Catalogue de l'exposition « Les enseignes », Castres, 1972.

Châteaux forts, Larousse, 1977.

Pays de Loire, Larousse, 1978.

Palais et Châteaux, Larousse, 1978.

Poitou-Charentes, Larousse, 1979.

Sous presse

Tableau chronologique de la France, pour le dictionnaire historique Mourre, Bordas.

En préparation

Le Mille-feuilles turc

Histoire des enseignes

YVES D. PAPIN

PRÉCIS CHRONOLOGIQUE DE CIVILISATION FRANÇAISE

de Lascaux à Beaubourg

ALBIN MICHEL

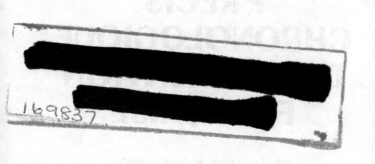

© Editions Albin Michel, 1981
22, rue Huyghens, 75014 Paris.
ISBN 2-226-01293-1

SOMMAIRE

Avant-propos

« CIVILISATION : Ensemble des caractères propres à la vie intellectuelle, artistique, morale et matérielle d'un pays. »

Petit Larousse.

Cet ouvrage, de conception nouvelle et pratique, est le complément naturel du *Précis chronologique d'Histoire de France* de Dujarric. Ce dernier, en effet, conçu il y a longtemps déjà, s'en tenait à l'histoire événementielle traditionnelle ; notre mise à jour avait tenté (à partir des années vingt) d'introduire des notions de civilisation et de culture. Ces données sont, en général, dispersées dans les chronologies mondiales ou ne se trouvent que dans les ouvrages spécialisés. C'est pourquoi nous avons pensé répondre au vœu de nombreux lecteurs en mettant à leur disposition, sous un format commode, la succession, année par année, des richesses essentielles du patrimoine culturel de la France. Le découpage des chapitres tient compte exclusivement des courants culturels en se démarquant radicalement de l'histoire traditionnelle par siècles ou par règnes.

Nous avons commencé cet ouvrage au paléolithique supérieur, apogée de la Préhistoire, domaine si fertile dans notre passé et pourtant si souvent ignoré. Il va de soi que, pour les temps préhistoriques et la période celte, la relative imprécision de la datation nous a souvent conduits à envisager des millénaires ou des siècles. Pour des raisons identiques les débuts du Moyen Age (ve au xe siècle essentiellement) comportent des indications séculaires à côté des dates annuelles, tout particulièrement dans le domaine artistique. Quand la matière devient suffisamment riche et précise, les faits de

civilisation sont répartis, pour chaque année, en quatre
rubriques :
— faits sociaux, économiques, humains ;
— faits scientifiques, transports ;
— faits artistiques et sportifs ;
— faits intellectuels.

L'abondance même des faits, à partir de 1791 surtout,
devient telle qu'un choix s'impose, autant par manque de
place que pour éviter une fastidieuse énumération. Il ne
pouvait être question en effet de citer l'œuvre entière de
Voltaire, Hugo, Delacroix, Méliès ou Pasteur, ou de tenir la
liste complète de toutes les inventions ou toutes les grèves.
Nous avons donc essayé de conserver les œuvres et les faits
universellement considérés comme majeurs. Quant à nos
contemporains, qu'ils ne s'étonnent pas de nombreuses
absences : à partir des années quarante essentiellement, nous
avons souvent privilégié les grands courants au détriment
des individualités, trop nombreuses ou trop éphémères.

Signalons notre effort particulier pour valoriser certains
secteurs souvent délaissés ou ignorés : cirque, caricature,
bande dessinée, culture régionale, music-hall, mode, gastro-
nomie, artistes marginaux, art populaire, etc., qui font autant
partie, sinon davantage, que les « gloires nationales » de
notre patrimoine culturel : sans eux, notre entreprise risque-
rait de n'être que la répétition d'ouvrages existants. Pour
cultiver le paradoxe, nous dirions volontiers que dans notre
chronologie se trouve en priorité ce qu'on ne trouve pas
dans les ouvrages similaires. C'est ainsi qu'on y verra la date
du premier papier fabriqué en France, du premier cigare
fumé, de la création de la Chartreuse [1], de la première
attribution de la Légion d'honneur à une femme, de l'invention du parachute, la date du « coup de Jarnac », la création
des pommes soufflées, etc.

En tout état de cause, précisons bien les limites de notre
ouvrage : notre ambition est de réaliser un aide-mémoire aussi
complet que possible et utile à tous les niveaux, mais en
aucun cas de concurrencer les dictionnaires et encyclopédies.
Il nous a paru intéressant également de faire ressortir la
richesse culturelle de certaines années ou de certaines

---

1. On verra apparaître parfois des noms de marques connues
(Maille, Marie Brizard, etc.) ce qui n'est en rien le fait de publicités
payées, mais celui de leur ancienneté.

périodes, ou, à d'autres moments, la domination de la peinture, du livre, de l'invention, etc.

Nous mesurons bien évidemment les risques de notre sélection (les spécialistes découvriront sûrement des lacunes dans leur discipline) qui ne fera sans doute pas l'unanimité, mais il faut accepter les règles du genre. Soulignons néanmoins que remarques et suggestions seront toujours accueillies avec intérêt et prises en considération dans la mesure du possible, et compte tenu des impératifs énoncés précédemment.

Certains s'étonneront peut-être de ne pas voir figurer le jour et le mois des faits cités : outre qu'en matière de faits culturels — à de rares exceptions près — avec le recul du temps ces données perdent de leur importance, il convenait d'alléger au maximum la présentation. Le lecteur curieux pourra toujours, s'il le désire, retrouver ces précisions dans les ouvrages spécialisés.

Il n'est peut-être pas inutile de préciser, en conclusion, que toutes les notions historiques, politiques et guerrières, signalées dans le *Précis chronologique,* ne sont pas reprises ici ; les dates essentielles n'apparaissent que pour la période préhistorique et jusqu'en 496 ap. J.-C., cette époque n'y étant évoquée que très brièvement et incomplètement.

Y. D. P.

1

NAISSANCE DE L'INDUSTRIE ET DE L'ART
vers 35000 à vers 600 av. J.-C.

Nous faisons débuter la « civilisation » avec l'apparition de l' « Homo sapiens », ce qui n'exclut bien sûr pas les réalisations antérieures durant le paléolithique inférieur et moyen (taille de la pierre sur éclats, maîtrise du fer, inhumation, etc.), dues aux premiers hominiens. La subsistance de l'homme préhistorique, jusqu'au néolithique, est liée à la chasse, la pêche et à la cueillette, dans un climat et une nature hostiles. Les dates sont données comme un ordre d'idée et à titre indicatif car il est bien évident qu'on ne peut dater avec précision ces époques lointaines (jusqu'à l'apparition de l'écriture) et que les périodes ont parfois coexisté temporairement, en se chevauchant, cela jusqu'à l'âge du fer.

Paléolithique [1] supérieur ou âge du renne

v. 35000 à v. 30000 av. J.-C., châtelperronien [2].
(Châtelperron, Allier) :

— apparition de l'« homo sapiens » (homme de Combe Capelle) ;
— continuation de la « glaciation » de Würm ;
— débuts de l'industrie des outils sur lames (grattoirs, scies, burins, etc.) et début de la différenciation de l'outillage :
— outillage de pierre : « couteau » de Châtelperron ;
— outillage en os (renne, mammouth) très abondant : sagaies, tubes, aiguilles, etc. ;
— cabanes circulaires à charpente en défenses de mammouth ;
— bijoux en os ;

1. Age de la pierre taillée.
2. Les diverses périodes préhistoriques sont nommées à partir d'un site éponyme particulièrement représentatif, souvent français, car la France est un des berceaux de l'humanité occidentale et de la science préhistorique.

— gravures et incisions sur calcaire et os ;
— ocre rouge sur le sol des maisons et sur les squelettes.

v. **30000** à v. **27000** av. J.-C., **aurignacien.**
(Aurignac, Haute-Garonne) :

— hommes de Cro-Magnon (Dordogne) et de Grimaldi (Alpes-Maritimes) ;
— tentes et huttes à l'entrée des grottes ;
— outillage de pierre : grattoirs « carénés », burins « busqués », perçoirs, lames longues, lamelles « Dufour » ;
— outillage en os et bois de renne : pointes de sagaies ;
— débuts de l'art figuratif : plaquettes de pierre et d'os incisées, « macaronis » de Gargas (Hautes-Pyrénées), parures de coquillages et pendeloques en os ;
— utilisation de l'ocre dans les sépultures.

v. **27000** à v. **20000** av. J.-C., **gravettien.**
(La Gravette, Dordogne) :

— outillage de pierre typique : la pointe de la Gravette, obtenue par retouches abruptes, et le burin ;
— gravures de Gargas, de Pair-non-Pair (Gironde) ;
— Vénus de Brassempouy (Landes), de Lespugue (Haute-Garonne), de Laussel (Dordogne).

v. **20000** à v. **14000** av. J.-C., **solutréen.**
(Solutré, Sâone-et-Loire) :

— bifaces en « feuilles de laurier », en « feuilles de saule » ;
— lames microlithiques ;
— invention de l'aiguille à chas, en os ;
— certaines peintures de Lascaux (Dordogne), bas-reliefs de Roc de Sers (Charente), de Bourdeilles (Dordogne), de Mouthiers (Charente).

v. **14000** à v. **9000** av. J.-C., **magdalénien.**
(la Madeleine, Dordogne) :

— homme de Chancelade (Dordogne) ;
— fin de la glaciation de Würm ;

— camp de Pincevent (Yonne), habitat de chasseurs magdaléniens (tentes) ;
— apogée du travail de l'os et de l'ivoire : pointes de sagaies, harpons ;
— diversification des burins de pierre ;
— apogée de l'art pariétal :

peintures des grottes de Font-de-Gaume (Dordogne), de Lascaux (Dordogne), des Combarelles (Dordogne), de Rouffignac (Dordogne), de la Mouthe (Dordogne), de Pech-Merle (Lot), de Niaux (Ariège), du Portel (Ariège) ;

gravures et figures en argile : le Tuc d'Audoubert (Ariège), Montespan (Haute-Garonne) ;

— « religion » liée au règne animal ; « sorcier » de la grotte des Trois-Frères (Ariège).

Mésolithique

v. 9000 à v. 4500 av. J.-C.

Retour du climat tempéré et installation de la forêt.

Disparition de l'ours, du mammouth, du rhinocéros laineux.

v. 7000 Apparition sporadique d'espèces animales domestiques (mouton, chèvre...).

a) Castelnovien (Châteauneuf-lès-Martigues, Bouches-du-Rhône).

Meules et broyeurs (céréales).

b) Azilien (Mas-d'Azil, Ariège).

Grattoirs courts, industrie osseuse pauvre, galets peints.

c) Tardenoisien (Fère-en-Tardenois, Aisne).

« Pointes » du Tardenois, petite pointe double en « feuille de gui », « pointe de Vielle ».

d) Maglemosien (Maglemose, Danemark).

Important mobilier osseux : harpons, poignards, ciseaux.

Développement du culte des morts.

Néolithique (pierre polie)
Chalcolithique (coexistence cuivre-pierre)
v. **6500** à v. **1800** av. J.-C.

    a) Néolithique ancien.
v. 5000 Le danubien ou rubanné (Alsace).
v. 4500 Poterie cardiale (Méditerranée occidentale).
    b) Néolithique moyen.
v. 4000 Chasséen.
    Néolithique primaire armoricain.
v. 3200 Première métallurgie du cuivre.
    Multiplication des groupes humains.
v. 2050 *c)* Néolithique final.
    a) Couronnien (la Couronne, Bouches-du-Rhône).
    — début ou développement de l'agriculture à la houe, de l'élevage (bœuf, porc), de la poterie et du tissage.
    — début de la sédentarisation.
    — huttes de bois ou de pierre, habitat lacustre (palafittes), Jura, villages fortifiés sur buttes.
    — alimentation : cerf, chevreuil, sanglier, oiseaux..., mouton, porc, bœuf..., froment..., pomme, noisettes...
    — tombes individuelles, culte végétal de la fécondité et de la fertilité lié aux saisons, aux astres, à la météorologie.
    b) Cultures de Seine-et-Oise, peu-richardienne (Peu-Richard, Charente-Maritime), de Horgen (Zurich), de Fontbouisse (Gard) et de Ferrières (Hérault) :
    — civilisation des poteries cordées ou des haches de bataille (peu représentée en France).
    — groupes campaniformes (ou caliciformes) : gobelets, bols, écuelles, poignards en cuivre, courtes javelines en cuivre, pointes de flèches en silex.
    — début de l'architecture monumentale : les mégalithes : menhirs (isolés, alignements, cromlechs), dolmens, allées couvertes, Carnac, Locmariaquer, Gavrinis ;
    — commerce en Manche de l'ambre nordique, de l'or, de l'étain et du cuivre britanniques, de l'étain breton.

— exploitation des gisements de silex (Grand-Pressigny, Indre-et-Loire) — Plussulien (Côtes-du-Nord), taille de la pierre polie pour concurrencer le métal, et exportation des objets « manufacturés ».

v. 2000 Origine de Paris.

Age des métaux. Le bronze

v. 1800 à v. 750 av. J.-C.

a) Bronze ancien (1800-1450) : civilisation du Rhône (Jura, Rhône, Midi, Massif central) :
— poignards triangulaires décorés ;
— haches à rebords ;
— grosses urnes de céramique rustique.

v. 1600-1400 Invasion torréenne en Corse.
v. 1500 Derniers mégalithes. Traction animale et araire.

b) Bronze moyen (1450-1250) : civilisation des « tumulus ».
Vers le début du deuxième millénaire débarquement en Bretagne de petits princes guerriers, commerçants et métallurgistes.
Inhumation individuelle sous tumulus.

c) Bronze récent (1250-750) : civilisation des champs d'urnes dans l'est de la Gaule (les pré-celtes) :
— haches à ailerons ;
— haches à douilles ;
— grandes aiguilles en bronze ;
— amélioration des techniques agricoles ;
— développement de la métallurgie du bronze.

v. 1000 Premier four de potier en France. Premières installations celtes en Gaule.
— menhirs de Filitoza (Corse) ;
— vallée des merveilles (Alpes-Maritimes) ;
— incinération et mise des cendres dans des urnes.

Age des métaux. Premier âge du fer (période des Hallstatt) [1]

v. 1000 à v. 500 av. J.-C.

Habitat rustique.

1. Autriche.

Extraction du minerai de fer (Lorraine, Châtillonnais, Berry).
Concurrence du fer et du bronze.
Influence de la céramique grecque.
Fibules.
Tertres funéraires : l'inhumation des chefs, avec leur épée de fer et des éléments de char remplace progressivement la crémation.

2

LA CIVILISATION CELTE
ET LA PRÉSENCE GRECQUE
(deuxième âge du fer, La Tène) [1]
vers 600 à 51 av. J.-C.

— sites fortifiés : Bibracte, Entremont, Gergovie, Alésia, « mur païen » du mont Sainte-Odile, camp d'Artus (le Huelgoat).

— apparition de la monnaie.

— armes et casques en fer.

— statuaire en pierre : Roquepertuse, Entremont, Grézan.

— religion diversifiée.

La seule unité « gauloise » est culturelle.

v. 600 Fondation de Marseille (Massalia) par des Grecs de Phocée (Asie Mineure).

Installation des Allobroges entre Rhône et Isère.

v. 580 Premier établissement commercial grec à Glanum.

v. 565 Les Phocéens fondent Aleria (Alalia) en Corse.

v. 560 Fondation d'Agde, Hyères, Antibes et Nice, colonies de Marseille.

v. 550 Fondation d'Eusérune et d'Arles.

Introduction et développement de la vigne par les Grecs.

v. 540 Remplacement du troc par la monnaie.

Marseille frappe sa monnaie d'argent.

v. 500 Domination (mythique ?) d'Ambigatos, roi des Bituriges.

Inhumation de la princesse de Vix.

Statues d'Ollioules.

v. 425 Civilisation celto-grecque.

v. 400 Extraction importante de minerai de fer en Berry.

---

1 Suisse.

IVe siècle Rempart de l'oppidum de Saint-Blaise.
Culte du crâne à Entremont.

v. 387 Prise de Rome par les Gaulois Sénons.

386   Traité d'alliance entre Marseille et Rome.

v. 330-320 Voyages du navigateur marseillais Pythéas dans la mer du Nord, au moins jusqu'aux îles Shetland, à la recherche de l'étain et de l'ambre.

A partir de 300 Conquête de la Gaule méridionale par les Celtes.

IIIe siècle Début de la frappe de monnaie gauloise en or et en argent.
Chapiteau votif de Montagnac portant la première inscription gallo-grecque connue.
Casque d'Amfreville.

v. 300 Rempart de Marseille.

v. 250 Les Belges en Gaule.
Naissance de Lutèce (installation des Parisii).

231   Marseille fait envoyer une ambassade romaine en Espagne.

218   Hannibal traverse la Gaule et les Alpes.

v. 200 Rempart de Glanum.
« Ephèbe » d'Agde.

181   Marseille demande l'aide de Rome contre les Oxybiens et les Déciates.

154   Rome bat les Ligures qui menaçaient Antibes et Nice, colonies marseillaises.

v. 150 Importation de vins de Grèce et de Campanie.

125-124 Début de la conquête de la Gaule par les Romains qui battent une confédération celto-ligure dirigée par Entremont.

v. 123 Statue de guerrier accroupi d'Entremont.

123   Destruction d'Entremont, capitale des Salyens, par les Romains, à l'appel de Marseille.

122   Fondation d'Aix-en-Provence.

122-117 Organisation de la « Gaule transalpine » par Domitius Ahenobarbus.

121   Les Romains occupent l'Allobrogie.
Le proconsul D. Ahenobarbus entreprend la « via Domitia » à travers les Alpes au col du Genèvre.

v. 120 Extension de la vigne dans le midi de la France.

118   Création, à Narbonne, de la première colonie de citoyens romains hors d'Italie.

102   Marius écrase les envahisseurs Teutons près d'Aix-en-Provence.

Ier siècle La tarasque de Noves.

        L'idole de Bouray-sur-Juine.

82   Naissance du poète Varron de l'Aude, à Narbonne.

77   Soulèvement de tribus gauloises à l'appel de Sertorius, révolté en Espagne.

        Fondation de Saint-Bertrand-de-Comminges.

76-74 M. Fonteius propréteur de Gaule transalpine.

v. 72 Naissance de Vercingetorix (à Gergovie ?).

69   Les Gaulois font mettre en accusation le propréteur Fonteius, qui sera défendu par Cicéron dans le *pro Fonteio*.

64   Murena, propréteur de Gaule.

63   Les Allobroges se plaignent des exactions de Murena.

60   Le druide éduen, Ditivac, demande du secours à Rome contre les Germains.

51   Après la conquête par César, la Gaule « chevelue » devient une province romaine, et, en tant que telle, est gouvernée par César, puis Auguste et les empereurs successifs.

3

LA CIVILISATION GALLO-ROMAINE
51 av. J.-C. à 496 ap. J.-C.

A partir de 50 le latin devient progressivement la langue parlée en Gaule.

Naissance d'une civilisation urbaine.

49	Fondation de Fréjus par César.
47	Colonies de vétérans à Narbonne, Arles, etc.
46	Exécution de Vercingetorix à Rome.
44-43	Vienne, colonie romaine.
43	Fondation de Lyon par Munatius Plancus, un des lieutenants de César.

v. 40 Arènes d'Arles.

39-38 Premier voyage d'Octave en Gaule.

37 Mort du poète Varron de l'Aude.

27-25 Octave à Narbonne.

27 Assemblée de Narbonne présidée par Octave Nouvelle. Organisation administrative de la Gaule, divisée en soixante « cités ». Recensement des personnes et des biens.

Fondation de Nîmes.

Développement de l'urbanisme.

22-21 Murailles et portes de Nîmes, Vienne, etc. Construction du réseau routier par Agrippa, légat des Gaules.

v. 20 Trophée de Saint-Bertrand-de-Comminges.

« Antiques » de Glanum (Saint-Rémy-de-Provence).

v. 19 Pont du Gard.

16-13 Auguste en Gaule.

Division du territoire en trois Gaules.

v. 16-13 Création de Vienne, Valence, Avignon, Toulouse, etc.

v. 15 Théâtre d'Orange.

14 Naissance de l'orateur Domitius Afer.

13-9 Autel d'Apollon à Arles.

13-4 « Maison carrée » de Nîmes.

12   Opération de cens
        Drusus fonde l'autel de Lyon en instaurant le culte de
        l'empereur (Rome et Auguste).
10   Auguste à Lyon.
        Naissance à Lyon du futur empereur romain Claude,
        fils de Drusus.
        Création de l'école d'Autun.
v. 10 Théâtre d'Arles.
6   Trophée de La Turbie.
Ier siècle Interdiction aux Gaulois de cultiver la vigne.
[0   Ere chrétienne.]
v. 0   Installation d'ateliers monétaires (or) à Lutèce.
6   Création de l'impôt du vingtième sur les héritages.
        Tour Magne à Nîmes.
10-27   Arc de triomphe d'Orange.
av. 14 Théâtre de Lyon.
14   Opération de cens.
17   « Pilier des nautes » (Lutèce), première sculpture
        gallo-romaine connue et datée.
19   Arc de triomphe de Germanicus, à Saintes.
v. 20 Amphithéâtre de Lyon.
[21   Révoltes de Sacrovir et Florus dans les Ardennes et la
        région d'Autun, provoquées par la levée du tribut pour
        la campagne en Germanie.
        Après la répression, déclin du rôle de l'aristocratie
        gauloise attachée à l'indépendance.]
37-41   Phare de Boulogne.
v. 40 Selon la légende, débarquement aux Saintes-Maries-
        de-la-mer de Marie-Jacobé, Marie-Salomé, Marie-
        Madeleine, etc.
40-70   Apogée de la poterie sigillée de la Graufesenque
        (Aveyron).
41-48   Exil du philosophe Sénèque en Corse (sa deuxième
        femme, Pauline, était arlésienne).
48   L'empereur Claude fait admettre les Gaulois au Sénat
        romain et fait condamner le druidisme (sacrifices
        sanglants...).
v. 48 Amphithéâtres de Tours, Saintes...
        Aqueducs de Bordeaux, Lyon...
v. 50 « Villa » de Montmaurin.
        Théâtre d'Orange.

v. 55-56 Naissance à Vaisons-la-Romaine (?) de l'historien romain Tacite.
v. 59 Mort de Domitius Afer.
63 L'empereur Galba donne le droit de cité à Lutèce.
65 Incendie de Lyon.
68-70 Vaine tentative d'empire des Gaules menée par Vindex, Maric le Boïen, Tutor, Sabinus, à la mort de Néron.
Ravages des troupes de Vitellius en Gaule.
Sabinus et sa femme Eponine vivent cachés pendant neuf ans, avant d'être exécutés par les Romains en 79.
70 « Concilium » des Gaules à Reims.
Incendie de Strasbourg.
74 Colonisation romaine des Champs Décumates comprenant de nombreux colons gaulois.
75-120 Apogée de la poterie de Lezoux (Allier).
86 Naissance d'Antonin le Pieux, originaire d'une famille nîmoise.
92 Domitien édicte une loi restreignant la culture de la vigne et fait arracher la moitié du vignoble gaulois pour développer la culture du blé.
97 Incendie de Strasbourg.
av. 100 Arènes de Lutèce.
100 Thermes de Sens.
Ier siècle Vienne, métropole des Allobroges.
Etablissement d'une voix routière col de Roncevaux-Bavai par Bordeaux, Poitiers, Orléans, Lutèce, Soissons.
Pont de Saint-Chamas.
Introduction et expansion du verre soufflé.
Thermes des Fontaines-Salées (Vézelay).
Arènes de Nîmes.
Arc de triomphe de Carpentras.
Les « antiques » de Saint-Rémy-de-Provence.
Début du vignoble bordelais et peut-être du bourguignon.
L'écrivain Trogue Pompée : *Histoire naturelle ; Histoires philippiques.*
v. 110 à *v.* 200 Essor économique de la Gaule.
117-132 Odéon de Lyon.
117-138 Basilique Plotine de Nîmes.
v. 130 Naissance de saint Irénée, évêque de Lyon.
138 Réfection du réseau routier.

v. 140 Temple de Diane à Nîmes.

v. 150 Apparition du christianisme dans la vallée du Rhône.

160   Grand développement urbain.

        Lyon, centre de diffusion du culte oriental de Cybèle.

166   Epidémie de peste.

173-174 Révolte contre Rome.

177   Début du brigandage (bande de Maternus, Bagaudes...).

        Martyre de Pothin, Blandine, etc., à Lyon.

178-202. Saint Irénée, évêque de Lyon.

180   Début du christianisme à Besançon.

188   Naissance à Lyon du futur empereur Caracalla.

197   Sac de Lyon après l'échec de la récolte d'Albinus.

v. 200 Attestation de l'utilisation de la moissonneuse mécanique en Gaule.

        Amphithéâtre Gallien à Bordeaux.

        Porte Mars à Reims.

        Fin des rites et croyances celtiques.

        Saint Bénigne, évêque de Langres.

IIe siècle Essor de Bavai, capitale des Nerviens.

        Arènes d'Arles.

200-250 Meunerie hydraulique de Barbegal.

v. 210 Thermes de Cluny (Paris)

212   Edit de Caracalla donnant le droit de cité à tous les hommes libres de l'empire romain.

235   Incendie de Strasbourg.

238   « Marbre de Thorigny » avec inscription de la carrière d'un haut fonctionnaire des Viducasses (Calvados).

249   Saint Denis évangélise Lutèce.

251   Martyre de saint Denis à Lutèce, de saint Saturnin à Toulouse.

        Evangélisation de saint Austremoine, saint Nectaire et saint Mary en Auvergne.

        Création des évêchés de Lutèce, Reims, Arles, Toulouse.

        Naissance de saint Gatien, premier évêque de Tours.

253   Début des grandes invasions germaniques en Gaule. Incendie de Lutèce.

256-270 Construction du « castellum » (camp) de Jublains en Mayenne.

257   Martyre de saint Patrocle à Troyes.

258-268 Règne de l'empereur gaulois Postumus, restaurateur des Gaules devant l'envahisseur germain.

260 Saint Nicaise fonde l'évêché de Rouen.

v. 264 Naissance du rhéteur d'Autun Eumène.

268-270 Règne de l'empereur gaulois Victorinus.

269 Sac d'Autun.

270-276 Règne de Tetricus, empereur gaulois.

v. 275 Reprise de la culture de la vigne.

276-282 Règne de l'empereur gaulois Probus.

277 Débuts du vignoble alsacien.

280 Destruction de Lutèce par les Barbares.
Probus enlève aux Lyonnais le monopole de la vente du vin en Gaule.

v. 280 Fortifications autour des villes.
Enceinte de l'île de la cité à Lutèce.

284 La Gaule est divisée en deux « diocèses » (civils) avec, comme capitales, Trèves et Vienne.

285 Soulèvement des bagaudes.

286 L'empereur Maximien en Gaule.

293 Constance devient « césar » et gouverne la Gaule.

297 Eumène nommé directeur des écoles d'Autun.

298 Discours du rhéteur Eumène à Autun, lors de l'inauguration de la nouvelle université devant le « césar » Constance Chlore.
Début de la restauration des campagnes et du renouveau des universités.

v. 300 La Gaule compte environ 25 évêchés.

IIIᵉ siècle Début du vignoble en Moselle et en région parisienne.

301 Mort de saint Gatien.

303 Naissance du futur empereur Magnence à Amiens.
Martyre de sainte Foy à Agen.

308 L'empereur Maximien réside à Arles.

309 Naissance du poète Ausone à Bordeaux.
Vision de Constantin à Grand (Vosges).

311 Edit de tolérance du christianisme dans l'empire romain.

312 Les viticulteurs d'Autun demandent un dégrèvement d'impôt.

313 Restauration des voies de communication. — Liberté des cultes.

313   Premier concile des Eglises de Gaule à Arles (condamnation de l'hérésie donatiste).

v. 314 Oresius, évêque de Marseille.

v. 315-316 Naissance de saint Martin en Pannonie.

v. 315 Naissance de saint Hilaire en Aquitaine.

333   *Itinéraire de Bordeaux à Jérusalem,* journal anonyme d'un pèlerin.

350   Naissance de saint Honorat.

v. 350-368 Episcopat de saint Hilaire à Poitiers.

v. 350 Naissance de saint Cassien.

ap. 350 Fondation du baptistère Saint-Jean de Poitiers.

353   Naissance de saint Paulin de Nole, évêque et écrivain.
        — Deuxième concile d'Arles, favorable à l'hérésie arienne.

v. 355 Thermes d'Arles.

356-60 Exil de saint Hilaire de Poitiers en Asie Mineure.

v. 357 Fœbade d'Agen adresse aux évêques de Gaule son *Liber contra arianos.*

360   Lutèce devient Paris. — Premier réseau d'aqueducs d'Athis-Mons à Paris.
        Naissance de saint Marcel, futur évêque de Paris. — Saint Martin fonde le monastère de Ligugé. — Saint Hilaire revient d'exil. — Concile de Paris, présidé par saint Hilaire, sur la Trinité et contre l'arianisme.

ap. 360 Déclin de l'arianisme en Gaule.

361   La population de Paris est évaluée à 20 000 habitants.

361-370 Saint Martin à Ligugé.

363   Naissance de Sulpice Sévère, avocat et prêtre.

365   Ausone, haut fonctionnaire à Trêves.

368   Création de la magistrature « défenseur de la cité », poste souvent occupé par un évêque. — Mort de saint Hilaire.

371-397 Saint Martin, troisième évêque de Tours.

371   Ausone : *La Moselle.*

372   Saint Martin fonde l'abbaye de Marmoutier.

376-379 Ausone préfet du prétoire à Rome.

378-379 Saint Paulin de Nole, consul.

379   Fondation de Grenoble.

380   La religion chrétienne devient seule autorisée.

383   Mort du poète Ausone à Bordeaux.

390   Naissance de saint Prosper d'Aquitaine, haut fonc-
        tionnaire et poète.
395   Transfert de la préfecture des Gaules de Trêves à
        Arles.
397   Mort de saint Martin à Candes.
        Sulpice Sévère : *Vie de saint Martin*.
v. 400 Sarcophages chrétiens d'Arles.
        Palladius : *De re rustica*. — Sulpice Sévère : *Lettres*.
        Saint Marcel, évêque de Paris.
        Fin de la tradition druidique.
IVᵉ siècle Fin de l'entretien des aqueducs, thermes, fon-
        taines publiques, etc.
404   Interdiction définitive des combats de gladiateurs.
409   Saint Paulin de Nole, évêque.
410   Saint Honorat fonde le monastère des îles de Lérins.
414   Le roi wisigoth Ataulf épouse à Narbonne Galla
        Placidia.
        Rutilius Namatianus, gaulois, préfet de Rome.
416   Saint Cassien fonde le monastère de Saint-Victor à
        Marseille.
417   Rutilius Namatianus : *De reditu suo* (itinéraire en vers
        de Rome en Gaule).
418   Assemblée des provinces de Gaule à Arles.
421   Mort de saint Paulin de Nole.
423   Naissance de sainte Geneviève.
425   Mort de Sulpice Sévère.
429   Mort de saint Honorat, évêque d'Arles.
        Mission de saint Germain d'Auxerre en Angleterre.
v. 431-432 Naissance du poète Sidoine Apollinaire à Lyon.
v. 432-433 Mort de saint Cassien.
434-450 Eucher, évêque de Lyon, célèbre par ses exégèses.
434-460 Maxime, premier évêque connu de Riez.
436   Mort de saint Marcel, évêque de Paris.
439   Concile interprovincial de Riez.
439-451 Salvien : *Sur le gouvernement de Dieu*.
441   Concile d'Orange.
450   Naissance de saint Avit, futur évêque de Vienne.
av. 450 Saint Vincent : *Communitorium pro catolicae fidei
        antiquitate*.
v. 450 Disparition des écoles publiques.
        Saint Romain et saint Lucipin fondent le monastère
        de Saint-Claude (Jura).

454   Concile d'Arles.

460   Mort de saint Prosper d'Aquitaine, de saint Maxime.

460-490 Perpetuus, évêque de Tours.

461   Concile de Tours.

461-493 Fauste évêque de Riez, prédicateur et écrivain.

463-477 Saint Mamert, évêque de Vienne.

467-469 Gennadius, prêtre marseillais : *De viris illustribus*.

468   Sidoine Apollinaire, préfet de Rome.

469   Sidoine Apollinaire : *Panegyrici*.

470   Claudien Mamert : *De statu animae*.
         Première mention en France de vitraux (Lyon).

v. 470 Naissance de saint Césaire à Chalon-sur-Saône.

v. 470-478 Paulin de Périgueux met en vers la *Vie de saint
         Martin*, de Sulpice Sévère (397).

v. 471-489 Sidoine Apollinaire, évêque de Clermont.

v. 472 Consécration de l'église Saint-Martin de Tours.

474   Mort de Claudien Mamert.

477-485 Exil de Fauste, évêque de Riez.

480   Naissance de saint Médard.
         Saint Rémy, évêque de Reims.

v. 486-489 Mort de Sidoine Apollinaire.

486   Fin de la domination romaine en Gaule.

v. 486 Episode du « vase de Soissons ».

490-518 Saint Avit, évêque de Vienne.

493   Mariage de Clovis et Clotilde.

v. 496 Conversion et baptême de Clovis par saint Rémy.

Vᵉ **siècle** Baptistères de Vénasque, Riez, Fréjus, église Saint-
         Pierre de Vienne (en partie).

4

L'ÉGLISE, MAINTIEN DE LA CIVILISATION
496-774

v. 500 Saint Médard crée l'institution de la « rosière ».

ap. 500 Déclin des villes. — Début de l'activité littéraire des monastères, refuges de la culture.

501-515 Publication de la loi gombette.

v. 502-503 Saint Césaire, évêque d'Arles.

504 Naissance de l'écrivain breton Gildas.

506 Concile d'Agde interdisant l'émancipation des esclaves.
Bréviaire d'Alaric (wisigothique).

507-511 Publication de la loi salique.

507 Clovis choisit Paris pour capitale. Elle le demurera jusqu'à la fin du viie siècle.

510 Fondation de l'abbaye Sainte-Geneviève (Paris) par Clovis et Clotilde. — Fondation de l'abbaye Saint-Germain d'Auxerre par Clotilde.

511 Concile national d'Orléans convoqué par Clovis et présidé par Cyprien, évêque de Bordeaux.
Clotilde se retire à Tours.

512 Mort de sainte Geneviève.

520 Naissance de sainte Radegonde.

522 Crue de la Seine.

524 Anonyme : *Vie de sainte Geneviève.*

525 Mort de saint Avit.

529 Concile d'Orange qui condamne les thèses semi-pélagiennes.

530 Naissance de Fortunat, poète, en Italie.

530-545 Saint Médard, évêque de Noyon.

v. 530 « Calice et patène » de Gourdon.

533 Mort de saint Thierry, abbé du mont d'Hor (Champagne).

v. 538 Naissance de Grégoire de Tours à Clermont.

543-600 Epidémies de peste noire.

v. 543 Fondation de l'abbaye Saint-Germain-des-Prés (Paris) par Childebert Ier.

543 Mort de saint Césaire d'Arles.

545 Mort de sainte Clotilde.

v. 546 Crypte de Lémenc (Chambéry).

547 Concile d'Orléans.
Gel de tous les cours d'eau du pays.

550 Fondation de l'abbaye Saint-Médard de Soissons par Clotaire Ier.
Fondation de l'abbaye Saint-Bénigne de Dijon par Grégoire de Langres.
Naissance de saint Aubin, futur évêque d'Angers.

ap. 550 Trafic marchand important dans les vallées de la Loire, de la Garonne et sur la côte atlantique.

555 Saint Germain, évêque de Paris.

557 Mort de saint Médard.

558 Consécration de l'église Sainte-Geneviève à Paris.

560 Sainte Radegonde fonde Sainte-Croix de Poitiers.
Mort de saint Cloud, petit-fils de Clovis.

565 Le poète Fortunat en Gaule.

v. 565-570 Bijoux d'Arnegonde, une des femmes de Clotaire Ier.

567 Concile de Tours.

568-569 Consécration de l'église Sainte-Croix de Poitiers.

570 Mort de l'écrivain breton Gildas.

v. 573-576 Fortunat : *Vie de saint Martin*.

573-594 Episcopat de Grégoire de Tours.

576 Mort de saint Germain.

576-591 Grégoire de Tours : *Histoire des Francs*.

580 Feu de Saint-Antoine (dysenterie) en Bourgogne.
Arnoul, évêque de Metz.

583 Cyclone qui ravage la vallée de la Seine.
Concile de Lyon qui décide que les lépreux seront à la charge des évêques.

584 Chilpéric ordonne de relever les murailles des villes.

585 L'archevêque de Lyon devient « primat des Gaules ».

586 Incendie de l'île de la Cité à Paris.

587 Mort de sainte Radegonde.

v. 588-590 Naissance de saint Eloi, près de Limoges.

589 Fondation de Saint-Martin d'Autun par Brunehaut.

v. 590 Arrivée des moines irlandais, avec saint Columban en Gaule.

ap. 590 Apparition du chant grégorien en Gaule.

591   Le Syrien Eusèbe, évêque de Paris.

593-594 Mort de Grégoire de Tours.

597   Fortunat, évêque de Poitiers.

v. 600 Mort de Fortunat.

VIe **siècle** Verdun, centre du commerce des esclaves.

       Loi des Franc ripuaires.

       Les moulins à eau se multiplient.

       Hérésie adoptianiste de Bonose.

       Attaque contre une synagogue à Clermont.

609   Naissance de saint Ouen.

       Saint Loup, évêque de Sens.

610   Saint Columban fonde l'abbaye de Luxeuil.

614   Assemblée de Paris : défense aux clercs de se « recom-
       mender » aux laïcs.

616   Assemblée de Bonneuil.

623-658 Un marchand franc, Samo, devient roi des Wendes
       en Bohême.

       Mort de saint Loup.

627   Assemblée de Clichy.

630   Fondation de l'abbaye de Jouarre par Adon.

v. 630 Création de la foire de Saint-Denis par Dagobert.
       Apparition de la règle de saint Benoit.

631   Fondation de l'abbaye de Fleury-sur-Loire par
       Léodebold.

632   Fondation de l'abbaye de Solignac par saint Eloi.

634   Mention de marais salants en Saintonge.

636   Nouveau tombeau de saint Denis à Saint-Denis.

637-642 Saint Omer, évêque de Thérouanne.

639   Dagobert, premier roi à être enterré à l'abbaye de
       Saint-Denis.
       Saint Sulpice, évêque de Bourges, supprime l'impôt
       dans son diocèse.

640   Mort de saint Arnoul.

v. 640 Disparition de l'impôt!

641-659 Saint Eloi, évêque de Noyon.

647-650 Fondation des abbayes de Malmédy et Stavelot.

649   Fondation de l'abbaye de Fontenelle par saint Wan-
       drille. — Fondation de l'abbaye de Saint-Ouen par
       saint Ouen.

v. 650 Baptistère Saint-Jean de Poitiers.
       Saint Landry, évêque de Paris.

651   Saint Landry transforme en hôpital une partie du palais épiscopal de Paris.

653-672 « Couronnes d'or » des rois wisigoths.

654   Fondation de l'abbaye de Jumièges par saint Philibert.

v. 656-657 Fondation de l'abbaye de Chelles par la reine Bathilde, veuve de Clovis II.

659   Mort de saint Eloi.

v. 660 Pseudo-Frédégaire : *Chronicon.*

663-679 Saint Léger, évêque d'Autun.

668   Mort de saint Wandrille.

672   Translation des reliques de saint Benoît à l'abbaye de Fleury-sur-Loire, qui dès lors prend son nom.

679   Supplice de saint Léger par l'ordre d'Ebroïn.

633   Mort de saint Ouen, évêque de Rouen.

696-742 Disparition des conciles de l'Eglise de Gaule.

v. 700 Fin de la frappe de monnaie d'or.
        Les marchands syriens disparaissent du commerce franc.
        Disparition du latin comme langue parlée.

VIIᵉ siècle Anonyme : *Vie de saint Seine.*

709   Aubert, évêque d'Avranches, consacre le mont Tombe au culte de saint Michel (future abbaye du Mont-Saint-Michel).

v. 710 La foire de Saint-Denis est transférée à Paris.

712-766 Saint Chrodegang, évêque de Metz.

723   Saint Rigobert chassé de Reims.
        Saint Boniface appelé près de Charles Martel.

v. 727 Un moine de Saint-Denis : *Liber historiae Francorum.*

734   Fondation de l'abbaye de Murbach par saint Firmin.

735   Naissance d'Alcuin.

741-829 Abbaye de Saint-Denis : *Annales royales des Carolingiens.*

742   Saint Boniface : *Lettre au pape sur l'état de l'Eglise franque.*
        Réforme de l'Eglise franque par saint Boniface.

744   Synode de Soissons pour réorganiser l'Eglise.

746   Carloman devient moine au mont Cassin.

748   Arrestation de l'hérésiarque Adalbert.

749-754 Construction de l'abbatiale de Saint-Denis.

v. 750 « Scriptoria [1] » de Laon, Luxeuil.

A partir de 750 Développement démographique. — Croissance de Metz, Arras, Verdun ; des villes, des vallées de la Meuse, de l'Escaut, de la Manche et de la mer du Nord.

751   Assemblée de Soissons.

v. 753 Adoption du chant grégorien en Gaule (école de Metz).

754   Evangéliaire copié par Gundohinus, du scriptorium de Laon.

757   Première mention d'« hommage » féodal.

759   Cadeaux de l'empereur byzantin à Pépin le Bref, dont un orgue.

767   Pèlerinage de Pépin le Bref à Tours.

768   Capitulaire promulgué pour l'Aquitaine.
          Délégués francs à Bagdad.
          Chroniques d'Hildebrand et Nivelon.

770   Naissance de l'historien Eginhard.

772   Concile de Gentilly sur la nature du Saint-Esprit.

774   Collection canonique *Hadriana* de Rome, qui devient le code de l'Eglise franque.

---

1. *Scriptorium* (*scriptoria* au pluriel) : atelier de copie et d'écriture dans les monastères.

5
LE RENOUVEAU CAROLINGIEN
775-880

804-820 Frédégise, abbé de Tours.
805-862 Loup, abbé de Ferrières.
805   Capitulaire contre les groupements de ruraux.
806   Mauvaise récolte, famine.
         Naissance d'Hincmar.
808   Ordonnance expulsant les prostituées de Paris.
810   Memorandum aux évêques.
811   Testament de Charlemagne : une partie de ses biens
         va à l'Eglise.
812   Concile de Tours : ordonne aux clercs de prêcher
         en langue vulgaire, condamne les jongleurs.
v. 813 *Polyptique d'Irminon* : inventaire des biens de Saint-
         Germain-des-Prés.
814   Mort du poète Angilbert, gendre de Charlemagne.
815   Premier hospice du mont Cenis, côté français.
816   Capitulaire imposant la loi de saint Chrodegang à
         l'Eglise franque.
816-833 *Evangiles* d'Ebbon.
817   Eglise Saint-Philbert-de-Grand-Lieu.
820   Sac de Noirmoutier ; les moines s'enfuient avec les
         reliques de saint Philibert.
821   Mort de Théodulf.
         Eginhard : *Vita Caroli.*
v. 825 « Reliquaire de Pépin » (Conques).
826-855 Drogon, évêque de Metz.
826   Ebbon utilise la pierre des remparts du IIIe siècle
         pour construire la cathédrale de Reims.
v. 827 « Evangéliaire de Saint-Médard de Soissons. »
829   Concile de Paris sur les devoirs du roi. — Condamna-
         tion des jongleurs.
831   Jonas d'Orléans : *De institutione regia.*
832   Restauration de Saint-Denis.
833   Pénitence de Saint-Médard de Soissons.
835   Halduin : *Post beatam ac salutiferam.*
         Hincmar : *Gesta Dagoberti.*
         La célébration de la Toussaint se répand.
838   Ambassadeurs de Russie chez Louis le Pieux.
         Mort du poète aquitain Ermold le Noir.
         Concile de Quierzy.
840   Mort d'Eginhard.
         Correspondance de Loup de Ferrières.
v. 840-843 « Evangéliaire de Lothaire » (Tours).

842   « Serment de Strasbourg », premier texte en langue
          d'oïl, (roman), ancêtre du français.
v. 842 « Sacramentaire de Drogon » (Metz).
843   Assemblée de Coulaines.
v. 844 Nithard : *Histoire*.
845   Création d'un impôt pour acheter le départ des
          Normands.
          Déposition d'Ebbon, évêque de Reims. — Intronisa-
          tion d'Hincmar à sa place.
v. 845 « Sacramentaire d'Autun ».
v. 845-870 Jean Scot Erigène à la cour de Charles le
          Chauve.
v. 845 Première « Bible de Charles le Chauve » (Tours).
846   Concile de Quierzy : condamne les thèses de
          Gottschalk sur la prédestination.
v. 850 Restauration des enceintes urbaines.
          Trône, dit de Dagobert. — « Psautier de Reims ». —
          « Quadrivium de Boèce » (Tours). — Sacramentaire
          de Drogon (Metz).
          Fondation de l'abbaye de Vézelay par Berthe et
          Gérard de Roussillon.
852   Synode de Reims présidé par Hincmar : réglementa-
          tion des guildes et confréries.
          « Châsse de Saint-Vaast ».
av. 857 Fresques de la crypte Saint-Germain d'Auxerre.
858   Wenilon de Sens utilise les remparts du IIIe siècle
          pour la cathédrale de Melun.
859   Définition des obligations du vassal.
v. 860 « Psautier de Charles le Chauve. »
861   Hincmar achève la cathédrale de Reims commencée
          par Ebbon.
862   Edit de Pitres : les seigneurs doivent réparer leurs
          châteaux et en construire de nouveaux.
863   Les moines de Conques volent les reliques de sainte
          Foy à ceux d'Agen.
864   Assemblée de Pitres : mesures contre les Normands,
          édit sur la monnaie, recensement des marchés, forti-
          fication des monastères.
869   Fortification de l'abbaye de Saint-Denis.
870   Deuxième « Bible de Charles le Chauve ».
873-874 Famine.

875   Les moines de Noirmoutier (*cf.* 820) arrivent à Tournus.

875-880 Fortification des monastères du nord-ouest de la France.

876   Charles le Chauve offre la Sainte Tunique du Christ à Chartres.

877   Capitulaire de Quierzy sur la féodalisation.
       Impôt levé pour le départ des Normands.

v. 880 *Cantilène de sainte Eulatie.*
       Fin du renouveau artistique.

av. 882 Hincmar : *De ordine palatii.*

6

LA CIVILISATION A L'ÉPREUVE
880-1030

881   Première mention du mot « fief ».

881-887 Fortifications de Cambrai.

882   Mort d'Hincmar.

883   Fortifications de Reims. — Fondation de l'abbaye
Saint-Michel-de-Cuxa.

886   Crue de la Seine.
Mort de Hugues l'abbé, de Vulgrin, de Bernard
Plantevelue.

890   Les Sarrasins s'installent à La Garde-Freynet.

895   Famine.
Première mention de pluralité d'engagements vassali-
ques.

896   Installation des Normands à l'embouchure de la
Seine.

896-899 Abbon : *Le Siège de Paris*.

899   Fondation de l'abbaye Saint-Riquier.

v. 900 Complainte populaire dont le thème servira à la
chanson de Girard de Roussillon.

IXe siècle Vitrail de Séry-les-Mézières, le plus vieux vitrail
français connu (détruit en 1918).
Début de la chanson médiolatine dans le nord de la
France.
Helgaire, évêque de Meaux : *Vie de saint Faron*.

Du IXe au XIIIe siècle Le morcellement féodal favorise la
constitution de dialectes en langue d'oïl : picard,
lorrain, normand, etc.

v. 908 Mort de Rémi d'Auxerre, commentateur de la Bible.
Famine.

910   Fondation de l'abbaye de Cluny par Guillaume le
Pieux, duc d'Aquitaine et comte de Mâcon. Le premier
abbé est Bernon.

912   Baptême de Rollon, duc des Normands, par Francon.
913   Famine.
922-962 Saint Gauzelin, évêque de Toul.
926-942 Saint Odon, deuxième abbé de Cluny.
934   Epidémie de peste.
940   Epidémie de peste.
941-942 Famine.
v. 945 Naissance de Gerbert, futur pape.
946   Première cathédrale de Clermont, premier exemple daté de déambulatoire.
ap. 947 Disparition des « missi dominici ».
948-994 Saint Maïeul, troisième abbé de Cluny.
v. 950 Début des grands défrichements.
        Charrue mentionnée au nord de la Loire.
951   Godescalc, évêque du Puy, premier pèlerin français connu à Saint-Jacques-de-Compostelle.
        Flodoard : *Histoire de l'Eglise de Reims*.
952   Mort d'Otger de Laon, musicologue, auteur de *Musica euchiriadis*.
956   Epidémie de peste.
957   Première « foire au pain d'épices », future foire du Trône actuelle (Paris).
960   « Evangéliaire d'Egbert ».
966   Horloge à poids moteur inventée par Gerbert d'Aurillac.
969   Epidémie de peste.
        Adalbéron, évêque de Reims.
970   Première mention d'un drame liturgique à Fleury-sur-Loire.
972-982 Gerbert de Chartres, écolâtre de Reims. Après un séjour en Espagne (967-969), introduit en France l'abaque et les chiffres arabes, ce qui entraîne un développement des mathématiques.
972   Saint Maïeul, retour de Rome, est fait prisonnier par les Sarrasins.
974   Eglise abbatiale de Saint-Michel-de-Cuxa.
981   Dédicace de l'église de Cluny II.
983-1013 « Statue-reliquaire de sainte Foy de Conques ».
985   Guibert l'Illuminé recouvre la vue à Conques devant les reliques de sainte Foy.
987   Assemblée de Senlis.

989   Synode de Charroux : institution de la « paix de Dieu ».

990   Synode du Puy.

991   Asselin, évêque de Laon.

991-995 Richer : *Histoire.*

991-998 Conflit entre Capétiens et papauté pour le siège épiscopal de Reims.

994   Donjon de Langeais (le plus vieux subsistant actuellement).

994-1049 Saint Odilon, quatrième abbé de Cluny.

996-1029 Eglise de Romainmôtier.

v. 996 Violente révolte des paysans de Normandie (première jacquerie).

997-1004 Eglise Saint-Martin de Tours (par Hervé de Buzançais) prototype des églises romanes.

997-1014 Porche et clocher de Saint-Germain-des-Prés (Paris).

998   Eglise de Moutier-en-Der.

v. 998-1088 Bérenger de Tours, hérésiarque.

999-1003 Gerbert d'Aurillac, premier pape français, sous le nom de Sylvestre II.

v. 1000 Introduction du collier d'épaules et de l'étrier.

        Grand essor architectural.

        Activité littéraire d'Abbon, abbé de Fleury-sur-Loire : *Miracula sancti benedicti.*

        Le paysan hérétique Leutard prêche en Champagne.

        Pseudo-Hucbald : premier témoignage de polyphonie.

Xe siècle Réchauffement du climat.

        Eglise de Jumièges.

        Crypte de Saint-Bénigne de Dijon.

        Anonyme : *Passion du Christ* en 129 quatrains.

        Anonyme : *Floovant* (épopée).

v. 1000-1033 Terreurs « millénaristes ».

v. 1000-1070 Eglise Saint-Vorles à Châtillon-sur-Seine.

v. 1000-1152 Saint-Trophime d'Arles.

1005-1006 Grande famine.

1006-1013 Eglise Saint-Philibert de Tournus.

1006-1028 Fulbert, évêque de Chartres.

1007   Rotonde de l'église Saint-Bénigne de Dijon par Guillaume de Volpiano.

1009   Abbaye Saint-Martin-du-Canigou : nef voûtée.

1010   Fondation de l'abbaye de Solesmes.

1020   Incendie de la cathédrale de Chartres.
       Adalbéron, évêque de Laon, énonce la théorie de la
       société en trois ordres (prêtres, militaires, travailleurs).
       Fulbert de Chartres définit le lieu vassalique dans une
       lettre à Guilhem V d'Aquitaine.
       Linteau de Saint-Genis-des-Fontaines : la plus an-
       cienne sculpture romane datée.

v. 1020 Ecole de médecine de Montpellier.
       Construction de l'église et du cloître d'Elne.
       Doon de Saint-Quentin : *Chants de guerre* en latin.

ap. 1020 Doon de Saint-Quentin : *Histoire des premiers
       ducs de Normandie.*

1023   Robert le Pieux fait brûler des hérétiques « mani-
       chéens » à Orléans.

1023-1034 Construction de l'abbaye du Mont-Saint-Michel.

1025   Le concile d'Arras conseille de peindre des fresques
       dans les églises pour les illettrés.

v. 1025 Le clerc angevin : *Miracula sancti fidis.*

1026   Consécration de l'abbatiale de Saint-Martin-du-
       Canigou. — Début de la construction de la tour
       porche de Saint-Benoît-sur-Loire.

1027   Synode de Toulonges sur la « trêve de Dieu ».

1027-1054 L'Eglise généralise la trêve de Dieu.

1028-1072 « Miniatures » de l'abbaye de Saint-Sever.

7

FLORAISON ROMANE
1031-1150

v. 1030 Renaissance de la sculpture.
   Adhémar de Chabannes : *Chronique.*
1030-1075 Apparition du marchand professionnel.
1031-1033 Famines.
1035 Construction d'un pont de pierre à Albi.
1037-1067 Construction de l'abbaye de Jumièges (actuelle).
1037-1123 Vie de Marbode d'Angers, évêque de Rennes
   et poète.
v. 1040 Raoul Glaber : *Chronique.*
   Vie de saint Alexis (en langue romane).
1041 Concile de Montriond : organisation définitive de la
   « trêve de Dieu ».
1041-1050 Début de la construction de Conques en
   Rouergue.
1042 Consécration de l'église de Lavardin.
   Concile de Saint-Gilles-du-Gard.
1043-1045 Famines.
1045 Essor de l'école monastique du Bec-Hellouin.
1046 Première mention d'hommage-lige (Vendôme).
   Raoul Glaber : *Historiae* (900-1046).
1046-1130 Vie de Baudry de Bourgueil, poète.
1047-1117 Vie de Robert d'Arbrissel.
1049 « Cours » provençales.
   Consécration de l'église Saint-Hilaire de Poitiers.
   Synode de Reims : controverse eucharistique autour
   de Bérenger de Tours sur la présence réelle.
   Jean de Fécamp : *Textes mystiques.*
   Brunon, évêque de Toul, devient le pape Léon IX.
1049-1109 Saint Hugues, quatrième abbé de Cluny.
1049-1142 Vie d'Abélard.
v. 1050 Début des grands défrichements.
   Eglise de Morienval.
   Mort de Raoul Glaber.

1050-1150 Cathédrale du Puy.

1051   Mariage d'Henri Ier et d'Anne de Kiev, fille du grand-duc Iaroslav.

v. 1054 *Chanson de sainte Foy,* en provençal.

1056-1133 Vie d'Hildebert de Lavardin, archevêque de Tours et poète.

1060   Fondation de Saint-Martin-des-Champs (Paris) par le roi Henri Ier.

1060-1150 Eglise Saint-Sernin de Toulouse.

1060-1178 Eglise Saint-Lazare d'Autun.

v. 1060-1115 Eglise Saint-Savin-sur-Gartempe.

1062-1083 Eglise de la Trinité : abbaye aux Dames (Caen).

1063   Eglise de Quarante.
         Consécration de l'église de Moissac.

1063-1097 Eglise Saint-Etienne (Nevers).

1064-1079 Eglise Saint-Etienne : abbaye aux Hommes (Caen).

v. 1065-1100 Version primitive de *La Chanson de Roland.*

v. 1068-1108 Abbaye Saint-Benoît-sur-Loire.

1069   Manifestation communale du Mans.

v. 1070 Fresques de Berzé-la-Ville.

ap. 1070 Essor du mouvement communal.

1075-1120 Poussée démographique.

1075-1180 Essor des centres drapiers (Flandre, Artois, Picardie).

1076-1154 Gilbert de la Porrée, clerc de Chartres : définition des substances.

v. 1076 Eglise de Saint-Guilhem-le-Désert.

1077   Commune de Cambrai.
         Consécration de la cathédrale de Bayeux.

1078   Saint Anselme, abbé du Bec-Hellouin.

1080   Première confrérie de charité connue (Normandie).

v. 1080 Première mention de forgeron de village (Angers).
         Donjon de Houdan.

1081-1151 Vie de l'abbé Suger.

v. 1082-1095 Abbatiale de Fécamp.

1083-1097 Association de marchands pour l'importation de la laine à Saint-Omer.

1084   Saint Bruno fonde la Grande Chartreuse (Dauphiné).

v. 1085-XIIIe siècle Cathédrale Saint-Julien du Mans.

1086-1127 Guillaume IX duc d'Aquitaine et comte de Poitiers, premier troubadour connu.

v. 1086 Première mention datée d'un moulin à foulon (Normandie).

1088 Première mention d'un moulin à bière (Evreux).

1088-1132 Construction de Cluny III.

1089 Epidémie de « mal des ardents » en Dauphiné.

1090-1135 Cathédrale de Cahors.

1090-1153 Vie de saint Bernard.

v. 1090 Le cheval remplace le bœuf pour le labour (Nord de la France).

v. 1090-1100 Version de *La Chanson de Roland* par Turold.

1091 Hildebert de Lavardin, évêque du Mans.

Consécration de la cathédrale de Coutances.

1091-1116 Episcopat d'Yves de Chartres.

1094 « Mal des ardents ».

v. 1095 « Cours d'amour » en Aquitaine.

1095 Concile de Clermont : institution de la fête de Marie le 8 septembre.

1096 Robert d'Arbrissel fonde l'ordre de Fontevrault.

1096-1132 Eglise de Vézelay.

v. 1097 Première représentation d'une herse.

Broderie de Bayeux.

1098 Robert de Molesme fonde l'ordre de Cîteaux.

1099 Manifestation communale à Beauvais.

Chanson d'Antioche (anonyme).

Consécration de Sainte-Radegonde de Poitiers.

v. 1100 Début de l'essor des foires de Champagne.

Début des polders en Flandre.

Début des études séculières (médecine) à Montpellier.

Cloître de Moissac. — Fresques de Saint-Savin-sur-Gartempe, Tavant, Vicq.

Activité des ateliers d'émaux limousins et rhénans.

Ecole de chant de Saint-Martial de Limoges.

Drame liturgique : *Les Vierges folles.*

Premières traductions de la Bible.

Début du culte marial.

Anselme de Laon : *Livre des sentences.*

XIe siècle Joug frontal.

Pont de Saurier.

Donjon de Fréteval, de Mondoubleau.

Chanson : *La légende de saint Nicolas.*

XIe-XIIe-XIIIe siècles Poésie lyrique des Goliards.

1100-1106 Eglise Saint-Martin-d'Ainay (Lyon).

1100-1150 Troubadours.
>   *Chanson de Guillaume d'Orange.*
>   Façade de Notre-Dame-la-Grande de Poitiers.
1101-1128 Cathédrale d'Angoulême.
Début XIIe siècle Donjon de Falaise.
>   Hilaire : *Miracle de saint Nicolas*
>   *Histoire de Daniel.*
>   *Résurrection de Lazare* (textes latins et français mêlés).
1102   Premier acte écrit en provençal.
1103   Guillaume de Champeaux à la tête de l'école épiscopale de Paris.
>   Querelle des « universaux ».
1104   Guibert de Nogent : *Histoire de la première croisade ; Autobiographie ; Sur les reliques.*
>   Premier concile de Beaugency qui excommunie le roi Philippe Ier.
1105   Première mention d'un moulin à vent (Normandie).
1108   Commune de Noyon.
>   Fondation de l'abbaye Saint-Victor à Paris, foyer de préscolastique mystique.
1109   Commune de Beauvais.
>   Fondation de la foire du Lendit.
1110   Concile de Saint-Benoît-sur-Loire.
1110-1120 Sculptures de Saint-Sernin de Toulouse.
1110-1159 Cathédrale Saint-Pierre d'Angoulême.
1110-1170 Krak des chevaliers (Syrie).
1112   Révolution communale à Laon.
>   Saint Bernard entre à Cîteaux.
1112-1118 Raoul de Caen : *Les Exploits de Tancrède.*
1113   Guillaume de Champeaux rédige la règle des chanoines de Saint-Victor (Paris).
1114   Fondation de l'abbaye de Pontigny.
1114-1126 Saint Bernard, écolâtre de Chartres.
1115   Concile de Saint-Gilles-du-Gard.
v. 1115 Chanson de geste : *Pèlerinage de Charlemagne.*
1115-1125 Sculptures du tympan de Conques en Rouergue.
1115-1131 Sculptures du tympan de Moissac.
1116   Mort d'Yves de Chartres.
1117   L'abbé de Marmoutier (Alsace) remplace les corvées par une taxe.

Mort d'Anselme de Laon, théologien scolastique, maître de Guillaume de Champeaux.

1118   Fondation de l'abbaye de Fontenay par saint Bernard.

v. 1118 Fondation de l'ordre des Templiers par Hugues de Payns.

1118-1122 Idylle entre Abélard et Héloïse.

1119   Consécration de l'abbatiale de Fontevrault, de l'église de la Canonica (Santa Maria Assunta) à Mariana (Corse).

Concile de Reims.

« Charta caritatis », complément de la règle bénédictine, par saint Etienne Harding, troisième abbé de Clairvaux.

1120   Naufrage de la *Blanche Nef* au raz de Barfleur, qui causa la mort de trois cents nobles anglo-normands.

Début de la construction de la cathédrale de Chartres actuelle.

Abélard : *Sic et Non.*

Lambert de Saint-Omer : *Liber floridus*, encyclopédie illustrée.

Création de l'université de Paris.

Saint Norbert fonde l'ordre des Prémontrés, moines paysans.

1120-1154 Guillaume de Conches enseigne à Chartres.

v. 1120-1178 Cathédrale d'Autun.

Cathédrale Saint-Front de Périgueux.

1121   Première mention de la corporation des marchands d'eau à Paris.

Abélard : *Dialectique.*

Condamnation d'Abélard à Soissons.

1122   Multiplication des moulins à eau.

Suger, abbé de Saint-Denis.

1122-1156 Pierre le Vénérable, abbé de Cluny.

1122-1286 Construction de Notre-Dame-de-Paris.

1124   Famine.

v. 1124-XIVe siècle Cathédrale de Sens.

1125   Famine.

Suger affranchit les serfs de l'abbaye de Saint-Denis.

Eglise Saint-Georges à Saint-Martin-de-Boscherville.

« Sacramentaire » de Limoges.

v. 1125 Cathédrale de Nebbio à Saint-Florent.

Hugues de Saint-Victor : *De sacramentis.*

1125-1130 Sculptures du narthex de Vézelay.

1125-1150 Façade de la cathédrale d'Angoulême.

ap. 1125-1520 Cathédrale d'Evreux.

1126   Famine.

v. 1127 Moulin de Nordmolin (Hondschoote) : le plus vieux moulin à vent d'Europe encore debout.

Foulques de Chartres : *Histoire de Jérusalem.*

1128   Commune de Marseille.

1129   Concile de Saint-Germain-des-Prés (Paris).

1130   Concile d'Etampes.

Chanson de Gormont et Isembart.

Saint Bernard : *Eloge de l'ordre du Temple.*

v. 1130 Naissance du troubadour Marcabru.

1130-1135 Tympan de la cathédrale d'Autun par Gislebertus.

1130-1140 Portail de l'église de Souillac.

Eglise Saint-Martin-des-Champs (Paris).

1130-1147 Abbaye de Fontenay.

v. 1130-1186 Guillaume de Tyr, historien des croisades.

1132   Déambulatoire de l'église de Morienval (premières ogives).

Consécration d'Autun, de Vézelay.

1132-1144 Suger construit la basilique de Saint-Denis.

1133-1147 Eglise Saint-Pierre-de-Montmartre (Paris).

1134   Le chapitre général des cisterciens règle l'emploi des ouvriers agricoles salariés.

1135   Hugues de Saint-Victor : *Didascalicon.*

1135-1145 Apogée de la poésie lyrique provençale.

v. 1135-1190 Vie de chrétien de Troyes.

1136   Abbaye cistercienne de Noirlac.

1137   Anonyme : *Livre de saint Jacques* (à l'usage des pèlerins de Compostelle).

1138   Mention d'un moulin à tan près de Chelles.

1140   Concile de Sens : saint Bernard fait condamner Abélard.

1140   Pseudo-Turpin : *Historia Karoli.*

Bernard de Ventadour : *Chansons.*

Chanson des chétifs.

Roman d'Alexandre.

v. 1140 Nef de la cathédrale de Sens.

« Tour de César » à Provins.

Albert de Paris : *Benedicamus Domine*, premier auteur polyphoniste connu.

v. 1140-1144 Premier atelier de vitrail à Saint-Denis.

v. 1140-1175 Godefroy de Huy, orfèvre mosan.

v. 1140-1215 Bertran de Born, troubadour.

1141 Pierre le Vénérable fait traduire le *Coran* en latin.

1142 Mort d'Abélard.
Ordéric Vital : *Histoire ecclésiastique*.
Hugues le Primat élu prince des Goliards au Quartier latin (Paris).

1144 Famine.
Le comte de Toulouse crée Montauban.
Persécution de juifs à Paris.

1145 Famine.
Suger : *Vie du roi Louis VI*.
Guillaume de Saint-Thierry : *Lettre d'or* (dialogue mystique entre cisterciens et chartreux).
Saint Bernard prêche à Vézelay la deuxième croisade et à Arles contre le catharisme.

1145-1155 Sculptures du portail royal à Chartres avec la première représentation de *La Vierge à l'enfant*.

1146 Famine.

v. 1147 Mort du troubadour Jaufré Rudel en abordant au pays de la princesse lointaine.

1148 Bernard Silvestre (de Chartres) : *Cosmographia*.
Concile de Reims : condamnation de Gilbert de la Porrée (cf. 1076).

1150 Naissance de G. de Villehardouin.
Première organisation de l'université de Paris.

v. 1150 Eglise de la Trinité à Aregno (Corse).
Portail de l'église de Charlieu.
Portail Sainte-Anne à Notre-Dame de Paris.
Vitrail de la belle verrière (Chartres).
Le Grand Roman d'Alexandre (remaniement d'*Alexandre* d'Albéric de Pisançon).
Poète normand : *Roman de Thèbes*.
Début des « cours » dans le nord de la France.
Poème latin *Ysengrinus* (thème du *Roman de Renart*).
Chanson de Raoul de Cambrai.
Statut du chapitre général de Cîteaux interdisant la décoration des manuscrits et les vitraux de couleurs.

v. 1150-xve siècle Développement de l'alchimie.

v. 1150-1200 Trouvères.

v. 1150-1220 Cathédrale de Laon. — Cathédrale de Langres.

v. 1150-1320 Cathédrale de Noyon.

ap. 1150-*v.* 1220 Gaucelm Faidit, troubadour.

v. 1150-1250 Littérature « courtoise » et culte de la femme qu'on retrouve dans le culte marial (vocables des cathédrales).

v. 1150-1350 Fabliaux.

ap. 1150 Le français devient la langue du commerce international.

8

ÉPANOUISSEMENT OGIVAL
1151-1347

1151 Famine.
v. 1151-1160 Plaque tombale en émail de Geoffroy Plantagenêt.
1152 Fondation de l'abbaye Saint-Jean-aux-Bois par Adélaïde, veuve de Louis VI.
Deuxième concile de Beaugency qui annule le mariage de Louis VII et Aliénor d'Aquitaine.
Mariage à Lisieux d'Henri Plantagenêt avec Aliénor d'Aquitaine.
1153 Mort de saint Bernard.
1153-1250 Cathédrale de Senlis.
1155 Charte de franchise de Lorris.
Louis VII en pèlerinage à Compostelle.
v. 1155 Thierry de Chartres explique rationnellement la création du monde.
v. 1155-1170 Thomas : *Tristan et Iseut*, version courtoise.
v. 1156 Wace, chanoine de Bayeux : *Roman de Rou*.
1158 Corporation des corroyeurs de Toulouse.
1160 Confrérie du Saint-Esprit à Montpellier.
t. 1160 Début de l'exploitation des mines de fer du Dauphiné.
Poète anonyme normand : *Eneas*.
Abbaye de Pontigny.
1160-1170 Marie de France : *Lais*.
1160-1179 Façade de Saint-Gilles-du-Gard.
1160-1196 Maurice de Sully, évêque de Paris.
1162 Famine.
1163 Concile de Tours.
1163-1340 Construction de Notre-Dame de Paris.
1164-1170 Exil de Thomas Becket en France.
1164-1213 Vie de Villehardouin, chroniqueur.
1165 Canonisation de Charlemagne.
Conférence entre catholiques et cathares à Lombers.

v. 1165 Benoît de Sainte-Maure, clerc tourangeau : *Roman de Troie.*

v. 1165-1170 Chrétien de Troyes : *Erec.*

v. 1165-1259 Cathédrale de Bayeux.

v. 1165-xivᵉ siècle Primatiale Saint-Jean-de-Lyon.

1166 Début du pèlerinage de Rocamadour.

1167 Synode cathare de Saint-Félix-de-Caraman.

v. 1168 Chrétien de Troyes : *Lancelot.*

v. 1169 Wace : *Le Roman de Brut.*

v. 1170 Manuscrit d'Oxford de *La Chanson de Roland* par Turold.

Béroul : *Tristan et Iseut* (version commune).

v. 1170 Etienne de Fougères : *Le Livre des manières.*

ap. 1170 Guillaume de Tyr : *Historia* (histoire de la Terre sainte).

v. 1170-1171 Chrétien de Troyes : *Cligès.*

v. 1170-1180 Achèvement de Saint-Trophime (Arles).

Cloître de Notre-Dame-en-Vaux (Châlons-sur-Marne).

Roman de Floire et Bancheflor.

v. 1170-1200 *Le Roman d'Alexandre.*

v. 1170-1230 Cathédrale de Lisieux.

1171 Monopole du commerce sur la Seine de Paris à Mantes pour les marchands d'eau de Paris.

Pogrom à Blois.

1172 Un moine de Rocamadour écrit le *Livre des miracles de Notre-Dame de Rocamadour.*

1172-1175 Chrétien de Troyes : *Lancelot.*

1173 Pierre Valdo crée le mouvement « vaudois » à Lyon (pauvres de Lyon).

1173-xvᵉ siècle Château de Fougères.

1174 Le comte de Champagne crée des gardes de foires pour en assurer le bon fonctionnement.

Guernes de Pont-Sainte-Maxence : *Vie de saint Thomas Becket,* premier poème en francien.

Canonisation de saint Bernard.

1174-1180 Chrétien de Troyes : *Yvain ; Perceval.*

1175-1205 Premier *Roman de Renart,* cycle du xiiᵉ siècle.

1176 Corporation des changeurs de Saint-Gilles.

Création de la foire de Saint-Germain (Paris).

1177 Raymond V de Toulouse expose le péril cathare dans une lettre au chapitre de Cîteaux.

v. 1177-1236 Gautier de Coincy, poète (recueil des *miracles de Notre-Dame*).

1180 Le poète Guiot de Provins mentionne la « marinette », ancêtre de la boussole.

Premier collège pour étudiants à Paris.

v. 1180 Mort d'Albert de Paris, musicien de l'école de Notre-Dame.

Marie de France : *Isopet*.

v. 1180-1190 Chrétien de Troyes : *Le Chevalier au lion*.

v. 1180-1277 Cathédrale de Strasbourg.

1180-1213 Vie de Peire de Vic, moine de Montaudon, poète « gaillard ».

1181 Corporation des teinturiers de Montpellier.

1182 Les Juifs sont expulsés de Paris.

Consécration de Notre-Dame de Paris.

Le charpentier Durand se présente comme l'envoyé de Marie.

1184 Saint Bénézet construit le pont qui porte son nom à Avignon.

Le synode de Vérone excommunie les « vaudois ».

Institution de l'inquisition épiscopale.

v. 1184 André, chapelain de Marie de Champagne : *Tractatus de amore*.

Jean de Hanville : *Archithrenius*.

Alain de Lille : *Plaintes de la nature*.

1185 *L'Assise au comte Geoffroy* : la féodalité en Bretagne.

1185-1324 Cathédrale de Bourges.

1189 Rouen : interdiction des confréries d'artisans.

Première fabrication de papier en France, dans l'Hérault.

Confrérie de charité (les charitables) à Béthune.

1190 Paris redevient la capitale effective du royaume.

Statuts de la communauté des parfumeurs.

v. 1190 Les plus anciens vitraux de Lyon (cathédrale Saint-Jean).

Conon de Béthune : *Chansons*.

1190-1209 Construction de l'enceinte de Philippe Auguste à Paris, et du Louvre.

1194 Création des archives royales (trésor des chartes) à Paris.

v. 1195 Mort de Chrétien de Troyes.

1195-1197 Hélinand de Froidmont, poète : *Vers de la mort.*

1196   Crue de la Seine.

Famine.

Philippe Auguste fait rédiger les premières chartes d'hommage des grands vassaux.

1196-1197 Richard Cœur de Lion fait bâtir la forteresse de Château-Gaillard.

1197   Famine.

Premier acte écrit en français (Tournai).

1198   Saint Jean de Matha fonde l'ordre des trinitaires pour le rachat des captifs.

1200   Incendie de Rouen.

Privilèges de Philippe Auguste en faveur des maîtres et étudiants parisiens.

« Interdit » sur le royaume décrété par le pape.

v. 1200 Premier coutumier français (Normandie).

Réorganisation de l'Hôtel-Dieu (Paris).

Naissance de Colin Muset, poète.

Robert de Boron : *Roman du Saint-Graal.*

J. Bodel d'Arras : *Jeu de saint Nicolas.*

Jeu d'Adam, mystère.

Girard de Vienne, poème épique.

Le lai des pucelles. — Le lai des Hermins. — Le lai de la pastourelle.

XII° siècle Chanson : « J'ai descendu dans mon jardin. »

Donjons de Villandry, de Loches, de Chambois.

Châteaux de Gisors, de Carcassonne, du Coudray (Chinon).

Eglise San Michele de Murato (Corse).

Grange aux dîmes (Provins).

Cathédrale fortifiée d'Agde.

Abbatiale de Maguelone.

Tours de l'Echauguette, des Chiens du Moulin et de l'Horloge (Chinon).

Châsse d'Ambazac » orfèvrerie limousine.

Début des enseignes de maisons et de commerces.

Rerise en état des fontaines publiques (arrêtées depuis le IV° siècle).

Apogée de la chanson médiolatine.

Léonin, maître de chapelle à Notre-Dame de Paris (ars antiqua).

Philippe de Thaon : *Les Bestiaires*.
Bertran de Born : *Sirventès*.
Blondel de Nesle, trouvère favori de Richard Cœur de Lion.
Chanson d'Apremont.
Anséis de Carthage.
Cycle de Garin de Monglane :

                         Charroi de Nîmes.
                         Aliscans.
                         La Chanson de Guillaume.
                         Le Couronnement de Louis.

Geste de Doon de Mayence :

                         Chevalier Ogier.
                         Girard de Roussillon.
                         Raoul de Cambrai.

Vogue du jeu d'échecs.
Création du pèlerinage de Saint-Sulpice-de-Favières.
Pèlerinage des rois de France à Notre-Dame-de-Liesse.
1200-1215 Vitraux du chœur de Bourges.
v. 1200-1230 *Aucassin et Nicolette*, roman idyllique.
1200-1250 Vitraux de Chartres.
1200-1250 Thibaut de Champagne, trouvère.
v. 1200-1266 Pierre de Montreuil : Sainte-Chapelle, nef de Saint-Denis etc.
XIIe-XIIIe siècle Remparts de Provins, château de Falaise.
XIIe-XVe siècle Château de Biron.
XIIe et 1460-1514 Château de Châteaudun.
1201   Naissance de Thibaut de Navarre, trouvère.
1201-1514 Cathédrale de Rouen.
1202   Jean Bodel : *Congé à ses concitoyens*.
      Adoption des chiffres « arabes ».
1202-1203 Premier compte royal conservé.
1203-1228 « Merveille » du Mont-Saint-Michel.
1204   Développement de l'enluminure « laïque ».
      Fondation de l'abbaye de Port-Royal-des-Champs.
ap. 1204 Expansion du commerce.
1205-1216 Robert de Clari : *L'Histoire de ceux qui conquirent Constantinople*.
1205-1250 *Roman de Renart*, cycle du XIIIe siècle.
v. 1205-1510 Cathédrale Saint-Samson (Dol-de-Bretagne).

1206   Crue de la Seine.
       Prédication de saint Dominique chez les Albigeois.
1207   Villehardouin : *Histoire de la conquête de Constantinople.*
1208 ou 1209 Association des maîtres et étudiants de Paris.
1208-1317 Cathédrale de Troyes.
1209   Le concile d'Avignon interdit les danses, courses et jeux dans les églises.
1210   Guillaume le Clerc : *Les Bestiaires.*
       Un concile condamne Amauri de Bène et David de Dinant, professeurs à Paris, pour un enseignement hors de la tradition. Interdiction aux maîtres parisiens d'enseigner la *Métaphysique* d'Aristote.
v. 1210 Diffusion de la charrue à roues.
       Rédaction des *miracles de Notre-Dame.*
v. 1210-1220 *Aymeri de Narbonne* (cycle Garin de Monglane).
1211   Création de la fête « du pré de la Fadaise » à Bourg-Saint-Bernard.
1211-1311 Cathédrale de Reims.
av. 1212 Robert d'Auxerre : *Chronologie.*
1212   Croisade des enfants.
v. 1212 Mort de Villehardouin, à Messinople (Grèce).
1212-1214 R. de Boron : *Le Saint Groal.*
1213   Guillaume de Tudèle : *Chanson de la croisade albigeoise.*
1214   Rigord : *Gesta Philippi Augusti.*
       Guillaume le Breton : *Philippide.*
       Fixation des statuts de l'université de Paris (au IVᵉ concile de Latran).
ap. 1214-XVIIᵉ siècle Château de Beynac.
v. 1215-1550 Cathédrale d'Auxerre.
1216   Saint Dominique fonde l'ordre des frères prêcheurs (dominicains) à Toulouse.
v. 1218-1274 Cathédrale de Coutances.
1219   Crue de la Seine.
       Inondation de la vallée de la Romanche et de l'Isère (Grenoble).
       Diffusion de l'ordre franciscain en France.
1220   Grange de Meslay.
       Gautier de Coincy : *Miracles de la Sainte Vierge.*

v. 1220 Château de Dourdan.

Donjon du Temple (Paris).

« Album de dessins » de l'architecte Villard de Honnecourt.

v. 1220-1230 Statues de la galerie des rois à Notre-Dame de Paris.

v. 1220-1289 Eudes de Montreuil, architecte et sculpteur.

1220-1402 Cathédrale d'Amiens.

1222 Testament de Philippe-Auguste : le premier exemplaire original conservé.

Première foire aux jambons (Paris).

1224 Famine.

Réforme de la monnaie de Provins qui devient le « fort » de Champagne = tournois.

Mort du poète Conon de Béthune.

v. 1224 Naissance du sire de Joinville.

1225 Famine.

Sixième incendie de Rouen depuis 1200.

v. 1225 Anonyme : *Lancelot du lac* (prose).

1225-1228 Cloître du Mont-Saint-Michel.

1225-1236 « Beau-Dieu » d'Amiens.

1225-1240 G. de Lorris : *Le Roman de la rose.*

1225-1242 Château de Coucy.

1226 Famine.

Confrérie des pénitents d'Avignon.

1228-1238 Château d'Angers.

1229-1240 Eglise des jacobins de Toulouse.

Fondation de l'université de Toulouse pour lutter contre l'hérésie cathare.

Inquisition dans le Languedoc.

1229-1231 Grèves de l'université de Paris.

av. 1230 Traduction de la *Métaphysique* d'Aristote.

v. 1230 Pérotin, maître de chœur à Notre-Dame de Paris, père de la musique polyphonique.

1230-1265 Façade de la cathédrale de Bourges.

1231-1236 Guillaume d'Auvergne : *De l'univers.*

1232 Crue de la Seine.

1235 Famine en Aquitaine.

Epidémie de « mal des ardents ».

v. 1235 *Flamenca*, roman en langue d'oc.

1236 Première bibliothèque royale.

ap. 1235 « Grand coutumier » de Normandie.

av. 1236 Gautier de Coincy : *Recueil de miracles.*

1239-1484 Cathédrale de Tours.

1240   Château de Peyrepertuse.

Mort de Thibaut de Champagne.

v. 1240 « Ange au sourire », cathédrale de Reims.

1240-1311 Arnaud de Villeneuve, alchimiste.

1240-*v.* 1490 Cathédrale de Quimper.

1241   L'architecte Villard de Honnecourt travaille en Hongrie.

Tour de Constance (Aigues-Mortes).

1242-1248 Sainte-Chapelle (Paris).

1243   *Livre des assises de la cour des bourgeois.*

1244-1318 Erwin de Steinbach, un des architectes de la cathédrale de Strasbourg.

v. 1244 Vincent de Beauvais : *Speculum Majus* (vulgarisation encyclopédique).

1245   Premier Concile de Lyon.

v. 1245 Vitraux de Saint-Sulpice-de-Favières.

Roger Bacon enseigne la physique à Paris.

1245-1248 Albert le Grand enseigne à Paris.

1245-1275 Rédaction des coutumes paysannes dans la région parisienne.

1247-1272 Cathédrale de Beauvais.

1248-1255 Saint Bonaventure enseigne à Paris.

1249   André de Longjumeau en mission.

ap. 1249 Construction, par les croisés francs en Morée, du château de Mistra.

1250   Grand coutumier de Normandie.

Conte des vilains de Verson (révolte contre l'abbaye du Mont-Saint-Michel).

v. 1250 Réduction de la corvée.

La chancellerie royale emploie le français à la place du latin.

Donjon d'Ortenberg.

Naissance de la comédie médiévale.

ap. 1250 Nouveaux affranchissements de serfs.

1250-1260 Vierge à l'enfant (Notre-Dame de Paris).

1250-1270 Vitraux de Notre-Dame de Paris.

1250-1325 Cathédrale de Strasbourg.

1251   Croisade des pastoureaux.

1252   Fondation de la Sorbonne (collège de Sorbon) par Robert de Sorbon.

1252-1259 Enseignement de saint Thomas d'Aquin à Paris.

1253-1303 Yves Hélori (saint Yves), prêtre et avocat.

1254 Ordonnance de saint Louis instituant les « bourdeaux » pour les prostituées parisiennes.

Guillaume de Saint-Amour attaque les ordres mendiants dans : *De periculis novissimorum temporum.*

Création des chevaliers du guet.

1254-1292 Guiraud Riquier de Narbonne, le dernier troubadour.

1256 Miniatures du « psautier de Saint Louis ».

Mort du trouvère Thibaut de Champagne.

Création de la première banque (Provins).

1259 *Livre de justice et plet* (Orléans).

Rutebeuf : *Le Dit des règles,* contre les ordres mendiants.

Saint Bonaventure : *Itinéraire de l'esprit vers Dieu.*

1260 Saint Thomas d'Aquin : *Somme théologique* (en latin).

v. 1260 Rutebeuf : *Le Miracle de Théophile.*

J. de Voragine : *La Légende dorée.*

v. 1260-1270 Etienne de Boileau : *Livre des métiers de Paris.*

1261 Rutebeuf : *Renart le bestourné.*

1262 Adam de la Halle : *Jeu de la feuillée.*

1262-xive siècle Eglise Saint-Urbain de Troyes.

1263 Monnaie : écu d'or.

1264 Instauration de la Fête-Dieu.

1265-1309 Pont de Pont-Saint-Esprit.

1267 Mort de l'architecte Pierre de Montreuil.

1269 Pierre de Maricourt : *Epistolae de magnete* (étude sur le magnétisme).

1269-1272 Second enseignement de saint Thomas à Paris.

1270 Raoul de Cambrai.

v. 1270 Rutebeuf : *Poésies.*

ap. 1270 Vitrail incolore-grisaille (Troyes-Poitiers).

1270-1280 *La Châtelaine de Vergy.*

1273 *Etablissements de Saint-Louis :* recueil d'ordonnances et de règlements.

1274 Mort de Robert de Sorbon.

Première rédaction en français des *Grandes Chroniques de Saint-Denis* par Matthieu de Vendôme.

Deuxième Concile de Lyon : union des églises d'Occident et d'Orient.

1275   Guillaume Durand : *Speculum judiciale*.
        Epopée *Berte au grand pied*.
        Le Jeu du garçon et de l'aveugle, la plus ancienne farce.

1275-1280 Jean de Meung : *Le Roman de la Rose* (suite).

1277   L'évêque de Paris condamne les thèses thomistes et averroïses, interdit le *Traité d'amour* d'André le Chapelain (voir 1184).

1277-1550 Cathédrale de Rodez.

1278   Création des premières messageries.

1280   Crue de la Seine.
        Grèves et émeutes urbaines : Provins, Rouen, Caen, Orléans, Béziers...
        Fondation du collège d'Harcourt, actuel lycée Saint-Louis (Paris).

v. 1280 Invention du rouet.
        Guillot : *Dit des rues de Paris*.

v. 1280-1288 « Vierge dorée » d'Amiens.

1281-1330 Eglise Saint-Bénigne de Dijon.

1282   Adam de la Halle : *Jeu de Robin et Marion* (Naples).

1282-1390 Cathédrale d'Albi.

1283   Philippe de Beaumanoir : *Coutumes du Beauvaisis*.
        Fondation de la chartreuse de Champmol.

1284   Les foires de Champagne passent sous le contrôle du roi de France.
        Effondrement des voûtes de la cathédrale de Beauvais.

v. 1285 Rutebeuf : *Complainte de Saincte Eglise*.

1287   Mort de Rutebeuf.

1288   Révolte des artisans de Toulouse.
        Renart le nouvel.

v. 1288 Mort d'Adam de la Halle à Naples.

1289   Fondation de l'université de Montpellier.

1290   Charte communale de Besançon.
        Anonyme artésien : *Le Jeu du pèlerin*.

1291   Ordonnance de création des « maîtres des eaux et forêts ».
        Guillaume de Nogaret enseigne le droit à Montpellier.

1291-1361 Philippe de Vitry, théoricien de l'*ars nova*.

1294-1295 Première dévaluation de la monnaie.

1295   *Le Couronnement de Renart*.

1296   Crue de la Seine.

[Marco Polo rédige en français *Le Livre des merveilles du monde.*]

1297   Canonisation de saint Louis.

1298-1307 Pierre de Chelles : tombeau de Philippe de Hardi.

1300   Mort de Guillaume de Nangis, moine et chroniqueur.

1300-1358 Buridan, philosophe scolastique nominaliste : Notion d'*impetus*.

1300-1377 Guillaume de Machaut, poète et musicien.

v. 1300 Jean de Grouchy : *Traité de musique.*

v. 1300-1425 Cathédrale et cloître de Tréguier.

XIIIe siècle Adoption des lunettes.

    Cathédrale Sainte-Sophie de Nicosie (Chypre).

    Ponts d'Espalion, d'Entraygues.

    Bastides de Bonnegarde, Beaumont du Périgord, Cordes, Fleurance, Vianne, Domme.

    Châteaux du Coudray-Salbart (Echiré), de Najac.

    Château de Blois (salle des Etats).

    Chinon, tour du Coudray.

    P. Rémi de Beaumanoir : *Fatrasies ou rêveries.*

    Gautier de Metz : *Image du monde* (encyclopédie).

Fin XIIIe siècle La déclinaison disparaît. Transformation de la syntaxe. Le français devient langue analytique. La centralisation capétienne favorise le francien (Ile-de-France) au détriment des autres dialectes qui deviennent des patois parlés.

XIIIe-XIVe siècle Murailles de Semur-en-Auxois.

    Château de Fougères.

XIIIe-XVe-XVIIe siècle Château de Castelnau-Bretenoux.

    Château de la Hunaudaye.

XIIIe-XIXe siècle Foire de Beaucaire.

1302   Création des commissaires-enquêteurs **au Châtelet** de Paris.

1303   La « Bancloque », cloche de l'hôtel de ville de Compiègne, une des plus vieilles de France.

    Guillaume de Saint-Pathus : *Les Miracles de saint Louis.*

1304   Fondation du collège de Navarre (Paris).

1304-1308 Enseignement de Duns Scot à Paris.

1305   Mort de Jean de Meung.

    Pierre Dubois : *De recuperatione Terrae Sanctae.*

v. 1305 Remise en honneur de la dissection à l'université de Montpellier.

1306   Crue de la Seine.

1307   Statue de saint Louis (act. à Mainneville), premier portrait individualisé.

1308   Début de la construction de Saint-Ouen (Rouen).
        P. Dubois : *Traité de politique générale.*

1308-1378 Pont Valentré (Cahors).

1309   Joinville : *Vie de Saint Louis.*

1309-1341 Couvent des Augustins (Toulouse).

1309-1377 La papauté s'installe en Avignon.

1310   Rouen : première représentation de la passion du Christ sur le parvis de la cathédrale.

1310-1314 Gervais du Bus : *Roman de Fauvel.*

1311   Première ordonnance réglementant la chirurgie.
        Concile de Vienne.

1313   Marsile de Padoue, recteur de l'université de Paris.

1314   Famine.
        Fondation du collège de Montaigu (Paris).

1315   Famine.

1316   Famine.
        Un Français, de Cahors, devient le pape Jean XXII.
        Jehan Maillart : *Le Roman du comte d'Anjou.*

1317   Famine.
        Mort du sire de Joinville.

1318   Arnaud Vidal : *Guillaume de la Barre,* roman provençal.

1318-1340 Vitraux de la cathédrale d'Evreux, les plus beaux du XIVe siècle.

1319-1330 *Renart le contrefait.*

1320   Croisade des pastoureaux.

v. 1320 Guillaume d'Occam enseigne à Paris.

v. 1322 *Ars nova,* renouvellement de l'art polyphonique.

1323   Toulouse : *Consistori del gai saber,* institution pieuse et poétique.
        Jean de Jaudun : *Traité des louanges de Paris.*

1323-1326 Jean Pucelle : Enluminures du « bréviaire de Belleville » (dominicains).

1324   Pétrarque en Avignon.

1325   Crue de la Seine.

1325-1328 Jean Pucelle : Enluminures des *Heures* de Jeanne d'Evreux.

1327   Jean Buridan, recteur de l'université de Paris.
       Première rencontre, en Avignon, de Pétrarque et
       Laure.
1328   « Etat des paroisses et des feux » : le plus ancien
       document démographique français.
1330-1418 Nicolas Flamel écrivain-juré, bienfaiteur des pau-
       vres et alchimiste présumé.
v. 1330-1410 A. Beauneveu, sculpteur et miniaturiste.
v. 1330-1340 Apparition du mot « sabbat » dans un procès
       de sorcières (Toulouse).
1332   Fondation de l'université de Cahors.
v. 1333-1337 Naissance de Froissart.
1334   La première horloge de Paris, tour de l'Horloge à la
       Conciergerie actuelle.
1335-1352 Palais des papes (Avignon).
1337-1370 Donjon de Vincennes.
1338   Première mention d'un moulin à papier (chiffons).
1339   Création de l'université de Grenoble.
1340   *Miracles de Notre-Dame.*
v. 1340 Derniers fabliaux.
1341   Création de la gabelle.
1342   Ateliers de gantiers à Grenoble.
1342-1352 Eglise et cloître de la Chaise-Dieu.
v. 1342 *Livre du chastel de Labour.*
v. 1343 Fresques de la tour de la Garde-Robe (Avignon).
1346   Ordonnance de Brunoy : premier code royal forestier.
       Naissance du poète Eustache Deschamps.

9

SOUS LE SIGNE DE LA MORT
1348-1495

1348-1350 Epidémie de peste noire.
Naissance des flagellants et essor des confréries de charité (charitons, charitables).

1349 Le futur Charles V prend, le premier, le titre de dauphin (après la cession du Dauphiné par Humbert II).

1350 Jean le Bel : *Chronique.*

v. 1350 Guillaume de Machaut compose ses œuvres musicales.
Secte hérétique corse (la seule), les giovannali.

1351 Le roi Jean II le Bon crée l'ordre de l'Etoile.

1352-1363 Prédication de Guillaume de Bordes chez les vaudois du Dauphiné.

av. 1353 Un chanoine de Bayeux : *Advocacie Notre-Dame.*

1353 Fondation du collège de Boncourt (Paris).
Construction par Godefroy de Charny d'une église pour conserver le saint suaire à Lirey.

1355-1375 Construction de l'enceinte urbaine d'Avignon.

v. 1355-1419 Saint Vincent Ferrier, dominicain, prédicateur.

1358 Jacquerie.

1360 Création du franc en or.
Anonyme : *Jugement d'amour.*

1360-1416 Mécénat du duc Jean de Berry à Bourges.

v. 1360 Ecole française : *Portrait de Jean le Bon, le plus ancien portrait peint en France.*

1361 Epidémie de peste.
Pétrarque à Paris.

1361-1369 Froissart à la cour d'Angleterre.

v. 1361-1365 Aventure amoureuse de Guillaume de Machaut et Péronne d'Armentières.

1362 Bercheure (ou Bersuire) : traduction de Tite-Live.
E. Deschamps : *L'Art de dictier et de fere chançons, balades, virelais et rondeaux* (art poétique).

1363   Naissance de Gerson.

1364   Naissance de Christine de Pisan.

1365   Construction du donjon du Louvre par Raymond du Temple.

1366   Le nom de Franche-Comté apparaît pour la première fois.
Trouvaille du trésor de Tourves (Var) : oboles grecques en argent (de Massalia).

1367   Froissart : *L'Epinette amoureuse.*
Construction de la synagogue de Carpentras, la plus vieille de France.
Règlements qui parquent les prostituées dans certains quartiers.

1368   « Castelet » de Perpignan.

1368-1375 Disettes et épidémies.

1369-1382 Construction de la Bastille (Paris).

1370   Invention de la xylographie.

v. 1370 Sainte chapelle de Vincennes.
Pierre de Cressens : *Le Livre des profits champêtres.*

1370-1371 Guillaume de la Tour Landry : *Traité.*

1370-1377 Oresmes : *Traduction d'Aristote.*

1370-1380 Jacques le Grand : *Echecs amoureux.*

1370-1400 Froissart : *Chroniques.*

v. 1370-1510 Château de Josselin.

v. 1371-1442 Pierre Cauchon, évêque de Beauvais, puis de Lisieux, surtout célèbre par son rôle au procès de Jeanne d'Arc.

v. 1373 Début du gothique flamboyant (Amiens).

v. 1373 ou 1376-1380 Tapisserie de l'*Apocalypse* (Angers).

1374   Salins-les-Bains : comptoir communal de prêt sur gages, le Mont-de-Salins, ancêtre du Mont-de-piété.
« Confrérie de la Passion » à Rouen.
Fin des persécutions contre les cathares à Toulouse.

1374-1706 Château de Rambouillet.

1375   Crue de la Seine.

1375-1535 Château de Pau.

1376   Ordonnances royales, bases du règlement général des Eaux et Forêts.

1376   Apparition du terme « danse macabre ».

v. 1376 Raoul de Presles traduit *La Cité de Dieu* (saint Augustin), écrit *Le Songe du vergier.*

1377 Mort de Guillaume de Machaut.

v. 1380 L'armure remplace la cotte de mailles.
« Très belles Heures de Notre-Dame » (miniatures).

1382   Tour Solidor (Saint-Servan).

1383   Le duc de Bourgogne, Philippe le Hardi, fonde la chartreuse de Champmol (près de Dijon).

1385   « Tapisserie des neuf preux ».
Naissance d'Alain Chartier (orateur politique).

1385-1395 Jacquemart de Hesdin : « Psautier du duc Jean de Berry ».

1387-1391 Gaston Phœbus : *Le Livre de la chasse*.

1388   Naissance de Giovanni della Grossa, notaire et historien corse.
Boucicaut : *Livre des cent ballades*.
Froissart à la cour du comte de Foix, Gaston Phœbus.

1389   Mort de Jean de Marville, sculpteur parisien au service de la cour de Bourgogne.
Pierre d'Ailly, recteur de l'université de Paris.
Nîmes : Expulsion des Juifs.

1390   Henri Beauneveu, Jacquemart de Hesdin « Très Riches Heures du duc de Berry ».

1390-1410 Louis d'Orléans construit le château de Pierrefonds.

v. 1390 Statues de Charles V et Jeanne de Bourbon (hospice des Quinze-Vingts à Paris).

v. 1390-1453 De Monstrelet, chroniqueur pour les années 1400-1444.

1392   Apparition du jeu de cartes.
Gerson, chancelier de l'université de Paris.
Farce de maître Trubert et Autroignart.

v. 1392 *Le Ménagier de Paris.*

1393   Bal des Ardents (Paris).

1394   Naissance du poète Charles d'Orléans.

1395   Ordonnance sur la culture de la vigne en Bourgogne.
Naissance de J. Cœur.

1395-1405 Sculpture du puits de Moïse, par C. Sluter, à la chartreuse de Champmol.

1396-1439 Claux de Werve, neveu de Claus Sluter, sculpteur à la cour de Bourgogne.

1398   Première représentation d'un mystère de la Passion à Paris.

1399   Crue de la Seine.

1399-1402 Querelle au sujet du *Roman de la rose* entre Gerson, J. de Montreuil et Christine de Pisan.

1399-1412 Prédications de saint Jean Ferrier en Bretagne.

v. 1399-1680 Château de Hautefort.

Fin XIVᵉ siècle Palais de justice de Poitiers.

Sainte-Chapelle de Vincennes.

Château de Foix.

XIVᵉ siècle Adoption du linge de corps.

« Foire chaude » (août), Mâcon.

Mesures de protection de la forêt alpine devant la pénurie de bois.

Essor du papier de chiffons.

Première mention des souterrains-refuges de Naours.

Statuts du collège de l'Ave Maria (Paris).

J. Bouthillier, juriste : *La Somme rurale.*

Champagnisation du vin blanc à Clairvaux.

Châteaux d'Alleuze, de Blandy-lès-Tours, de Chinon (Tour de l'Horloge), de Saumur, de Suscinio, de Vitré, de Largoët-en-Elven.

Moulin fortifié de Barbaste, pont Notre-Dame (Mende) pont d'Orthez.

Eglise de la Trinité (Vendôme).

« Dévôt-Christ » en bois (Perpignan).

Sacramentaire de Sens.

XIVᵉ-XVᵉ siècle Châteaux de Culan, de Combourg.

XIVᵉ-XVIᵉ siècle Château d'Ainay-le-Vieil.

v. 1400-1440 Eustache Marcadé : *Passion d'Arras.*

v. 1400-1474 Guillaume Dufay, musicien, un des maîtres de la polyphonie.

v. 1400-1480 Château de Tarascon.

1401 « Cour d'amour » de Charles VI.

Début XVᵉ siècle Loches : Logis du roi.

Angers : Chapelle et logis royaux.

Contes : *Les Quinze Joyes du mariage.*

1402 Le Normand Jean de Béthencourt en Afrique et aux Canaries.

Charles VI octroie aux « confrères de la Passion » le monopole des représentations de mystères à Paris dans le premier théâtre permanent de France (hôpital de la Trinité).

Nicolas de Clamanges : *Traité de la ruine de l'Eglise.*

Gerson : *Vision de Gerson.*

1403-1404 Christine de Pisan : *Le Livre des faits et bonnes mœurs de Charles VI.*

1404-1475 Georges Chastellain, chroniqueur des ducs de Bourgogne.

1405   Christine de Pisan : *Le Livre de la cité des dames.*

v. 1405 Mort de Froissart.

1405-1449 *Journal d'un bourgeois de Paris* (anonyme).

1406   Mort du sculpteur Claus Sluter.

v. 1406 Mort du poète Eustache Deschamps.
        Hiver très froid à Paris particulièrement.

1407   Crue de la Seine, puis gel.
        Les hôteliers doivent tenir un registre des voyageurs
        (« étiquettes » = fiches).

1408-1416 Frères Limbourg « Très Riches Heures du duc de Berry ».

1409   Lettres patentes de Jean sans peur sur la pêche au hareng.
        Réglementation de la fabrication du papier.
        Création de l'université d'Aix.
        Traduction de la *Géographie* de Ptolémée.
        Pierre le Fruitier, dit Salmon : *Réponses à Charles VII et lamentations au roi sur son état.*

1410   Sécheresse.
        Evêque Jean Germain : exhortation à Charles VII pour aller outre-mer.

v. 1410 Mort du miniaturiste Jacquemart de Hesdin.
        Château de Tonquédec.

v. 1410-1415 Heures du maréchal de Bougicaut.

1410-1524 Eglise Notre-Dame-de-l'Epine.

1411-1416 Frères Limbourg « Calendrier des Très Riches Heures du duc de Berry ».

1411-1418 Capeluche, bourreau de Paris.

1412-1491 Thomas Bazin, évêque de Lisieux et chroniqueur.

1412-1622 Eglise Saint-Etienne-du-Mont (Paris).

1413   Le Toulousain Anselme d'Ysalguier revient du Niger (expédition Béthencourt de 1402) où il était prisonnier.

1414   Crue de la Seine.
        Epidémie de coqueluche à Paris.

1415-1440 Captivité en Angleterre du poète Charles d'Orléans.

1416   Mort des trois frères Limbourg, miniaturistes.
        Création de la confrérie de la Sanch (Perpignan).

1418   Fondation du collège Coqueret (Paris).

v. 1418 « Grandes Heures de Rohan ».

1419   Première foire de Lyon.
Des gitans signalés à Châtillon-sur-Chalaronne pour
la première fois en France.

1420   Interdiction aux prostituées de porter des bijoux.
Anonyme : *Imitation de Jésus-Christ*.
Eustache Mercadé : *Mystère de la Passion*.

v. 1420 Robert Blondel (normand) : *Complainte des bons
Français*.

v. 1420-1480 Jean Fouquet, peintre et miniaturiste.

v. 1420-1482 Matthieu d'Escouchy : *Chroniques* (1444-
1465).

v. 1420-xviiie siècle Château de la Brède.

1421   Crue de la Seine.

1422   A. Chartier : *Le Quadriloge invectif*.
Gilles le Bouvier, dit le Héraut Berry : *Description du
pays*.

v. 1422-1429 Chanson « Le carillon de Vendôme » (Orléans,
Beaugency...).

1423   Crise monétaire à Toulouse.
Création de l'université de Dôle.

1424   Fresque de la danse macabre du charnier du cimetière
des Saints-Innocents (Paris).

1425   Naissance d'Olivier de la Marche, chroniqueur bourguignon.

1425-1500 Antoine le Moiturier, sculpteur à la cour de
Bourgogne.

1426   Crue de la Seine.

v. 1426 *Heures de Marguerite d'Orléans*.

1427   Crue de la Seine.
Moralité faite en foulois (langue des « fous ») *pour
le chastiement du monde*.

1429   Alain Chartier : *Livre de l'espérance*.
Christine de Pisan : *Dittié à la louange de Jeanne
d'Arc*.

1430   Philippe le Bon, duc de Bourgogne, crée l'ordre de la
Toison d'Or (qui durera jusqu'en 1931 en Espagne).
Mort de Christine de Pisan.

1430-1475 Château de Ham (donjon).

1430-1495 Jean Ockeghem, maître de chapelle de
Charles VII, Louis XI, Charles VIII.

v. 1430-*ap.* 1470 Henri Baude, poète.

v. 1430-1515 Michel Colombe, sculpteur.

1431   Crue de la Seine.
        Procès de Jeanne d'Arc.
        Naissance de F. Villon.

1432   La Seine gèle.
        Création de l'université de Poitiers.

1433   La Seine gèle.

1434-1438 Gutenberg à Strasbourg.

1434-1470 Eglise Saint-Maclou (Rouen).

1434-xviie siècle Cathédrale de Nantes.

v. 1435-1484 Nicolas Froment, peintre.

1438   Crue de la Seine.

1438-1453 Jean de Cambrai : tombeau de Jean de Berry.

v. 1439 Anonyme : *Mystère du siège d'Orléans.*

1440   Gilles de Rais pendu et brûlé.
        Mort d'Eustache Marcadé, auteur de la *Passion*
        d'Arras.
        Jean Fouquet : *Portrait de Charles VII.*

1441   Fondation de l'université de Bordeaux.

1442   Crue de la Seine.

v. 1442 Anonyme méridional : *Pierre de Provence,* roman.

v. 1442-1465 « Triptyque de l'Annonciation » d'Aix-en-
        Provence.

v. 1442-*v.* 1521-1527 Josquin des Prés, le plus grand musi-
        cien polyphoniste.

1443   Création du Parlement de Toulouse.
        Paris et Vienne, roman.
        Fondation de l'Hôtel-Dieu de Beaune.

1443 et 1451 *Mystère des saints Crépin et Crépinien* com-
        mandé et joué par les « cordouaniers » de Paris.

1443-1451 Hôtel Jacques Cœur (Bourges).

1444   Naissance du Capitole de Toulouse, un des premiers
        parlements d'Europe.

1445   Suppression de la « fête des fous » par Charles VII.

v. 1445 Le Héraut Berry : *La Description des pays.*

1445-1450 Vitrail de l'Annonciation dans la chapelle de
        l'hôtel Jacques Cœur (Bourges).

1445-1530 Château de Bonaguil.

1446   Interdiction aux prostituées de porter des ceintures
        dorées (d'où l'expression).

v. 1447 Naissance de Philippe de Commynes.

1448   Niveau de la Seine particulièrement bas.
       Jean Miélot (cour de Bourgogne), traduit le *Speculum humanae salvationis*.

ap. 1448 Jacques Morel : Tombeau de Charles de Bourbon.

1449   Mort d'Agnès Sorel, dame de Beauté et favorite de Charles VII.

1450   Charles VII accorde à Lyon le monopole de la vente de la soie.
       J. de Milet : *Mystère de la destruction de Troie*.
       Anonyme : *Mystère de la Résurrection*.

1450-1454 Chœur de l'abbatiale du Mont-Saint-Michel.

v. 1450 « Heures d'Adélaïde de Savoie ».
       J. Fouquet : *Vierge à l'enfant, Diptyque de Melun*.
       A. Gréban : *Le Mystère des actes des apôtres*.
       Débat des hérauts d'armes de France et d'Angleterre.
       Naissance de Lefèvre d'Etaples, humaniste.
       Les « clercs de la basoche ».

v. 1450-1460 Le calvaire de Tronoën, le plus ancien de Bretagne subsistant actuellement.

v. 1450-1480 Château d'Ussé.

v. 1450-xviie siècle Château de Carrouges.

1451   Fondation de la chartreuse de Villefranche-de-Rouergue.

1452   Création de l'université de Valence.
       Réforme de l'université de Paris par le cardinal d'Estouville.
       Les « enfants de sans-souci »
       A. Gréban : *Le Vray Mystère de la Passion*.

1453   Enguerrand Charoton : *Le Couronnement de la Vierge*.
       Marguerite de Charny cède le saint suaire à Anne de Lusignan, duchesse de Savoie. Il restera à Chambéry jusqu'en 1578, date à laquelle il est transféré à Turin.

1454   Grande ordonnance judiciaire de Montil-lès-Tours.

1455   Règlement des mines du Beaujolais.
       Cour de Bourgogne : vœu et banquet du faisan.

v. 1455 J. Fouquet « Heures d'Etienne Chevalier ».

1455-1470 Château de Langeais.

1456   Réhabilitation de Jeanne d'Arc.
       Mort de Jacques Cœur.
       Villon : *Les lais ou le petit testament*.
       Le Concile de Soissons interdit la « fête des fous ».

1456 ou 1459 Antoine de la Salle : *Le Petit Jehan de Saintré.*

1456-1462 *Les Cent nouvelles,* nouvelles.

av. 1457 « Piéta d'Avignon ».

1457 Concours de poésie organisé à Blois par Charles d'Orléans, auquel participe Villon (« Je meurs de soif... »).

Roi René, duc d'Anjou : *Livre du cœur d'amour espris.*

v. 1458 J. Fouquet « Grands chroniques de France » miniatures.

Le Franc-archer de Bagnolet, monologue comique.

1460 Crue de la Seine.

Fondation de collège Sainte-Barbe à Paris.

v. 1460 J. Fouquet : portrait de Jouvenel des Ursins.

René d'Anjou (?) : *Le Livre des tournois.*

1460-1465 Vitraux de Semur-en-Auxois.

1460-1470 Danse macabre de La Chaise-Dieu.

1460-1510 Château de Chaumont-sur-Loire.

v. 1460-1522 Jean Mouton, lettré et musicien.

1461 Fondation de l'université de Nantes.

1462 Villon : *Le Grand Testament.*

1463 Création de l'université de Bourges.

On perd la trace de F. Villon.

1463-1472 Château de Plessis-lez-Tours.

1464 Edit de Luxies : Louis XI crée les relais pour la poste royale.

v. 1464-1470 *La Farce de maître Pathelin.*

1465 Mort de Charles d'Orléans.

Première fête de la Tarasque à Tarascon.

1466 Installation des premiers métiers à tisser la soie (Lyon).

1466-1500 Château de Nantes.

1467-1472 Château du Plessis-Bourré.

1467-1540 Guillaume Budé, philosophe, humaniste.

1468 J. Castel : *Le Miroir des dames et damoiselles et de tout le sexe féminin.*

1469 Louis XI crée l'ordre de Saint-Michel à Amboise (supprimé en 1789).

Jean Standouck devient principal du collège de Montaigu.

1470 Le recteur Guillaume Fichet installe la première imprimerie de France à la Sorbonne (Paris).

Manufacture de soierie à Tours.
Jean Meschinot : *Les Lunettes des princes.*
v. 1470-1476 J. Fouquet : *Antiquités judaïques.*
v. 1470-v. 1511 A. de Févin, musicien et chantre de Louis XII.
1473 Premier livre imprimé à Lyon.
Naissance du poète grand rhétoriqueur Jean Lemaire des Belges.
1473-1502 Jubé et clôture de la cathédrale d'Albi.
1474 Première opération de la pierre sur un condamné à mort qui eut la vie sauve.
Le Mystère de l'incarnation et nativité.
1474-1481 Séjour forcé du prince Zizim à Bourganeuf.
v. 1475-v. 1535-1538 Poète Gringoire ou Gringore.
1476 Impression de la première Bible parisienne.
Nicolas Froment : *Le Buisson ardent.*
1477 Lettres patentes établissant les foires de Rouen.
Impression, en français, des *Grandes Chroniques de France.*
1479 Création de la poste royale.
Halles de Milly-la-forôt.
1480 Crue de la Seine.
Maître de Moulins : *Nativité.*
Château du Haut-Kœnigsbourg.
Naissance de Clément Janequin, musicien polyphoniste.
v. 1480 Tombeau de Philippe Pot, sénéchal de Bourgogne.
v. 1480-1500 Tapisserie de *La Dame à la licorne.*
1481 Première édition imprimée du *Roman de la rose.*
1482 Ordonnance sur la libre circulation des grains.
Autorisation aux nobles de commercer sans déroger.
Première affiche connue, annonçant le grand pardon de Notre-Dame de Reims.
Louis XI fait venir en France saint François de Paule.
1483 Pierre d'Ailly : *Imago mundi.*
Première impression en France du *Decameron* de Boccace.
1484 Crue de la Seine.
Autorisation d'exporter des grains.
Nicolas Chuquet, médecin et mathématicien : *Etude*

de la progression géométrique et arithmétique des exposants négatifs.

1484-1485 Pic de la Mirandole à Paris.

1485 Jean Standouck, recteur de l'université de Paris.
La Grande Danse macabre des hommes et des femmes, livre de piété.

1486 Crue de la Seine.
Jean Michel : *La Passion* (Angers), 65 000 vers en dix journées.

1487 Grand incendie de Bourges.

1488 Pierre le Rouge : *Mer des histoyres,* incunable.

1488-1493 Chapelle, tours des Minimes et Heurtault du château d'Amboise.

1489-1498 P. de Commynes : *Mémoires.*

1489-1640 Cathédrale d'Auch, la dernière grande cathédrale gothique.

av. 1490 Guillaume le Roy : *Pierre de Provence et la belle Maguelonne,* roman de chevalerie.

1490 Olivier Maillard prêche une passion à Laval.
Viandier pour appareiller toutes manières de viandes, premier livre culinaire imprimé en France.

1490-1562 Claudin de Sermisy, sous-maître de la chapelle royale.

1490-1575 Ecole troyenne de vitraux.

v. 1491-1495 Amboise : logis du roi.

1492 Fondation d'Ajaccio.
Antoine de Ville et dix hommes réalisent l'ascension du mont Aiguille (Alpes) sur l'ordre de Charles VIII : première manifestation d'alpinisme en France.

1493 Charles VIII : statuts de l'ordre de Saint-Michel.

1494 (?) Naissance de Rabelais.

1495 Arrivée de vingt-deux artistes italiens à Amboise.
Le Roman de Jehan de Paris.
Assemblée de Tours pour la réforme du clergé.

v. 1495 Vitraux de Saint-Ouen de Rouen.

v. 1495-*v.* 1550 Château de Fontaine-Henry.

ap. 1495 Jeu de cartes, baccara.

10

LE TRIOMPHE DE LA BEAUTÉ
1496-1560

1496 « Mise au tombeau de Solesmes » (sculpture).
A. de la Vigne : *Saint Martin*.

1497 Crue de la Seine.
Naissance de Clément Marot.

1497-1503 Ramirez construit le château fort de Salses en Roussillon.

1498 Aile Louis XII du château de Blois.
Guyot Marchant : *Calendrier des bergers* (le plus ancien almanach et encyclopédie).

v. 1498-*v.* 1536 Triboulet bouffon de Louis XII et François Ier.

1499 Atelier de M. Colombe : *Le Saint Sépulcre*.

v. 1500 Des Bretons pêchent à Terre-Neuve.
Manoir de Coupesarte.
Première montre française.
Grünewald : *Rétable d'Isenheim*.
« Danse macabre » de La Ferté-Loupière.
Henri Estienne fonde l'imprimerie de la dynastie des érudits-imprimeurs Estiene (Paris).
Maître de Moulins : « triptyque » de la cathédrale de Moulins.

XVe siècle Premières courses de vaches landaises (Landes).
Introduction de la culture du sarrasin.
Marseille : début de la fabrication du vrai savon par ébullition de l'alcali et du corps gras.
Château de Trécesson.
Donjon de Chenonceaux.
Fresque de La Danse macabre de Kermaria.
Farces : *Le Pâté et la Tarte, Le Cuvier*.
Apparition des « canards » (journaux de faits divers).
Bertrand Boisset : *Traité d'arpentage*, en provençal.

1500-1550 Claude Gervaise : *Danceries*.

1500-1560 Maurice Scève, poète lyonnais.

XVe-XVIe-XVIIe siècle Château de Sedan.

XVe et XVIIe siècle Château de Bussy-Rabutin.

1501-1510 Reconstruction du château de Gaillon par le cardinal d'Amboise.

v. **1501-1510** Hôtel Cujas (Bourges).

1502 Découverte d'un gisement de houille au Creusot.

1502-1507 Michel Colombe : Tombeau de François II (Nantes).

1503 Des Français au Brésil.

Jean Lemaire des Belges : *Le Temple d'honneur et de vertu.*

1503-1566 Nostradamus (Michel de Nostre-Dame) astrologue et médecin.

1504 Début des visites dans les grottes d'Osselle (Jura), découvertes au XIIIe siècle.

1505 Troyes : Confrérie des bonnetiers (bonnets de laine).

v. **1505** Antoine du Four : *Vie des femmes célèbres.*

v. **1505-1572** C.Gondimel, musicien, maître du contrepoint.

1506 Louis XII met les relais postiers royaux au service des voyageurs.

Le Rhône gèle, et le port de Marseille est bloqué par les glaces.

1506-1532 Eglise et cloîtres de Brou par van Boghem.

Saint-Dié : impression et publication de *Cosmographiae* : introduction comportant pour la première fois la mention « America ».

Tombeau de Raoul de Lannoy (Folleville).

Nicolas de la Chesnaye : *Condamnation du Banquet.*

1507 Première édition d'un texte grec.

1508-1518 Stalles du château de Gaillon.

1508-1522 Stalles du chœur d'Amiens.

1509 Naissance de Calvin, d'Ambroise Paré.

Lefèvre d'Etaples : *Quintuplex psaltariom.*

1510 Naissance de Bernard Palissy.

Un moine bénédictin trouve la recette de la liqueur « bénédictine ».

Chapelle de l'Annonciade (Saint-Tropez).

1511 Pont gothique d'Estaing.

Mort de P. de Commynes.

P. Gringoire : *Jeu du prince des sots et de la mère sotte* (joué par Jean de l'Espine, dit de Pont-Allais).

1512 Lefèvre d'Etaples édite les *Epîtres* de Saint Paul.

1512-1513 J. Lemaire des Belges : *Illustrations de la Gaule et singularités de Troie.*

1513 P. Grognet : *Déploration des Etats de la France.*
Dernières poésies occitanes couronnées à Toulouse.

1513-1521 Château de Chenonceaux.

1514 Louis XII exempte les exportations de la taxe douanière.
Guillaume Budé : *De asse.*
P. Gringoire : *Mystère de saint Louis.*

1515 L. Bréa : « rétable de la madone du rosaire » (Antibes).
Naissance de Jean Goujon, sculpteur.
C. Marot : *Le Temple de Cupido.*

1515-1524 Château de Blois : aile François Ier.

1515-1572 P. Ramus, premier professeur de mathématiques au Collège de France.

1516-1519 Lénonard de Vinci en France.

1517 Création du port du Havre.

1518 François Ier étend à toutes les forêts du royaume les ordonnances du domaine royal (1376).
Première exposition d'un rhinocéros en France.
Gilles Berthelot et Philippe Lesbahy, sa femme, font construire le château d'Azay-le-Rideau.
Edition des œuvres de Platon.

1519 Claude de Seyssel : *La Grande Monarchie de France.*
Mort de Léonard de Vinci au Clos-Lucé (Amboise).

1519-1535 Le « baldaquin », porche flamboyant de la cathédrale d'Albi.

1519-1540 Château de Chambord.

1520 Naissance de Noël du Fail, écrivain.
Naissance de J. Cujas, jurisconsulte.

ap. 1520 Clément Janequin : *Chansons.*

v. 1520 Naissance de François Clouet, peintre.
Naissance de Jean Bullant, architecte.

v. 1520-1711 Château de Meudon.

1521 Mort de Jean Bourdichon, miniaturiste d'Anne de Bretagne.
Naissance de Pontus de Tyard, un des poètes de la Pléiade.

1522 Premières rentes sur l'Hôtel de Ville de Paris.

1522-1740 Château de Chantilly.

1523   Organisation du trésor de l'épargne.
        Chanson : « La Tour prends garde ! »
        Livres luthériens brûlés à Paris.
1524   Création de la maréchaussée.
        **Naissance de Louise Labé, la Belle Cordière, poè-
        tesse lyonnaise, et animatrice d'un salon littéraire.**
        Anonyme : *Histoire du gentil seigneur de Bayart.*
1525   Chanson : Bataille de Pavie (« La Palice... s'il n'était
        pas mort, il ferait encore envie ! »).
        Mort des grands rhétoriqueurs J. Lemaire des Belges
        et G. Crétin.
1525-1527 Stalles de l'abbaye de Montbenoît.
1526   C. Viart : Hôtel de ville de Beaugency.
        Marot : *Epître à Lyon Jamet, L'Enfer.*
v. 1526 Perfectionnement de la caravelle.
1526-1609 C. de Lécluse, botaniste qui introduit la **pomme
        de terre** en Europe.
1527   Marot : *Epître au Roy pour sa délivrance.*
        Le Loyal Serviteur : *Histoire de Bayart.*
1527-1750 G. Le Breton, le Rosso, Primatice : construction et
        décoration du château de Fontainebleau.
1528   Expédition de Parmentier à Sumatra et Madagascar.
        J. Clouet : Portrait de François Ier.
        Naissance de R. Belleau, un des poètes de la **Pléiade.**
1528-1558 Œuvre musicale de Janequin : *Chant des oiseaux,
        Marignan.*
1528-*v.* 1565 Château de Madrid (bois de Boulogne, Paris).
1529   Un des navires de Jean Ango à Sumatra.
        Tapisserie : « Les anges porteurs des instruments de la
        passion » (Angers).
        Guillaume Budé : *Commentaires sur la langue grecque.*
1530   Création de la manufacture royale de tapisserie à
        Fontainebleau.
        Carte du monde par le mathématicien Oronce Finé.
        Création de la route postale Paris-Boulogne.
        Fondation du **Collège des lecteurs royaux,** futur
        Collège de France.
        Premier « almanach de cuisine ».
v. 1530 Apparition du mouchoir.
        Développement de l'imprimerie musicale.
1530-1610 Château de Saint-Germain-en-Laye.
1530-1563 La Boétie, juriste et poète, ami de Montaigne.

1530-1589 « Première école de Fontainebleau » (le Rosso, Primatrice, F. Clouet, J. Cousin).

1530-1600 Claude Le Jeune, musicien.

1531   Marguerite de Navarre : *Le Miroir de l'âme pécheresse.*

Marot : *Epître au Roy pour Marot étant malade à Paris.*

Jean Molinet, grand rhétoriqueur : *Poésies* (posthumes).

v. 1531-1594 Roland de Lassus, musicien.

v. 1531-1606 G. Costeley, musicien.

1532   Rabelais : *Pantagruel.*

Marot : *L'Adolescence clémentine.*

Naissance de Jodelle, poète et auteur dramatique.

Naissance d'A. du Baïf, un des poètes de la Pléiade.

Eglise Saint-Eustache (Paris).

v. 1532 Une des premières dissections publiques organisée par Rabelais (Lyon).

1532-1535 Manoir d'Ango.

v. 1532-1536 Château de Villandry.

1533   Création de la route postale Lyon-Marseille.

Naissance de M. de Montaigne.

1534   Rabelais : *Gargantua.* Condamnation par la Sorbonne.

Marot : *Epître au Roy du temps de son exil à Ferrare.*

Saint Ignace de Loyola fonde l'ordre des jésuites (Paris).

1534-1535 Jacques Cartier remonte le Saint-Laurent (Canada).

1534-1539 Galerie François Ier, château de Fontainebleau.

1534-1547 Palais Granvelle à Besançon.

1535   Bible d'Olivétan, la première Bible protestante en français.

v. 1535 Début du « calvinisme » en France.

v. 1535-1555 Jean Bullant construit le château d'Ecouen pour le duc de Montmorency.

1536   Jacques Cartier à Saint-Pierre-et-Miquelon.

Manufacture de soierie à Lyon.

Mort de Lefèvre d'Etaples.

Collectif : *Blasons anatomiques des parties du corps féminin.*

Bourges : représentation du *Mystère des actes des apôtres.*

Calvin : *L'Institution chrétienne* (en latin).

1537   François Ier crée le dépôt légal du livre à la biblio-
        thèque royale de Blois.

Marot : *Le Dieu gard'à la Cour.*

Lazare de Baïf : *Electre* (traduction).

1538   Création de la route postale Lyon-Turin.

Jean Sturm fonde le « Gymnase » de Strasbourg.

Calvin organise la première Eglise réformée de
France.

Bonnaventures des Périers : *Cymbalum mundi* (recueil
de libre pensée).

Hélisenne de Crenne : *Les Angoisses douloureuses
qui procèdent d'amours.*

1539   Ordonnance de Villers-Cotterêts : impose le français
        comme langue officielle de l'état-civil.

Première loterie pour renflouer les finances du
royaume.

Grève des ouvriers imprimeurs à Lyon.

Premier psautier huguenot.

Marot : *Eglogue au Roy sous les noms de Pan et de
Robin.*

Gratien Dupont : *Art et Science de la rhétorique*
(Toulouse).

C. Dumoulin (gallican) : *Premier Commentaire sur
les coutumes de Paris.*

Robert Estienne : *Dictionnaire français-latin.*

Recueil de diverses histoires des trois (!) parties du
monde.

1540   Benvenuto Cellini en France.

Mort de Guillaume Budé.

Naissance de Brantôme.

v. 1540 Buchanan : *Jean-Baptiste* et *Jephté,* tragédies
        latines jouées au collège de Bordeaux.

1540-1550 Château de Valençay.

1540-1556 Herberay des Essarts : traduction des *Amadis.*

v. 1540-*v.* 1611 Larivey, auteur comique.

1541   Mort du peintre J. Clouet.

Calvin : *L'Institution chrétienne* (en français).

1542   Gilles Corrozet : *Fables du très ancien Esope phrygien.*

Antoine Héroët, évêque de Digne : *La Parfaite amye*
(poème).

Calvin : *Catéchisme.*

L'université de Strasbourg est la seule à posséder un professeur d'histoire.

1543 G. Postel : *Traité de la conformité du Coran avec la doctrine des évangélistes.*

1544 Ligier Richier : « Le Transi » sculpture (Bar-le-Duc).
Mort de Marot.
Maurice Scève ; *Délie, objet de plus haute vertu.*
Publication des œuvres complètes de Marot.

1544-1545 Vitraux de l'église paroissiale d'Ecouen.

1544-1590 G. du Bartas poète protestant.

1544-1590 R. Garnier dramaturge.

1545 Ambroise Paré : *Méthodes pour traiter les plaies faites par harquebuttes.*
Massacre des « vaudois » d'Avignon.

v. 1545 Château de Bournazel.
F. Clouet : Portrait équestre de François Ier.

1546 Construction du château d'Ancy-le-Franc.
Rabelais : *Tiers Livre.*
C. Dumoulin : *Discours sur les coutumes de France.*
Première église réformée lyonnaise.
Supplice d'Etienne Dolet à Paris.

1546-1560 P. Lescot : Louvre (Paris).

1546-1606 Desportes, abbé et poète.

1547 Duel fameux entre Gui Chabot, sieur de Jarnac, et La Châtaigneraie, où Chabot utilisa une botte imprévue, dite le coup de Jarnac.
L'Italien Serlio traduit en français l'œuvre de Vitruve, l'architecte romain de l'Antiquité.
Marguerite d'Angoulême : *Les Marguerites de la marguerite des princesses,* poèmes.
Représentation d'un *Mystère de la Passion* à Valenciennes.
Noël du Fail : *Treize propos rustiques.*
Guillaume Haudent : *Trois cent soixante-six apologues d'Esope.*

1547-1552 Philibert de l'Orme : Château d'Anet.

v. 1547-v. 1605 Château de Kerjean.

1548 Thomas Sébillet : *Art poétique.*
Noël du Fail : *Baliverneries d'Entrapel.*
La Boétie : *Discours de la servitude volontaire.*
Le Parlement de Paris interdit aux Confrères de la

Passion (hôtel de Bourgogne) la représentation des mystères sacrés (à cause des scènes profanes).

v. 1548 J. Cousin, peintre : *Eva prima Pandora*.

1549 Premier essai de flottage à bûches perdues sur la Cure. Du Bellay : *L'Olive ; Défense et illustration de la langue française*.
Pontus de Thyard : *Erreurs amoureuses*.

v. 1549 J. Goujon : Fontaine des Innocents (Paris).
Constitution de la Brigade (plus tard Pléiade) composée de Ronsard, du Bellay, Dorat, Baïf, Belleau, Jodelle et Pontus de Thyard.

1549-1609 E. du Caurroy, compositeur de la Chambre du roi.

1550 Première « exposition coloniale » à Rouen.
Premiers carrosses à Paris.
Calvaires de Guéhenno, de Pleyben.
F. Clouet : *Diane et Actéon*.
Ronsard : *Odes*.
Guillaume Guéroult : *Premier Livre des emblèmes* (27 fables incluses).
T. de Bèze : *Abraham sacrifiant*, tragédie sacrée.

v. 1550 J. Goujon (?) : « Diane » (Anet).
Chansons : « En passant par la Lorraine », « Si le roy m'avait donné » (citée plus tard dans *Le Misanthrope*), « Derrière chez moi. »
Le connétable de Montmorency achète des « antiques » en Italie : débuts de l'archéologie.

v. 1550-1560 Ecole de Fontainebleau : *Diane chesseresse*.
J. Bullant : Petit château de Chantilly.

v. 1551 Apparition du mot « huguenot ».

1551-1825 Monopole des Ballard, famille d'éditeurs de musique.

1552 Salle de bal Henri II à Fontainebleau.
L. Limosin, peintre : *Crucifixion*.
Chapelle du château d'Anet.
P. Certon : *Premier Livre de chansons*.
Rabelais : *Quart Livre*.
Ronsard : *Les Amours* (Cassandre).

1552 Horloge planétaire du cardinal de Lorraine remaniée par Oronce Finé.

1552-1611 Bertaut, abbé poète.

1552-1630 Agrippa d'Aubigné.

1553   Mort de Rabelais.
        Jodelle : *Cléopâtre captive*, première tragédie fran-
        çaise, représentée dans la cour de l'hôtel de Reims
        (Paris) ; *Eugène*, comédie.
        J. de la Péruse : *Médée*, tragédie.
        Mappemonde de Desceliers.
        Guide des chemins de France, imprimé par C.
        Estienne, ancêtre des guides touristiques.
        Ronsard : *Fôlastries*, poèmes licencieux.

1553-1556 Ronsard : *Odes*.

1554   Fernel donne au mot physiologie sa signification
        moderne.
        Rondelet : *Histoire naturelle des poissons*.
        Calvaire de Plougonven.
        Ronsard : *Le Bocage*.

1554-1558 A. de Craponne creuse le canal de Craponne
        dans la Crau

v. 1554-1634 Le farceur Gros-Guillaume.

1554-1564 Ligier Richier : *Mise au tombeau*.

1555   P. Belon : *Histoire des oyseaux* (anatomie comparée
        et zoologie des poissons, oiseaux...).
        N. Bachelier : Hôtel d'Assézat, Toulouse.
        Ronsard : *Les Amours* (Marie Dupin).
        Louise Labé : *Poésies*.
        Nostradamus : *Vrays Centuries et prophéties du
        maître Michel Nostradamus*.
        Naissance de F. Malherbe.
        J. Pelletier du Mans : *Art poétique français*.

1555-1556 Ronsard : *Les Hymnes*.

1555-1594 Œuvres musicles de Roland de Lassus.

1556   Jean Thevet, moine cordelier, rapporte du Brésil le
        tabac (herbe angoumoise) à Angoulême.

1556-1558 P. de l'Orme, F. Marchand et P. Bontemps :
        « Tombeau de François Ier, Claude de France et leurs
        enfants ».

1556-1621 Guillaume du Vair, écrivain catholique et orateur.

1557   Edit de Compiègne : mort pour les hérétiques.
        Le calvinisme s'installe à Anduze.

1557-1595 Jean de Sponde, protestant converti et poète.

1558   Horloge astronomique de la cathédrale de Saint-
        Omer.

Bonnaventure des Périers : *Nouvelles Récréations et Joyeux Devis* (contes).

Du Bellay : *Les Antiquités de Rome, Les Regrets.*

J. Grévin : *La Trésorière*, comédie.

Marguerite de Navarre : *Histoire des amants fortunés* (futur *Heptameron*), posthume.

1558-1559 Banqueroute.

1558-*ap* .1623 Béroalde de Verville : *Le Moyen de parvenir.*

1559   J. Cousin, peintre : *Livre de perspective.*

C. Janequin : *Verger de musique.*

B. Beaulaigne : *Chansons nouvelles.*

Du Bellay : *Le Poète courtisan.*

Amyot : *Vies de Plutarque.*

Olivier de Magny : *Odes.*

Formation d'églises calvinistes.

Fondation du collège des Grassins (Paris).

1559   Premier synode de l'Eglise réformée.

1560   Introduction du tabac et de la pipe par J. Nicot.

Mort de C. Janequin.

Influence italienne sur la « chanson » française.

Mort de Du Bellay.

Calvin : deuxième édition de l'*Institution chrétienne.*

v. 1560 Ligier Richier : « Tête de Christ ».

1560-1563 G. Pilon : « Les Trois Grâces ».

Ronsard : *Les Discours.*

1560-1570 G. Pilon : « Tombeau d'Henri II et Catherine de Medicis ».

E. Pasquier : *Recherches de la France* (encyclopédie).

11

LE XVIe SIÈCLE ENGAGÉ
1561-1610

1561 A. Paré : *Anatomie universelle du corps humain.*
F. Clouet : *Charles IX enfant.*
Scaliger définit la tragédie dans *Poétique* (en latin).

1562 Français en Floride (J. Ribaut).
Ronsard : *Discours sur les misères de ce temps.*
Jean de la Taille : *Les Corrivaux,* comédie.
Fondation du collège de Clermont (Paris), futur collège puis lycée Louis-le-Grand.

1563 Un décret fait commencer désormais l'année au 1er janvier.
Croix « hosannière » de Moëze.
B. Palissy : *Recette véritable pour multiplier les trésors.*
Premier manuel connu d'Histoire.
La Boétie : *Mémoire* (publié en 1917 !).
Mort de La Boétie.

1563-1633 Jehan Titelouze, créateur de l'école d'orgue française.

1564 A. Paré : *Dix livres de la chirurgie avec les magasins des instruments.*
J. Bullant : *Reigle géneralle d'architecture.*
Mort de Calvin.

1564-1569 Rabelais : *Le Cinquième Livre,* posthume et douteux.
Mort de J. Goujon.

1565 Hiver rude. Le Rhône gèle.
Suppression des « bourdeaux » parisiens.
Ronsard : *Elégies, mascarades et bergeries.*
Pey de Garros, noble gascon : *Psaumes de David.*

1565-1570 Philibert de l'Orme : palais des Tuileries.

1566 Mort de Louise Labé, de Nostradamus.
A. Jouan : *Recueil et discours des voyages du roi Charles IX.*

1566-1645 Mlle de Gournay, fille adoptive de Montaigne.

1567   L'année commence effectivement le 1er janvier (cf. 1563).

A. de Baïf : *Le Brave*, traduction du *Miles gloriosus* de Plaute.

Pey de Garros : *Poesias gasconas.*

Naissance d'Honoré d'Urfé.

Naissance de saint François de Sales, prédicateur anticalviniste.

1569   Le Rhône gèle.

1570   Costeley : *Musique de Guillaume Costeley.*

Apparition de l'« air de cour ».

Charles IX, de Baïf et Courville fondent l'*Académie de poésie et de musique*, qui durera jusqu'en 1589.

1570-90 Poussée des glaciers alpins.

1570-1614 « Puy » musical d'Evreux, fondé par Costeley.

1570-1631 A. Hardy, auteur dramatique.

1571   Grève des imprimeurs de Paris et Lyon.

1571   Le Rhône gèle.

Grève des imprimeurs de Paris et Lyon.

Horloge astronomique de la cathédrale de Strasbourg.

J. Cousin fils : *Livre de portraiture.*

Adrian Le Roy : Airs de cour.

v. 1571-*v.* 1635 Chassignet, poète baroque.

1572   A. Paré : *De la génération des animaux.*

Mort de F. Clouet.

Ronsard : *La Franciade* (premiers chants).

Première troupe de comédiens italiens en France.

Michel de l'Hospital, chancelier de France : *Mémoire à Charles IX sur le but de la guerre et de la paix.*

1573   Le Rhône gèle.

« Charte de l'imprimerie » pour le roi.

Mmes Destoches : *Instructions pour les jeunes dames par la mère et la fille d'alliance.*

La flèche-lanterne de la cathédrale de Beauvais (153 m) s'écroule.

Mort de Jodelle.

1573-1613 M. Régnier, poète.

1573-1633 Gaultier-Garguille, chansonnier et comédien.

1574   Henri III fonde l'Académie du palais.

Vauquelin de la Fresnaye : *Art poétique.*

1574-76 La Boétie : *Discours sur la servitude volontaire ou contr'un* (posthume).

1574-1610 P. de l'Estolle : *Journal.*

1575 A. Paré : *Œuvres diverses de M.-A. Paré,* en français. Calvaire de Cléden-Poher.

Jean de Noste-Dame : *Vie des plus célèbres et anciens poètes provençaux* (Lyon).

J. Chardavoine : *Recueil des plus belles et excellentes chansons en forme de voix-de-ville.*

ap. 1575 Introduction de la faïence d'art à Nevers.

1575-1611 Androuet du Cerceau : Pont Henry IV à Chatellerault.

v. 1575-1621 Montchrestien, auteur dramatique.

1576 J. Bodin : *La République.*

Rondelet publie un ouvrage illustré sur les animaux marins.

L'Obel publie ses travaux sur la classification des espèces animales.

Androuet du Cerceau : *Les Plus Excellents Bâtiments* (pour la première fois un architecte étudie les monuments du Moyen Age).

Naissance de saint Vincent de Paul.

1577 Réforme monétaire.

D'Aubigné : début des *Tragiques.*

R. Belleau : *La Reconnue,* comédie.

Mort de R. Belleau.

1577-1583 Deuxième troupe de comédiens italiens en France, à la cour d'Henri III (les Gelosi).

1578 Mort de J. Bullant.

Ronsard : *Les Amours* (« Hélène »).

Le Saint Suaire quitte Chambéry pour Turin (où il est toujours).

1578-1604 Androuet du Cerceau : Pont-Neuf, Paris.

1579 Fermeture des bordels.

F. Viète : *Canon mathématique.*

H. Estienne : *Projets de la précellence du langage français.*

Du Bartas : *La Semaine ou la Création en sept journées.*

Larivey : *Les Esprits,* comédie.

A Anduze : assemblée générale des protestants du bas Languedoc.

Ordonnance de Blois (esquisse d'état civil).

1580 B. Palissy : *Discours admirable des eaux et fontaines.*
Montaigne : *Les Essais*, I-II.
Epidémie de peste à Marseille, de coqueluche à Paris.

ap. 1580 François de la Noue, écrivain protestant : *Discours politiques et militaires.*

1580-1637 Fabri de Peiresc, savant, humaniste et collectionneur d'antiquités.

1580-1640 Répression de la sorcellerie rurale.

1581 Calvaire de Guimiliau.
Balthazar de Beaujoyeux : *Ballet comique de la reine* (pour les noces du duc de Joyeuse et de Mlle de Vaudémont), premier ballet de cour.
Claude Fauchet : *Originalité de la langue et de la poésie françaises* (premier historien littéraire).
Duplessis-Mornay : *Traité de la vérité de la religion chrétienne.*

1581-1585 Montaigne, maire de Bordeaux.

1581-1652 C. Métezeau, architecte de la place ducale de Charleville-Mézières.

1582 Le calendrier grégorien remplace le calendrier julien : le 5 octobre devient le 15.
Fondation du restaurant « A la tour d'argent » (célèbre au xxᵉ siècle).

1582-1646 F. Maynard, poète.

1583 Estienne et Liébaut : *L'Agriculture et la Maison rustique.*
R. Garnier : *Les Juives*, tragédie.

1583-1585 G. Pilon : statue du chancelier de Birague.

1584 Du Cerceau : *Livre des édifices antiques romains.*

1584-1610 Phare de Cordouan dans l'estuaire de la Gironde.

1585 Mort de Ronsard.
J. Mauduit : *Requiem à la mémoire de Ronsard.*
Noël du Fail : *Contes et Discours d'Entrapel.*

v. 1585-1610 P.O. Malherbe, un des premiers Français à faire le tour du monde.

1586 G. Pilon : *Vierge de pitié.*
Congrégation de l'Index.

1588 Toinot Arbeau, chanoine de Langres : *Orchésographie*, traité de danse.
Montaigne : *Les Essais*, I-II-III.

v. 1588-1648 Antoine Le Nain, peintre.

1589   Mort d'A. de Baïf.
       F. Perrin : *Escholiers*, farce gauloise.
1589-1610 Deuxième école de Fontainebleau (peinture).
1589-1670 Racan, poète.
1590   Le Rhône gèle. Disette.
       F. Viète emploie les lettres en algèbre.
       Mort d'Ambroise Paré.
       Mort de G. Pilon.
       Mort de R. Garnier, de du Bartas, de Cujas
1590-1626 Théophile de Viau, poète et auteur dramatique.
1590-1649 S. Vouet, peintre.
v. 1590-1650 Fortification des églises de Thiérache.
v. 1590-1660 Jodelet, acteur comique.
1592   Naissance de Jacques Callot, graveur.
       Mort de Montaigne.
       Naissance de Gassendi, philosophe.
       Montluc : publication des *Commentaires*.
1593   Création du Jardin des Plantes de Montpellier.
       Naissance de G. de la Tour, de Louis Le Nain.
       Guillaume du Vair : *Discours pour le maintien de la
       loi salique*.
1593-1596 Premier soulèvement de « croquants » en Périgord.
1594   Dupérac dessine les jardins du château de Saint-
       Germain-en-Laye.
       Naissance de Nicolas Poussin.
       Pluvinel ouvre son académie d'équitation.
       Règlement des cochers pour le courrier.
       Anonyme : *La Satire Ménippée*.
       Pierre Charron, prédicateur : *Les Trois Vérités*.
       Chassignet : *Le Mespris de la vie et la Consolation
       de la mort*.
       Expulsion des jésuites.
1594-1661 Saint-Amant, poète.
1595   Le Rhône gèle.
       Montaigne, édition posthume des *Essais* par Marie
       de Gournay.
v. 1595 Château de Sceaux.
1595-1610 Château de Rosny-sur-Seine.
1595-1674 Chapelain, poète.
1596   Epidémie de peste (Nord et Nord-Est).
       Naissance de Descartes.

A. de Montchrestien : *Sophonisbe,* tragédie.

Anonyme : *La Vie généreuse des mercelots, gueux et boesmiens, contenans leur façon de vivre, subtilitez et gergon.*

1597-1654 Guez de Balzac, écrivain.

1598 Naissance de François Mansart.

Naissance de Voiture, poète précieux.

1599-1678 Marquise de Sablé (salon littéraire).

1599-1680 Troupe théâtrale de l'Hôtel de Bourgogne.

1600 Olivier de Serres : *Théâtre d'agriculture et ménage des champs.*

Erard : *La Fortification réduite en art et démontrée.*

Naissance de Claude Gellée, dit le Lorrain.

Malherbe : *Consolation à M. du Périer.*

c. 1600 Chansons : « Compère Guilleri »

« Quand Biron voulut danser ».

Production et diffusion du cognac.

XVIᵉ siècle Apparition de l'amandier (Provence), du chou-fleur, de l'asperge.

Début des « coches ».

Adoption du parquet, des petits carreaux de vitrage, des armoires, des montres, de l'éventail pliant, du mouchoir.

Disparition de la lèpre.

Château d'If.

Eglise rurale de Lentilles (bois).

Apparition de la gravure de mode.

Chanson de toile : « Le Roy Renaud ».

Adoption du tournebroche, de la fourchette, du verre à boire, du chocolat.

Les moines de l'abbaye Saint-Hilaire découvrent la fabrication de la blanquette de Limoux.

Grande vogue du vin de Chablis.

XVIᵉ siècle — 1880 Vente de livre par colportage.

v. 1600-1610 Le bandit Guilleri ravage la Vendée.

1600-1648 Guillot-Gorju, farceur.

1600-1673 Troupe théâtrale du Marais.

1601 Pierre Charron : *Traité de la sagesse*

Mme Acarie fonde le Carmel en France.

Robin plante un robinier près de Saint-Julien-de-Pauvre, qui est, actuellement, le plus vieil arbre de Paris.

1601-1604 Calvaire de Plougastel-Daoulas.

1601-1612 Parution de l'œuvre musicale de Claude Le Jeune.

1601-1650 Rotrou, auteur dramatique.

1601-1665 Tristan l'Hermite, « poète grotesque ».

1601-v. 1672 J. Champion de Chambonnières, claveciniste.

1602 Fondation de la manufacture de tapis par les frères Gobelins à Paris.
La mère Angélique Arnauld devient abbesse de Port-Royal.

1602-1674 Philippe de Champaigne, peintre.

1602-1676 Abraham Bosse, graveur.

1603 Le Rhône gèle.
Henri Boguet, grand-juge : *Discours exécrable des sorciers.*
Claude Le Jeune : *Le Printemps.*
Retour des jésuites.

1604 Manufacture royale de tapisseries de la Savonnerie (Paris).
Création de la liqueur « Chartreuse ».

1604-1606 Ecluses de Rosny sur le canal de Briare.

1604-1686 Mairet, auteur dramatique.

1605 Malherbe : *Prière pour le roi allant en Limousin.*
Montchrestien : *L'Ecossaise ou Marie Stuart,* tragédie.
Vauquelin de la Fresnaye : *Art poétique.*
Mort de Pontus de Tyard.

1605-1612 Place Royale (future place des Vosges) à Paris.

1605-v. 1675 D'Assouci, poète burlesque et compositeur.

1606 Naissance d'E. Lesueur.
Naisance de Pierre Corneille.
Création de l'académie florimontane d'Annecy.
André Favyn : « Carte historique du paradis » (une des premières).

1606-1625 Atelier de vitraux troyens, les Gontier.
Place Dauphine à Paris.

1607 Fondation du prytanée militaire de La Flèche.
Honoré d'Urfé : *L'Astrée,* I
Naissance de Matthieu Le Nain.

1607-1681 J.-C. Lacuzon, héros de l'indépendance comtoise.

1608 Champlain fonde Québec.
Mme de Rambouillet ouvre son salon littéraire à Paris.
Saint François de Sales : *Introduction à la vie dévote.*

Richelieu, évêque de Luçon.

Miracle des hosties au monastère de Faverney.

1608-1609 Mathurin Régnier : *Satires.*

1609   Malherbe : *Sonnets à Caliste.*

Anonyme : *Discours du véritable Juif errant.*

Réforme de Port-Royal.

1610   Calvaire de Saint-Thégonnec.

1610-1635 Les grands farceurs : Tabarin, Gautier-Garguille, Gros-Guillaume, Turlupin, Guillot-Gorju, Bruscambille, Jean Farine.

1610-1688 Du Cange, érudit.

1610-1695 P. Mignard, peintre.

1610-1703 Saint-Evremond, historien, moraliste.

1610-*v.* 1840 Orgue « classique ».

12

LE TEMPS DES PRÉCIEUSES ET DES RELIGIEUX
1611-1660

1618   Racan : *Bergeries*, poème pastoral.
        Réforme de l'ordre de Saint-Maur.
        Anonyme : *Le Cabinet satirique*, poèmes licencieux.
1618-1655 Salomon de Brosse : palais de Justice de Rennes.
1618-*v.* 1690 Chouart des Groseilliers, explorateur du
        Canada.
1619   Bauhin invente le système binominal (classification
        des espèces).
        Naissance de C. Lebrun, peintre.
        Naissance de Cyrano de Bergerac.
1619-1688 Furetière, avocat et érudit.
1620   Naissance de P. Puget, sculpteur.
        Salomon de Brosse : fontaine Médicis (Paris).
        Saint François de Sales et Mme de Chantal fondent
        l'ordre de la Visitation.
        Première fête de la Quintaine à Saint-Léonard-de-
        Noblat.
v. 1620 Tabarin commence à jouer ses farces sur le Pont-
        Neuf (Paris).
1620-1688 F. Bernier, médecin et voyageur en Orient et
        aux Indes : *Le Joli Philosophe*.
1620-1705 Ninon de Lenclos, femme de lettres et fondatrice
        d'un salon littéraire.
1621   Naissance de La Fontaine.
1622   Nicolas Coeffeteau, prédicateur : *Histoire romaine*.
        Naissance de Molière.
        Callot : *Les Gueux*.
        Charles Sorel : *Francion*, roman.
        Anonyme : *Les Caquets de l'accouchée*.
        Mort de saint François de Sales.
        Paris devient évêché (dépendait de Sens auparavant).
1622-1691 A. Auzout, astronome, inventeur du micromètre
        à fils mobiles.
1623   Naissance de Pascal.
        Crucé : *Le Nouveau Cynée*.
        T. de Viau : *Elégies et Sonnets*.
av. 1624 N. Poussin : *Vénus endormie*.
1624   Guez de Balzac : *Premières Lettres*.
        Père Mersenne : *L'Impiété des déistes*.
        Révolte des « croquants ».
1624-1629 Hôtel de Sully (Paris).
1624-1640 Peste endémique au nord de la Loire.

1625   Services réguliers de coches d'eau Paris-Tours.
        J Lemercier : bâtiments de la Sorbonne avec la
        chapelle qui comporte le premier dôme de France.
        Mort d'Honoré d'Urfé.
        Saint Vincent de Paul fonde la congrégation de la
        Mission.
        G. Naudé : *Apologie pour tous les grands personnages
        qui ont été soupçonnés de magie.*
v. 1625 S. Vouet : *L'Amour et Psyché.*
        La Tour : *Le Tricheur à l'as de carreau.*
1625-1709 T. Corneille, auteur dramatique.
v. 1625-1626 N. Poussin : *Le Massacre des Innocents.*
1626   Création du Jardin des Plantes à Paris par Hérouard
        et Guy de la Brosse.
        P. de Champaigne : *Portrait de Jansenius.*
        Naissance de Louis Couperin, organiste et composi-
        teur.
        Naissance de Mme de Sévigné.
        Théophile de Viau, *Œuvres complètes.*
        Première édition des *Gallia Christiana* (histoire des
        évêchés et monastères français).
        Création de l'abbaye de Port-Royal de Paris.
        Marie de Gournay : *L'Ombre de la demoiselle de
        Gournay.*
1626-1636 F. Mansart : château de Balleroy.
1626-1656 Boyer de Blois, Hevras Hammerber et Jean
        Monier : château de Cheverny.
1627   Création de la compagnie des cent associés pour la
        colonisation de la Nouvelle-France.
        J. Callot : *Les Caprices.*
        Naissance de Bossuet.
        Saint-Amant : *Poésies.*
        G. Colletet : *Le Trébuchement de l'ivrogne.*
        Création de la compagnie du Saint-Sacrement.
1627-1633 C. Sorel : *Le Berger extravagant,* roman.
1628   G. de La Tour : *La Veilleuse.*
        Malherbe : *Ode au roi Louis XIII allant châtier les
        Rochelais.*
        Mort de Malherbe.
        Saint François de Sales : *Entretiens spirituels.*
1629   Code Michau.
        Edit de grâce d'Alès.

Le P. Mersenne fait connaître en France *Les Dialogues* de Galilée.

P. Corneille : *Mélite,* comédie.

Meslier : Traduction des *Fables* d'Esope.

Création de la fête de la Saint-Charlemagne dans les écoles.

1630 Les boucaniers se fixent dans l'île de la Tortue.

Diffusion des coches sur route bientôt au détriment des coches d'eau.

Début de la construction dans le quartier du Marais à Paris.

Jean Rey : *Etude de la calcination des métaux.*

Apparition du fusil.

N. Poussin : *L'Enfance de Bacchus.*

Perfectionnement de l'« air de cour ».

La Mothe le Vayer : *Dialogues.*

N. Faret : *L'Honnête Homme ou l'art de plaire à la Cour.*

1630-1633 Mauvaises récoltes et disettes.

1630-1640 P. d'Argencourt : fortifications de Brouage.

1630-1645 Apogée de l'hôtel de Rambouillet (Les Précieuses).

1631 Lemercier construit la ville de Richelieu.

Peste à Nice.

Gassendi prédit le passage de Mercure sur le soleil.

Guez de Balzac : *Le Prince.*

Mairet : Préface de *Sylvanire,* pastorale, dans laquelle il réclame l'unité d'action et de temps.

T. Renaudot fonde *La Gazette de France* (qui durera jusqu'en 1762).

1631-1634 Louis XIII choisit Versailles pour un de ses rendez-vous de chasse.

1631-1698 Richelet, auteur d'un dictionnaire français « contenant les mots et les choses », paru à Genève.

1632 Naissance de Jean-Baptiste Lulli.

Gomberville : *Polexandre,* roman d'aventures.

Desmarets de Saint-Sorlin : *Ariane,* roman d'aventures.

Saint Vincent de Paul fonde l'ordre des lazaristes.

Jules Champlain : *Traité de navigation.*

1632-1700 Bourdaloue, évêque et orateur.

1632-1710 Fléchier, évêque et orateur.

1633 W. Coebergher introduit les monts-de-piété en France (le premier à Bergues).

G. de La Tour : *Saint Sébastien.*

Callot : *Les Misères de la guerre.*

Le janséniste Duvergier de Hauranne, abbé de Saint-Cyran, devient directeur de conscience des religieuses de Port-Royal.

1633-1648 Poésie précieuse de Voiture.

1634   Maufet : *Théâtre des insectes.*

Callot : *Les Supplices.*

Mairet : *Sophonisbe*, tragédie aux trois unités.

Saint Vincent de Paul et Louise de Marillac fondent l'ordre des Filles de la Charité.

Urbain Grandier, curé de Loudun, brûlé vif comme sorcier.

1634-1676 Œuvre littéraire de Benserade.

1634-1703 Marcaron, évêque et orateur.

v. 1634-1704 M.A. Charpentier, compositeur.

1635   Création de la compagnie des Iles américaines.

Mort de Champlain à Québec.

Création de l'académie des mathématiques par le P. Mersenne.

Lemercier construit le Palais-Cardinal (actuel Palais-Royal) à Paris.

Mort de J. Callot.

P. de Champaigne : *Portrait de Richelieu.*

Création de l'Académie française par Richelieu.

1635-1688 Quinault, auteur dramatique.

1636   Plantation d'un « robinier » (faux acacia) au Jardin des Plantes, toujours debout.

Le P. Mersenne propose la théorie des animaux-machines.

Le P. Mersenne mesure la vitesse du son.

Descartes : *Dioptrique.*

Corneille : *L'Illusion comique, Le Cid.*

Tristan l'Hermite : *Marianne*, tragédie.

Naissance de Boileau.

Sécheresse.

1636-1637 Soulèvements de paysans dans le Sud.

1636-1719 C.L. Beauchamp, maître à danser de Louis XIV.

1637   Hiver très rude.

Fermat, mathématicien : *Le Dernier Théorème.*

Descartes : *Géométrie.*

Représentation du *Cid* au théâtre du Marais.

Querelle du *Cid*.

Descartes : *Discours de la méthode*.

Desmarets de Saint-Sorlin : *Les Visionnaires*, comédie.

Antoine Lemaistre devient le premier des « Solitaires » de Port-Royal.

1637-1713 Jurieu, pasteur du Refuge.

1638   Sully : *Mémoires des sages et royales économies d'Etat de Henry le Grand*.

Fermat : *Méthode pour trouver une tangente à une courbe*.

Tristan l'Hermite : *Le Promenoir des deux amants*.

Fondation du collège de Juilly par les oratoriens.

Saint Vincent de Paul fonde l'œuvre des Enfants trouvés.

1638-1639 Poussin : *Les Bergers d'Arcadie*.

1639   Révolte des « va-nu-pieds » en Normandie.

Desargues : *Brouillon projet d'une atteinte aux événements de rencontre d'un cône avec un plan*.

Premiers vrais carrosses à Paris (à cinq sols).

« Course de la bague » à cheval, la plus ancienne de France (Semur-en-Auxois).

Naissance de Racine.

Arrivée en France des comédiens italiens, les Fiorelli, dirigés par Scaramouche.

L'Académie française compte désormais 40 membres.

v. 1639-1692 La Grange, comédien et rédacteur du « registre » de la troupe de Molière.

1640   Desargues : *Géométrie prospective*.

Pascal : *Essay pour les coniques*.

Roberval : *Géométrie analytique*.

Le Vau-Lesueur : hôtel Lambert (Paris).

Corneille : *Horace*.

Création de l'imprimerie royale (Paris).

v. 1640 La Tour : *Saint Joseph charpentier*.

1640-1703 Gérard Audran, graveur.

1641   L. Le Nain : *La Charrette*.

Ballet de *La Prospérité des armes de France*.

Descartes : *Méditations*.

Le duc de Montausier et les poètes de l'hôtel de Rambouillet offrent à Julie d'Angennes *La Guirlande de Julie*.

J.-J. Olier fonde la compagnie des prêtres de Saint-Sulpice.

1642   Pascal invente une machine à calculer.

L. Le Nain : *Repas de paysans.*

Père P. Dan : *Le Trésor des merveilles de la maison royale de Fontainebleau.*

Corneille : *Cinna.*

1642-1645 La Calprenède : *Cassandre.*

1642-1650 F. Mansart : château de Maisons-Laffite.

1642-1715 R. de Gaignières, collectionneur.

1642-1732 Boulle, ébéniste.

1643   L. Le Nain : *Famille de paysans.*

Corneille : *Polyeucte.*

Molière fonde l'Illustre Théâtre.

Du Ryer : *Esther,* tragédie.

Antoine Arnauld : *De la fréquente communion.*

Jean Eudes fonde l'ordre des eudistes à Caen.

Mort de l'abbé de Saint-Cyran (Port-Royal).

v. 1643 Simon Guillain : statues de Louis XIII, Louis XIV et Anne d'Autriche.

1643-1650 Soulèvements de paysans.

1643-1651 Mézeray : *Histoire de France.*

1644   P. Mersenne : *Théorie du télescope.*

Corneille : *Le Menteur,* comédie.
            Rodogune, tragédie.

Gaulmier : traduction du recueil de contes orientaux *Calila et Dimma.*

1644-1645 La Tour : *Adoration des bergers.*

1645   Création des exempts (de police).

Naissance de La Bruyère.

Rotrou : *La Sœur,* comédie.

Scarron : *Jodelet,* comédie.

1645-1648 Lesueur : *Vie de saint Bruno.*

1645-1650 « Offensive » baroque sous l'impulsion de Mazarin.

1645-1658 Tournées de Molière en province.

1645-1667 Mansart, Lemercier, Le Muet, Duc : église et abbaye du Val-de-Grâce (Paris).

1646   Naissance de Jules-Hardouin Mansart.

Débuts de l'opéra en France.

Maynard : *Œuvres complètes.*

Rotrou : *Saint Genest,* tragédie.

1646-1647 Balthazar de Moncouys, voyageur lyonnais, visite l'Egypte.

1646-1649 La Tour : *Le Nouveau-Né.*

1647   Pascal : Expériences nouvelles touchant le vide.

Gassendi : *Cours d'astronomie.*

Naissance de Denis Papin.

C. Lorrain : *Le Débarquement de Cléopâtre.*

La Calprenède : *Cléopâtre,* roman.

Rotrou : *Venceslas,* tragédie.

Vaugelas : *Remarques sur la langue française.*

1647-1706 P. Bayle philosophe.

1648   Expériences de Pascal au Puy-de-Dôme.

Le Lorrain : *Embarquement de la reine de Saba.*

Mort de L. Le Nain.

P. de Champaigne : *Portrait de la mère Angélique Arnauld.*

Mazarin crée l'Académie royale de peinture et sculpture.

Mort de Voiture.

1648-51 Floraison de « mazarinades ».

1648-1653 Mlle de Scudéry : *Artamène ou le Grand Cyrus,* roman.

1648-1659 Scarron : *Le Virgile travesti.*

1648-1724 Dufresny, auteur de comédies.

1649   Mauvaise récolte et disette.

Le Nôtre : Jardin des Tuileries.

Descartes : *Des passions de l'âme.*

Querelle entre Benserade et Voiture (sonnets *Uranie, Job,* etc.).

Voiture : *Œuvres complètes.*

1649-1657 Scarron : *Le Roman comique.*

1650   Le Jardin des Plantes ouvert au public.

Restauration du calvaire de Pleyben.

G. de La Tour : *Reniement de saint Pierre, Martyre de saint Sébastien.*

Corneille : *Don Sanche d'Aragon,* comédie héroïque

Mort de Descartes.

v. 1650 Poussin : *Orphée et Eurydice.*

Chanson : *Compagnons de la Marjolaine.*

Mme Laperrière crée le point d'Alençon (dentelle).

1650-1702 Jean Bart, corsaire.

v. 1650-1705 Comtesse d'Aulnoy, auteur de contes de fées.

1651   Mauvaise récolte et disette.
        Pecquet découvre les vaissaux chylifères.
        La Varenne : *Le Cuisinier français.*
        Frères Anguier : Tombeau de Henri II de Montmorency.
        Ballet *Cassandre* dansé par Louis XIV.
        M. Brun trouve la Vénus d'Arles (statue romaine copie d'une œuvre grecque).
        Corneille : *Nicomède.*
        Naissance de Fénelon.

1651-1657 Création de la société des Missions étrangères.

1652   Mort de G. de La Tour.
        Corneille : *Pertharite.*
        Salon littéraire de Mlle de Scudéry.

v. 1652 L. de Mercœur : pavillon de Vendôme à Aix-en-Provence.

1653   Pascal : *Principes d'hydraulique.*
        Découverte à Tournai du tombeau de Childéric I († 481).
        E. de Flacourt : *Histoire de la grande île de Madagascar.*
        Lulli à la tête des vingt-quatre violons du roi.
        R. Dallavu, facteur : orgue de Lanvellec.
        Cyrano de Bergerac : *Agrippine,* tragédie (interdite).
        Scarron : *Don Japhet d'Arménie,* comédie.

1654   Ouverture du premier café français à Marseille.
        Fermat et Pascal : *Calcul des probabilités.*
        Pascal : *Mémorial.*
        Cyrano de Bergerac : *Le Pédant joué,* comédie.
        Boisrobert : *La Belle Plaideuse,* comédie.

1654-1661 Mlle de Scudéry : *Clélie,* roman dans lequel figure la carte du Tendre.

1655   Première procession du « Grand sacre » à Villedieu-les-Poêles (tous les quatre ans depuis).
        Mort de Gassendi.
        Mort de Cyrano de Bergerac.
        Le Savoyard, chansonnier licencieux du Pont-Neuf : *Recueil de chansons.*

1655-1657 P. Puget : balcon de l'hôtel de ville de Toulon.

1655-1660 M. Le Nain : *La Leçon de danse.*

1655-1709 Regnard, auteur de comédies.

1656   Création de l'Hôpital général.

Construction de l'hôtel Lauzun à Paris par Le Vau.

Lulli : *Psyché,* ballet.

Chapelain : *La Pucelle d'Orléans.*

Saint-Evremond : *Les Académistes,* comédie.

Abbé de Pure : *La Précieuse ou le Mystère des ruelles.*

Miracle de la Sainte-Epine à Port-Royal de Paris concernant la nièce de Pascal.

Condamnation du janséniste Antoine Arnauld.

Création au château de Madrid (Paris) d'une manufacture de tissage au métier pour bas.

1656-1657   Pascal : *Les Provinciales.*

1656-1661   Le Vau, Le Nôtre, Lebrun : château de Vaux-le-Vicomte.

1656-1728   Marin Marais, violoniste et compositeur.

1656-1733   Forbin, corsaire.

1656-1746   Largillière, peintre.

1656-1759   Spectateurs admis sur la scène des théâtres.

1657   Principe de Fermat en optique.

Naissance de M. R. Delalande, violoniste, claveciniste, organiste, compositeur, maître de la chapelle royale, etc.

Abbé d'Aubignac : *Pratique du théâtre* (codification des trois unités).

Cyrano de Bergerac : *Histoire comique des états de la lune et du soleil* (texte expurgé), publié par Le Bret.

Naissance de Fontenelle.

Lagniet : *Proverbes* (gravures).

1658   Gassendi : *Œuvres complètes.*

Saint-Amant, poète : *Œuvres complètes.*

1658-1667   Voyages en Inde de F. Bernier.

1659   Mauvaise récolte.

Corneille : *Œdipe.*

Molière : *Les Précieuses ridicules.*

1659-1660   Synode de Loudun, le dernier de l'Eglise réformée.

1659-1685   La Grange : *Registre* (de la troupe de Molière).

1659-1748   H. Rigaud, peintre.

1660   Mauvaise récolte.

Somaize : *Grand Dictionnaire des précieuses.*

Racine : *La Nymphe de la Seine.*

Boileau : *Satire I.*

Molière : *Sganarelle.*
Bossuet : *Sur l'honneur du monde.*
Arnauld-Lancelot : *Grammaire générale et raisonnée.*
On brûle *Les Provinciales.*
L'assemblée du clergé français impose la signature d'un « formulaire » aux jansénistes.
1660-1664 Poussin : *L'Hiver, L'Eté.*
1660-1744 Campra, musicien.

13

L'AGE CLASSIQUE
1661-1715

1661   Mauvaise récolte et famine au nord de la France.
Création de l'Académie des sciences.
Puget : *Hercule gaulois.*
Mignard : *Portrait de Marie Mancini.*
Naissance de Coypel, Desportes, peintres.
Lulli naturalisé français est nommé surintendant de la musique.
Fondation de l'Académie de danse.
Lulli : *Ballet de l'impatience.*
Mort de L. Couperin.
La Fontaine : *Elégie aux nymphes de Vaux.*
Molière : *L'Ecole des maris, Les Fâcheux.*
Mort de Saint-Amant.
Bossuet : *Sur la parole de Dieu.*
Les solitaires et religieuses de Port-Royal refusent de signer le « formulaire ».
Mort de la mère Angélique Arnauld.
Fête de Vaux-le-Vicomte offerte par Fouquet à Louis XIV.

1661-1680 Lebrun : galerie d'Apollon au Louvre.

1661-1725 Dancourt, auteur comique.

1662   Mauvaise récolte.
Descartes : *Tractatus de homine* (l'homme-machine).
Lebrun, premier peintre du roi.
P. de Champaigne : *L'Ex-voto.*
Création de la manufacture royale des tapisseries aux Gobelins (Paris).
Carrousel des Tuileries en l'honneur de la naissance du Dauphin.
Corneille : *Sertorius.*
Molière : *L'Ecole des femmes* et « querelle de l'Ecole des Femmes »,

Cyrano de Bergerac : *Histoire comique des états de la lune et du soleil* (édition complète).

Arnauld-Nicole : *Logique de Port-Royal*.

Bossuet : *Oraison funèbre de Nicolas Cornet ; Sermon sur la mort ; Carême du Louvre*.

ap. 1662 Transformation du château de Vincennes.

1663 Louis XIV fait dresser une « feuille des pensions ».

Création de la compagnie de la France équinoxiale pour exploiter la Guyane.

Mignard : Fresque de la Coupole du Val-de-Grâce.

Molière : *La Critique de l'Ecole des femmes ; L'Impromptu de Versailles*.

Corneille : *Sophonisbe*.

Création de l'Académie des inscriptions et belles lettres.

Mazarin fonde par testament le Collège des Quatre-Nations.

1664 Fondation de la compagnie des Indes orientales (jusqu'en 1770) à Lorient.

Création de la manufacture de tapisseries de Beauvais.

Naissance de la « mauresse de Moret ».

Poussin : *Le Déluge*.

« Les plaisirs de l'île enchantée » à Versailles.

Molière : *Tartufe*.

Racine : *La Thébaïde*.

Société et séminaire des missions étrangères à Paris.

Dispersion des religieuses de Port-Royal.

1664-1670 J. Chardin, orfèvre et voyageur, visite l'Inde, la Perse, etc., en laissant une relation de voyage.

1665 Fondation du *Journal des savants* qui paraîtra jusqu'en 1792.

Création de la Manufacture de dentelles d'Alençon.

Création des haras royaux.

Le Bernin à Paris.

Anonyme : *L'Ecole des filles* (licencieux).

Poussin : *Apollon et Daphné*.

Mort de Poussin.

La Rochefoucauld : *Maximes*.

Molière : *Dom Juan*.

La Fontaine : premiers *Contes*.

Racine : *Alexandre*.

Quinault : *La Mère coquette*.

1665-1666 Brantôme : *Mémoires* (posthume).

1665-1689 Le Vau, d'Orbay, Mansart, Le Nôtre, Lebrun, etc. : Versailles.

1666-1669 Epidémies de peste.

1666 Charles Démia fonde à Lyon la congrégation Saint-Charles pour l'éducation des enfants déshérités (première école gratuite).

Début des joutes nautiques à Sète.

Un arrêt du Parlement de Toulouse consacre l'appellation et le privilège du fromage de Roquefort.

Création de la Villa Medicis (Rome) pour les artistes.

Furetière : *Le Roman bourgeois.*

Molière : *Le Misanthrope.*

Comtesse de la Suze : *Poésies.*

Anonyme, pamphlet : *Le Livre abominable*, contre Colbert.

Création de la bibliothèque du Roi.

1666-1668 Boileau : *Satires.*

1666-1675 Girardon : *Apollon servi par les nymphes*, Versailles.

1666-1681 Riquet creuse le canal du Midi.

1666-1747 J.F. Rebel, musicien, introducteur en France de la sonate pour violon et basse.

1667 Une ordonnance oblige au double exemplaire des registres paroissiaux (d'état civil).

Création du poste de lieutenant général de police à Paris.

La Reynie supprime la « cour des miracles » de la rue Damiette à Paris.

Eclairage des rues de Paris par des lanternes à chandelle.

A. Arnauld : *Nouveaux éléments de géométrie.*

Premier salon de peinture au Palais-Royal, première « exposition » en France, (œuvres des académiciens).

Création du Cabinet des Estampes.

Création de la Manufacture royale de meubles de la Couronne aux Gobelins.

Racine : *Andromaque.*

Anonyme : *Traité de la comédie et des spectacles, selon la tradition de l'Eglise, tirée des conciles et des saints pères.*

1667-1672 C. Perrault : Observatoire de Paris.

1667-1720 Œuvre sculptée de Coysevox.
1668   Naissance de F. Couperin le Grand, compositeur,
        organiste, claveciniste.
        Dom Pérignon, cellérier à l'abbaye de Hautvillers,
        découvre la champagnisation.
        Le Lorrain : *Le Reniement d'Agar.*
        Molière : *L'Avare.*
        La Fontaine : *Fables,* I à VI.
        Subligny : *La Folle Querelle,* pamphlet.
1668-1747 Le Sage, auteur de comédies.
1669   Suppression des privilèges des régions frontalières.
        Procès de la Haye-du-Puits (sorcellerie).
        Colbert : ordonnance des Eaux et Forêts qui régle-
        mente les forêts royales.
        Colbert envoie une centaine d'orphelines au Canada
        pour le « peuplement ».
        Perrin fonde l'Académie royale de musique (opéra).
        Racine : *Britannicus.*
        Bossuet : *Oraison funèbre d'Henriette de France.*
        Guilleragues : *Lettres portugaises* (canular).
1670   Roberval publie la description de son modèle de
        balance.
        Mesure du méridien terrestre.
        J. Picard calcule assez exactement le rayon de la
        terre.
        Pascal : *Les Pensées,* première édition.
        Molière-Lulli : *Le Bourgeois gentilhomme.*
        Racine : *Bérénice.*
        Bossuet, précepteur du Grand Dauphin.
        Bossuet : *Oraison funèbre d'Henriette d'Angleterre ;
        Le Discours sur l'Histoire universelle.*
        Etienne, chansonnier, s'installe sur le Pont-Neuf
        (Paris).
v. 1670 Les premières horloges comtoises.
ap. 1670 Petits livres de la « bibliothèque bleue » de Troyes.
1670-1676 Libéral Bruant : les Invalides.
1670-1680 Affaire des poisons.
1671   Cl. Perrault : *Premiers mémoires d'anatomie.*
        Mort de Roberval.
        Fondation de l'Académie d'architecture.
        Suicide du cuisinier Vatel à Chantilly.
        Molière, Corneille, Quinault, Lulli : *Psyché.*

Cardinal de Retz : début des *Mémoires.*

Mme de Sévigné : premières *Lettres* à sa fille.

Molière : *Les Fourberies de Scapin.*

Nicole : *Essais de morale.*

L'enseignement du cartésianisme interdit à Paris.

1671-1685 « Puy musical » de Caen.

1671-1694 Mosnier Gassion voyage en Afrique du Nord et en Egypte pour alimenter la ménagerie royale de Versailles.

1671-1741 J.B. Rousseau, poète.

1672 Le R.P. R. de Dreux, aumônier de l'ambassadeur de France : *Voyage en Turquie et en Grèce.*

Louis XIV s'installe à Versailles.

Mort du médecin Gui Patin.

Molière : *Les Femmes savantes.*

Racine : *Bajazet.*

T. Corneille : *Ariane,* tragédie.

Saint-Evremond : *De la tragédie ancienne et moderne.*

A partir de cette année les académiciens perçoivent un jeton de présence.

Donneau de Visé crée *Le Mercure galant,* journal qui paraîtra jusqu'en 1825.

1672 (baptisé en) -1703 N. de Grigny, organiste.

1672-1745 A. Forqueray, compositeur, virtuose de la viole.

1672-1749 A.C. Destouches, compositeur d'opéras et de ballets.

1673 Le P. Marquette et Joliet suivent le Wisconsin et une partie du Mississippi.

Lulli-Quinault : *Cadmus et Hermione,* opéra.

Un livret explicatif est désormais distribué à chaque exposition de peinture des académiciens.

Molière et M.A. Charpentier : *Le Malade imaginaire.*

Mort de Molière et incidents à son enterrement.

Racine : *Mithridate.*

Poullain de la Barre : *De l'égalité des sexes* (première démonstration positive et scientifique de l'égalité).

1673-1736 Duguay-Trouin, corsaire.

1674 Les Français à Pondichéry.

Chanson : « Auprès de ma blonde ».

Boileau : *Art poétique ; Le Lutrin.*

Corneille : *Suréna.*

Racine : *Iphigénie en Aulide.*

Malebranche : *Recherche de la vérité.*

L. Moreri : *Grand Dictionnaire historique.*

v. 1674 Christianisation du menhir de Saint-Duzec.

1674-1762 Crébillon, auteur dramatique.

1675   Procope ouvre le premier café de Paris.

« Code paysan » en Bretagne.

Lémery : première édition du *Cours de chimie.*

La Hire : *Traité de mécanique.*

Girardon : tombeau de Mazarin.

Fléchier : *Oraison funèbre de Turenne.*

Poullain de la Barre : *De l'excellence des hommes.*

v. 1675-1685 Jules-Hardouin Mansart : château de Dampierre.

1675-1755 Saint-Simon.

1676   J.B. Tavernier : *Les Six Voyages de J.B. Tavernier en Turquie, en Perse et aux Indes.*

Exécution de la Brinvilliers empoisonneuse.

Loi de Mariotte sur la compressibilité des gaz.

1677   Lulli : *Te Deum.*

Racine : *Phèdre.*

Pradon : *Phèdre.*

Cabale de *Phèdre.*

Racine et Boileau, historiographes du roi.

1677-1678 Mort de Le Nôtre.

1677-1688 Jules-Hardouin Mansart : château de Marly.

1678   Coysevox : buste de Condé

Mme de La Fayette : *La Princesse de Clèves,* roman.

La Fontaine : *Fables,* VII à XI.

T. Corneille : *Le Comte d'Essex,* tragédie.

Mme de Sablé : *Maximes.*

Père R. Simon : *Histoire critique du Vieux Testament* (fonde l'exégèse biblique).

1679   *Œuvres posthumes* de Fermat.

Mariotte : *Nutrition des plantes, ascension de la sève.*

Cardinal de Retz : *Mémoires.*

J.-B. Thiers : *Traité des superstitions.*

1679-1680 « Chambre ardente » de l'Affaire des poisons.

1679-1706 Jules-Hardouin Mansart : Saint-Louis-des-Invalides.

1680   Supplice de la Voisin, empoisonneuse.

Débuts des mesures de triangulation de Cassini et La Hire.

Invention du tissu gaufré à Paris.

Girardon : Buste de Louis XIV.

Les artistes s'installent au Louvre.

Le cuisinier du maréchal de Plessis-Praslin invente la praline.

Création de la Comédie-Française par fusion des troupes de Molière et de l'Hôtel de Bourgogne.

Fondation des Frères des écoles chrétiennes.

v. 1680 Château de Kergounadéach, sans doute le dernier château fortifié construit en France.

Manuels d'Histoire, dits *Abrégés Le Ragois*, en usage jusque vers 1877.

1680-1754 Destouches, auteur comique.

1681 Frontenac au Canada.

Denis Papin invente le « digesteur d'aliments » (la marmite !).

Lulli : *Les Triomphes de l'amour*, ballet où pour la première fois paraît une ballerine.

Fondation du restaurant « La Petite Chaise » à Paris.

Bossuet, évêque de Meaux.

1681-1686 Machine de Marly.

1682 Envoi d'une centaine de prostituées au Québec.

Cavelier de La Salle descend le Mississippi jusqu'à la mer.

Mort de Claude Lorrain.

Bossuet : *Déclaration du clergé de France*, dite *des quatre articles*.

Fondation de l'Académie de Nîmes.

Fondation du collège de Sorèze par les Bénédictins.

1682-1738 J.F. Dandrieu, claveciniste.

J.J. Mouret, compositeur, animateur des Grandes Nuits de Sceaux de la duchesse du Maine.

1683 Puget : *Milon de Crotone*.

Naissance de Jean-Philippe Rameau.

F. Charpentier : *De l'excellence de la langue française*.

Fontenelle : *Dialogue des morts*.

Boursault : *Le Mercure galant*, comédie.

1684 Mauvaise récolte.

J. de Thévenot : *Voyages de M. Thévenot tant en Europe qu'en Asie et en Afrique* (posthume).

Puget : *Persée délivrant Andromède ; Alexandre et Diogène.*

Naissance de Watteau.

Mort de P. Corneille.

La Bruyère précepteur du duc de Bourbon.

Mme de Maintenon fonde l'école de Saint-Cyr pour filles.

Furetière : *Essai d'un dictionnaire universel.*

1684-1688 Aqueduc de Maintenon (inachevé).

1685   Le « code noir » promulgué à Versailles.

« Fuite de cerveaux » après la révocation de l'édit de Nantes.

La Hire : *Les Sections coniques.*

J.-H. Mansart : place des Victoires (Paris).

Création de l'Opéra de Marseille, le premier de province, par Pierre Gautier (dit de Marseille), vite ruiné par Lulli.

Louis XIV envoie cinq jésuites en Chine pour évangéliser le pays.

Destruction du temple réformé de Charenton (de Salomon de Brosse).

1686   Fondation de Chandernagor.

Dernière baleine prise par les pêcheurs basques dans le golfe de Biscaye.

Lulli : *Armide.*

Fontenelle : *Entretiens sur la pluralité des mondes.*

1686-1687 Jules-Hardouin Mansart : Ecole de Saint-Cyr.

1686-1755 J.-B. Oudry, peintre.

1687   Grave famine.

Mort de Lulli.

Début de la « querelle des Anciens et des Modernes ».

F. de Callières, diplomate et lettré : *Histoire poétique de la guerre nouvellement déclarée entre les Anciens et les Modernes.*

Bossuet : *Oraison funèbre de Condé.*

Fénelon : *Traité de l'éducation des filles.*

C. Perrault : *Le Siècle de Louis le Grand,* poème.

La Fontaine : *Epître à Huet.*

Fontenelle : *Histoire des oracles.*

1687-1688 J.-H. Mansart : Le Grand Trianon.

1687-1698 Le « Masque de fer » prisonnier à l'île Sainte-Marguerite.

1687-1763 L'abbé Prévost, romancier.

1688   Construction de la Grande Chartreuse (Dauphiné).

Lebrun : *Adoration des bergers.*

La Bruyère : *Les Caractères.*

Bossuet : *Histoire des variations.*

Fontenelle : *Digression sur les Anciens et les Modernes.*

Naissance de Marivaux.

Ouverture du collège des Quatre-Nations (fondé par Mazarin).

Débuts de la prophétesse protestante, Isabeau Vincent, dans les Cévennes.

1688-1697 C. Perrault, *Parallèles des Anciens et des Modernes.*

1689   Coysevox : statue pédestre de Louis XIV.

Racine : *Esther.*

Jurieu : *Les Soupirs de la France esclave.*

Naissance de Montesquieu.

Fénelon précepteur du duc de Bourgogne, petit-fils de Louis XIV.

1689-1693 Coysevox, Le Hongre, Tuby : tombeau de Mazarin.

1689-1753 J. Aubert, musicien.

1689-1773 Piron, auteur comique.

1690   Denis Papin construit à Cassel une machine élévatoire à vapeur.

Denis Papin : *Mémoire sur l'emploi de la vapeur d'eau.*

Fénelon : *Fables.*

Furetière : *Dictionnaire.*

1691   De Blégny : *Livre commode des adresses de Paris* (premier annuaire).

Campistron : *Tiridate,* tragédie.

1691-1692 Denis Papin construit un sous-marin.

1691-1755 Bodin de Boismortier, musicien.

1692   Manufacture de glaces de Saint-Gobain.

Le chevalier de Méré : *Maximes.*

La Quintinie : *Instruction pour les jardins fruitiers et potagers.*

v. 1692 Fénelon : *Dialogue des morts.*

1692-1694 Puget : *La Peste de Milan.*

1692-1730 Adrienne Lecouvreur, tragédienne.

1692-1765 Comte de Caylus, « antiquaire » et collectionneur.

1693   Un incendie ravage Bourges.

M.-A. Charpentier : *Médée,* opéra.

1693-1694 Disette et crise économique.

1694   Mort de Puget.

Fixation définitive de l'orthographe par l'étymologie.

La Fontaine : *Fables,* XII.

Bossuet : *Maximes sur la comédie.*

Boileau : *Réflexions sur Longin ; Lettre à Perrault.*

A. Arnauld réconcilie les Anciens et les Modernes
Mort d'A. Arnauld.

Naissance de Voltaire.

Première édition du *Dictionnaire de l'Académie française.*

Création de la société mutualiste la « Sainte-Anne ».

1694-1772 L.-C. Daquin, organiste et compositeur.

1695   Instauration de la capitation.

Mort de La Fontaine.

Conférence d'Issy sur le quiétisme.

v. 1695 Fénelon : *Télémaque.*

1695-1697 Bayle : *Dictionnaire historique et critique.*

1695-1715 Fénelon, évêque de Cambrai.

1696   Regnard : *Le Joueur,* comédie.

Mort de La Bruyère.

1697   C. Perrault : *Contes de ma mère l'Oye.*

Racine : *Abrégé de l'histoire de Port-Royal.*

Première publication de certaines lettres de Mme de
Sévigné.

Expulsion des comédiens italiens de France.

Regnard : *Le Distrait.*

Malebranche : *Traité de l'amour de Dieu.*

Début de la querelle du quiétisme (Fénelon, Mme
Guyon).

1698   Mauvaise récolte.

Fondation de la compagnie de Chine.

Invention de la liqueur « noyau de Poissy ».

1699   Jules-Hardouin Mansart, surintendant des bâtiments
royaux. Pour « embellir » Notre-Dame de Paris il en
détruit le maître-autel, le jubé et les stalles.

Naissance de Chardin.

N. de Grigny : *Premier livre d'orgue.*

Mort de Racine.

Mme Dacier : traduction de *L'Iliade.*

Le pape condamne le quiétisme.

1699-1753 Salon littéraire et artistique de la duchesse du Maine à Sceaux.

1700 Tournefort : *Etudes d'anatomie comparée* ; voyage scientifique en Asie Mineure, Arménie, Perse et Turquie ; *Institutiones.*

Mort de Le Nôtre.

Recette du pâté de canard en croûte, spécialité d'Amiens.

Fin XVIIᵉ siècle Début des « négriers ».

XVIIᵉ siècle Chansons : « Chevaliers de la Table ronde », « Dans les prisons de Nantes ».

C. Gilbert : *Histoire de Calajava ou de l'isle des hommes raisonnables, avec le parallèle de leur morale et du christianisme.*

XVIIᵉ siècle Nicolas Saboly compose des cantiques de Noël en provençal.

Orgue d'Auch.

R.-A.Feuillet : *Système de notation des pas de danse.*

Invention du pain d'épices de Dijon.

Chansonniers : Claude de Chauvigny et Blot l'Esprit.

XVIIᵉ siècle — début du XIXᵉ siècle Les flibustiers.

1700-1718 J.-D. et J. Cassini : Première mesure du méridien de Paris.

1701 A. de la Mothe-Cadillac fonde Détroit aux Etats-Unis. Monopole français sur la traite des Noirs dans le Nouveau Monde.

Lagrange-Chancel : *Amasis,* tragédie.

1701-1767 Jésuites : *Journal de Trévoux.*

1702-1704 Guerre religieuse des camisards.

1702-1706 G. Boffrand : château de Lunéville.

1702-1714 J.-H. Mansart : Place Vendôme à Paris.

1702-1760 P. Aveline, graveur.

1703 Mort du « Masque de fer » à la Bastille. L'infanterie française adopte la « baïonnette » fabriquée à Bayonne.

Delisle : carte de la France.

Naissance de F. Boucher.

1703-1707 J.-B. Bullet : château de Champs.

1703-1770 F. Fresneau découvre en Guyane l'hévéa et ses propriétés.

1704   Naissance de J.-B. Lemoyne, sculpteur et de M. Quentin de La Tour, pastelliste.

Mort de M.-A. Charpentier.

Mort de Bossuet.

1704-1708 Galland : traduction des *Mille et Une Nuits*.

1704-1771 Marquis d'Argens, pamphlétaire *(lettres juives)*.

1705   Naissance de C. Van Loo, peintre.

Grimarest : *Vie de Molière*.

Evasion du camisard Abraham Mazel d'Aigues-Mortes.

1705-1709 Delamair : hôtel Soubise (Paris).

1706   Marin Marais : *Alcyone*.

Brueys et Palaprat : *Avocat Pathelin*.

1706-1707 Morin : *Cantates françaises à une et deux voix*.

1707   Vauban : *Projet d'une dîme royale*.

Denis Papin construit un bateau à vapeur sur la Weser.

Crébillon : *Atrée et Thyeste*, tragédie.

Dufresny : *Les Amusements sérieux et comiques d'un Siamois à Paris*.

Le Sage : *Le Diable boiteux ; Crispin rival de son maître*.

Naissance de Buffon.

1708   Mort de J.-H. Mansart.

Morin : *La Chasse du cerf*, cantate.

Regnard : *Le Légataire universel*.

1708-1719 Fontenelle : *Eloges académiques*.

1709   Hiver très rigoureux, la Seine gèle, famine, crise économique.

Calvaire de la Madeleine à Pontchâteau (Saint Louis-Marie Grignion de Montfort).

Lesage : *Turcaret*.

Bossuet : *Politique tirée de l'Ecriture Sainte* (posthume).

Expulsion et dispersion des religieuses de Port-Royal-des-Champs.

L'empereur de Chine emploie les jésuites français pour dresser la carte de son empire.

1709-1713 Manufacture des Rames (Abbeville), une des plus vieilles usines de France.

1709-1777 Gresset, poète et auteur comique.

1709-1784 Lefranc de Pompignan, poète.

1709-1795 M. Corette, organiste et compositeur.

1710   Création de l'impôt du dixième.
          Jean Sicard, directeur de l'Académie royale de musi-
          que en Provence.
          Destruction de l'abbaye de Port-Royal-des-Champs.
          Fénelon : *Mémoire sur la situation déplorable de la
          France*.

1710-1711 Publication des *Pensées* de Pascal.

1710-1729 Château de Chanteloup.

1710-1733 Salon littéraire de Mme Lambert.

1710-1756 Marie Sablé, danseuse, réforma le costume des
          danseuses.

1710-1770 La Camargo, danseuse qui inventa les collants de
          danse.

1711   J. Chardin : *Voyage en Perse et aux Indes orientales*.
          Crébillon : *Rhadamiste et Zénobie*, tragédie.
          Piron : *Ode à Priape*.
          Chevreuse et Fénelon : *Tables de Chaulnes*, plan de
          réformes.
          Mort de Boileau.
          Exhumation des corps enterrés à Port-Royal-des-
          Champs.

1711-1712 De Mondonville, violoniste et compositeur.

1712   Création de la compagnie des Mers du Sud.
          Watteau : *Jupiter et Antiope*.
          A. Campra : *Idoménée*.
          Morin : *Cantates françaises à une et trois voix*.
          Naissance de J.-J. Rousseau.

1712 ou 1714 : Mort de Denis Papin à Londres.

1712-1789 L'abbé de l'Epée, fondateur de l'école pour
          sourds-muets.

1713   Ordonnance sur la licence.
          Naissance de Diderot.
          R. Challe : *Illustres françaises*, paru anonymement.

1713-1715 Houdar de la Motte : *Iliade retouchée*.

1713-1717 Abbé de Saint-Pierre : *Projet de paix perpétuelle*.

1714   Naissance de Pigalle, sculpteur.
          Création du haras du Pin.
          Fénelon : *Lettre à l'Académie*.

v. 1714 Le français remplace le latin et devient la langue diplomatique.

1714-1716 Coysevox : Louis XIV (Notre-Dame de Paris).

1715 Vogue des quartiers parisiens du Faubourg-Saint-Honoré et du Faubourg-Saint-Germain.

La Guérinière ouvre son académie d'équitation.

Etienne Pavillon, poète précieux : *La Métamorphose du cû d'Iris en astre* (posthume).

C. Perrault : *Peau d'âne.*

Mort de Fénelon.

Naissance de Vavenargues.

Abbé d'Aubignac : *Dissertations sur l'« Iliade »*.

1715-1728 Château du haras du Pin.

1715-1735 Lesage : *Gil Blas.*

1715-1801 Grosso Minuto, marchand ambulant corse, célèbre pour son esprit.

14

LA PHILOSOPHIE ET LE BOUDOIR
1716-1771

1716   Création du corps des Ponts et Chaussées.
        De Gone : *Les affiches de Paris, de province et des
        pays étrangers.*
        Watteau : *La Toilette intime.*
        Naissance de Falconet, sculpteur.
        Naissance de Saint-Lambert, poète.
        Renouveau janséniste.
        Law crée la Banque Générale.
        Le Régent fait revenir des comédiens italiens.
1716-1719 Leblond dresse le plan de Saint-Pétersbourg.
1717   Création de la compagnie française d'Occident (Law).
        Watteau : *L'Embarquement pour Cythère ; L'Indiffé-
        rent ; Le Concert.*
        Publication posthume des *Mémoires* du cardinal de
        Retz.
        Naissance de d'Alembert.
v. 1718 Mode des robes à panier.
1718   Instabilité monétaire.
        Fondation de La Nouvelle-Orléans par J.-B. Le
        Moyne.
        Geoffroy l'Aîné : *Premières Tables d'affinités chimi-
        ques.*
        Mollet : palais de l'Elysée (Paris).
        Watteau : *Les Fêtes galantes.*
        Jardins du château de Champs-sur-Marne.
        Création du café de la Régence (Paris).
        Deuxième édition du *Dictionnaire de l'Académie,* pour
        lequel l'Académie adopte l'ordre alphabétique en
        abandonnant les familles de mots.
1718-1719 Watteau : *Le Mezzetin ; La Fête vénitienne.*
1718-1786 N. Beaujon, financier, fondateur d'un hospice.
1719   Watteau : *Les Charmes de la vie.*
        Dufresny : *La Réconciliation normande,* comédie.

Anonyme : *Le Bonhomme misère.*

Abbé du Bos : *Réflexions critiques sur la poésie et la peinture,* marque la fin de la querelle des Anciens et des Modernes.

1719-1720 Mauvaises récoltes.

1719-1735 J. Aubert : les Grandes Ecuries de Chantilly.

1719-1750 Envoi de prostituées en Louisiane, aux Antilles, etc., pour les marier aux colons.

1720-1721 Grande peste en Provence.

1720   Grand incendie de Rennes.

Création de brigades de gendarmerie fixes.

Watteau : *L'Enseigne de Gersaint ; Le Jugement de Paris ; Gilles.*

Effondrement du système financier de Law.

v. 1720 Watteau : *Le Rendez-vous de chasse.*

1720-1731 Activité du club de l'Entresol, salon intellectuel et philosophique.

1720-1789 A. Lepaute, horloger.

1721   Le bandit Cartouche est roué à Paris.

Première loge maçonnique en France, à Dunkerque.

Mort de Watteau.

Montesquieu : *Les Lettres persanes.*

R. Challe : *Journal d'un voyage aux Indes.*

v. 1721 Hôtel Matignon (Paris).

1722   Création de la première compagnie de pompiers à Paris.

Premières toiles de coton tissées en Normandie.

Microscope binoculaire.

Réaumur : *L'Art de convertir le fer forgé en acier et l'Art d'adoucir le fer fondu.*

Giraldini-Lassurance : Palais-Bourbon (Paris).

J.-P. Rameau : *Traité d'harmonie.*

Chanson : « Malbrough s'en va t'en guerre ».

1723   Marivaux : *La Double Inconstance.*

Mme de Motteville : *Mémoires (1643-1666),* posthume.

1723-1803 Mlle Clairon, tragédienne.

1724   Brongniart : Bourse de Paris.

J.-A. Piganiol de la Force : *Nouveau voyage de France.*

C. Brossette fonde l'Académie de Lyon.

v. 1725 Ouverture du café de Foy (Palais-Royal) à Paris.

1725   Création de l'Impôt du cinquantième.

Naissance de Greuze.

Montesquieu : *Le Temple de Gnide*, roman.

Création de la manufacture de porcelaine de Chantilly.

Les expositions de peinture se tiennent désormais au Salon carré du Louvre d'où le nouveau nom de « salon ».

Marivaux : *L'Ile des esclaves.*

Début de la publication posthume des *Lettres* de Mme de Sévigné.

ap. 1725 Vague d'anglomanie.

1725-1791 Concerts spirituels des Tuileries, premiers concerts publics.

1725-1805 Latude, champion des évasions de prison.

1726 Mort de M.R. Delalande.

Débuts de la danseuse Camargo.

1726-1728 Rollin, recteur de l'université de Paris : *Traité des études.*

1726-1749 Salon littéraire de Mme de Tencin.

1726-1795 F.-A. Philidor, auteur d'opéras comiques.

1727-1732 Convulsionnaires de Saint-Médard sur la tombe du diacre Pâris.

1727-1737 Premières fouilles de dolmens par le président de Robien.

1727-1810 J.-G. Noverre, chorégraphe, réforme le ballet.

1728 Gabriel : pont des Belles-Fontaines (Juvisy).

Chardin : *La Raie.*

Pardon des « aboyeuses » à Josselin.

1728-1731 Gabriel : hôtel Biron (act. musée Rodin) Paris.

1728-1799 E.-L. Boullée, architecte visionnaire.

1728-1810 Chevalier d'Eon, diplomate et agent secret.

1729 Bouguer : *Photométrie.*

Dom Montfaucon : *Les Monuments de la monarchie française.*

Crébillon, Piron, Collé créent la société du Caveau pour chansonniers.

1729-1778 Lekain, comédien.

1729-1807 Ecouchard-Lebrun, poète.

1729-1817 Monsigny, violoniste et compositeur.

1730 Installation des frères Ruggieri, artificiers, à Paris (jusqu'à Napoléon III).

Poulin de Francheville exploite des mines de fer au Canada.

Réaumur : échelle thermométrique ; expérience sur la
mesure de la vitesse du son.

Lancret : *La Camargo dansant.*

La Guérinière, directeur du manège royal des
Tuileries.

Marivaux : *Le Jeu de l'amour et du hasard.*

Duguay-Trouin : *Mémoires.*

v. 1730-1740 Apparition de la « nouvelle cuisine ».

1730-1742 R. de Cotte : hôtel de Rohan, Strasbourg.

1730-1809 Pajou, sculpteur.

1731   « Consulte » corse au couvent d'Orezza (Piedicroce).
Fondation de l'Académie royale de chirurgie.

Voltaire : *Histoire de Charles XII.*

Abbé Prévost : *Manon Lescaut.*

1731-1741 Marivaux : *La Vie de Marianne.*

1732   Naissance de Fragonard.

Destouches : *Le Glorieux,* comédie larmoyante.

Voltaire : *Zaïre,* tragédie.

Bossuet : *Traité sur la concupiscence,* posthume.

H. de Boulainvilliers : *Essai sur la noblesse.*

Naissance de Beaumarchais.

1732-1813 ou 1814 P. Gouthière, ciseleur.

1733   Nattier : *Mlle de Clermont au bain.*

Chardin : *La Lettre cachetée.*

Naissance d'Hubert Robert.

Mort de François Couperin.

Jean-Philippe Rameau : *Hippolyte et Aricie,* qui
déclenche la querelle des lullistes et ramistes.

Gresset : *Vert-Vert.*

Dufay découvre le principe de deux électricités (positive et négative).

1733-1745 Servandoni : église Saint-Sulpice.

1734   Jussieu plante un cèdre du Liban au Jardin des
Plantes.

Création du champagne Taittinger.

Montesquieu : *Considérations sur les causes de la
grandeur et de la décadence des Romains.*

Voltaire : *Lettres philosophiques.*

Publication du manuscrit retrouvé des poésies de
Charles d'Orléans.

Naissance de Rétif de la Bretonne.

1734-1742 Réaumur : *Mémoires pour servir à l'histoire des insectes*.

1734-1743 Gabriel : hôtel de ville de Rennes.

1734-1753 Saint-Simon : *Mémoires*.

Oudry dirige la manufacture de tapisserie de Beauvais.

1734-1806 J.-H. Riesener, ébéniste.

1734-1829 Gossec, compositeur.

1735 La Condamine, Godin, Bouguer, Maupertuis, partent déterminer la figure de la terre à l'équateur et au cercle polaire.

Première exploitation industrielle du pétrole de Pechelbronn.

Louis-Claude Daquin : *Premier Livre de pièces de clavecin*.

J.-P. Rameau : *Les Indes galantes*.

Recette de la chartreuse verte.

Création de l'Académie de chirurgie.

Nivelle de la Chaussée : *Le Préjugé à la mode*, comédie larmoyante.

v. 1735 Apparition du style « rocaille ».

1735-1736 Marivaux : *Le Paysan parvenu*, roman.

1736 Vaucanson : le joueur de flûte traversière (automate).

Naissance de Lagrange, mathématicien, de Coulomb, physicien.

La Condamine rapporte le caoutchouc d'Amérique du Sud.

Voltaire : *Le Mondain*.

1737 De Troy : *Le Déjeuner de chasse*.

Rameau : *Castor et Pollux*.

Marivaux : *Les Fausses Confidences*.

Marquis d'Argens : *Philosophie du bon sens*.

Canonisation de saint Vincent de Paul.

1737-1814 Bernardin de Saint-Pierre.

1738 Famine.

L'Académie des sciences de Paris mesure la vitesse du son à l'aide de canons entre Montlhéry et Montmartre.

Vaucanson : le joueur de tambourin, le canard (automates).

Création de la manufacture de porcelaine à Vincennes (plus tard à Sèvres).

Naissance de Clodion, sculpteur.

Chardin : *L'Enfant au toton.*

Voltaire : *Eléments de la philosophie de Newton.*

Piron : *La Métromanie,* comédie.

Crébillon fils : *Les Egarements du cœur et de l'esprit.*

1738-1787 Château de Compiègne.

1738-1813 Delille, poète.

1739　Mauvaise récolte.

Vauban : *Traité de l'attaque et de la défense des places,* posthume.

Bouvet de Lozier découvre l'île Bouvet dans l'Antarctique.

Buffon, intendant du Jardin des Plantes.

Réaumur perfectionne le thermomètre.

Clairaut : *Recherches générales sur le calcul intégral.*

Bouchardon : *La Fontaine des Quatre-Saisons.*

Chardin : *La Gouvernante.*

Boucher : *Le Déjeuner.*

Rameau : *Les Fêtes d'Hébé.*

1739-1740 Président de Brosses : *Lettres italiennes.*

1739-1760 Les jardins de la Fontaine à Nîmes.

1739-1799 Chevalier de Saint-Georges, général, violoniste et compositeur.

1739-1814 Jacob, ébéniste.

1740　Crue de la Seine.

Mort de J. Cavalier, chef camisard.

Chardin : *Le Bénédiccité.*

Boucher : *Le Triomphe de Vénus.*

Marivaux : *L'Epreuve.*

Naissance du marquis de Sade.

v. 1740 R. Le Lorrain : *Les Chevaux du soleil* (hôtel de Rohan, Paris).

1740-1745 G. Coustou : *Chevaux de Marly.*

1740-1780 Salon littéraire de Mme du Deffand.

1741-1742 Dernière crise économique cyclique.

1741　Boucher : *Léda et le Cygne.*

Chardin : *Jeune fille jouant au volant.*

Naissance de Houdon, sculpteur.

Nivelle de la Chaussée : *Mélanide,* comédie larmoyante.

J.-C. Gervaise de La Touche : *Histoire de Dom*

Bougre, portier des chartreux, roman érotique et anticlérical.

Naissance de Choderlos de Laclos.

1741-1793 Chamfort, moraliste.

1741-1813 Grétry, musicien.

1741-1814 Moreau le Jeune, dessinateur et graveur.

1742   Le marquis de Bacqueville tente de traverser la Seine avec une machine volante.

      J.-A. Gabriel, premier architecte du roi.

      Boucher : *Le Repos de Diane sortant du bain.*

1743   Naissance de Lavoisier.

      Mort de Desportes, de Rigaud.

      D'Alembert : *Traité de dynamique.*

      A. Clairaut : *Théorie de la figure de la terre* (démontre le premier que la Terre est un ellipsoïde de révolution).

ap. 1743 Les négociants en champagne s'installent à Reims et Epernay.

1743-1795 Cagliostro, charlatan.

1744   Naissance de Lamarck.

1744-1793 Léonard, poète guadeloupéen.

1744-1802 Sophie Arnould, cantatrice.

1745 . Orry : *Enquête économique.*

      Bonnet : *Traité d'insectologie.*

      Vaucanson : métier à tisser (jamais exploité).

      Rameau : *Le Temple de la gloire.*

1745-1748 Boucher : *Louise Murphy.*

1745-1826 Vincent Pinel, médecin des aliénés.

1746   Bouguer : *Traité du navire, de sa construction et de ses mouvements.*

      Maupertuis : *Vénus physique.*

      Naissance de Monge.

      Vauvenargues : *Œuvres.*

      Condillac : *Essai sur l'origine des connaissances humaines.*

      De Gone : *Affiches de Paris, avis divers.*

1746-1810 J.-L. Baudelocque, médecin accoucheur.

1747   Création de l'école des Mines de Paris par Trudaine.

      Création de l'école des Ponts et Chaussées.

      Maupertuis : *Principe de la moindre action.*

      La Tour : *Portrait de Maurice de Saxe.*

      Création de la moutarde Maille.

Voltaire : *Zadig.*

Gresset : *Le Méchant,* comédie.

Vauban : *Traité des sièges,* posthume.

1748   Suppression des galères.

Naissance de Berthollet.

La Mettrie : *L'Homme machine.*

La Tour : *Portrait de Marie Leszczynska ; Portrait de Louis XV.*

Naissance de Louis David.

Allées de Tourny à Libourne.

P. Germain, orfèvre : *Eléments d'orfèvrerie.*

Débuts à l'Opéra de Gaétan Vestris, père d'Auguste.

Montesquieu : *L'Esprit des lois.*

Diderot : *Mémoire sur différents sujets de mathématiques ; les Bijoux indiscrets.*

1748-1775   Gabriel et Lassurance : château de Bellevue à Meudon.

1748-1785   J. Floquet, compositeur.

1749   Tempête qui ravage Saint-Jean-de-Luz.

Buffon : *Théorie de la terre.*

Naissance de Laplace.

D'Alembert : *Recherche sur la précession des équinoxes.*

Diderot : *Lettre sur les aveugles.*

1749-1777   Salon littéraire de Mme Geoffrin.

1749-1788   Buffon : *Histoire naturelle.*

1749-1794   J.-F. Edelmann, virtuose du pianoforte et compositeur.

1749-1841   N. Appert, inventeur des conserves aseptisées par la chaleur.

1750   Fondation de l'Académie de marine.

Fonderie de canons installée à Ruelle, près d'Angoulême.

Duhamel du Monceau : *Traité de la culture des terres.*

Jean-Jacques Rousseau : *Discours sur les sciences et les arts.*

v. 1750   Début de l'exploitation du charbon au Creusot.

Capitole de Toulouse.

Influence de l'Antiquité sur l'art due aux premières fouilles à Pompéi et Herculanum.

Fin du jardin à la française.

Prestige du châteauneuf-du-pape (vin).

à p. de 1750 Grand développement de la traite des Noirs.

1750-1754 Abbé de la Caille : *Révision du ciel austral au cap de Bonne-Espérance.*

1750-1760 Héré-Lamour : place Stanislas à Nancy.

Hôtel-Dieu de Carpentras.

v. 1750-1760 Naissance du néo-classicisme.

1750-1789 Cassini III, L. Capitaine : première carte générale de la France.

1751   « Consulte » corse au couvent d'Orezza (Piedicroce).

La Tour : *Autoportrait.*

Boucher : *La Toilette de Vénus.*

J.-J. Rousseau : *Le Devin du village,* opéra.

Montesquieu : *Défense de l'Esprit des lois.*

Voltaire : *Le Siècle de Louis XIV ; Mahomet ; Rome sauvée.*

D'Alembert : *Discours préliminaire de « l'Encyclopédie ».*

Duclos : *Considérations sur les mœurs.*

Abbé Prévost : Traduction de *Clarisse Harlowe* de Richardson.

Dom A. Calmet : *Traité sur les apparitions.*

Parution du journal *Les Petites Annonces.*

L'acteur anglais Garrick vient jouer Shakespeare dans les salons parisiens.

1751-1772 Diderot, d'Alembert et allié : *L'Encyclopédie.*

1751-1843 Thomire, ciseleur.

1752   Début de l'exploitation de la mine de Carmaux.

Réaumur : *Expériences sur la digestion.*

Clairaut : *Théorie de la lune.*

Du Monceau : *Eléments d'architecture navale.*

J.-A. Gabriel : Ecole militaire de Paris.

Caylus : *Recueil d'antiquités égyptiennes, étrusques, grecques et romaines.*

Destruction des vitraux du chœur de Notre-Dame de Paris.

Papavoine, un des précurseurs de la symphonie en France : *Six Symphonies.*

Première condamnation de *L'Encyclopédie.*

Voltaire : *Micromégas.*

Fontenelle : *Théorie des tourbillons cartésiens.*
Boucher : *Fille nue se reposant.*

1752-1831 S. Erard, facteur d'instruments de musique.

1753   Création d'une chaire de physique expérimentale
        au collège de Navarre (Paris).
        La Tour : *Portrait de d'Alembert, de J.-J. Rousseau.*
        Pigalle : *L'Amitié.*
        Rameau : *Les Sybarites.*
        A. d'Auvergne : *Les Troqueurs,* premier opéra-comi-
        que français.
        J.-J. Rousseau : *Lettre sur la musique française.*
        Buffon : *Discours sur le style.*
        Diderot : *De l'interprétation de la nature.*

1753-1768 Saly : statue de Frédéric V à Copenhague.

1753-1770 Gabriel : Opéra de Versailles.

1753-1776 Pigalle : tombeau du maréchal de Saxe, Nancy.

1753-1810 Rivarol, moraliste.

1753-1814 Parny, poète.

1754   J.-A. Gabriel : place de la Concorde à Paris.
        Rameau : *Anacréon.*
        Condillac : *Traité des sensations.*
        J.-J. Rousseau : *Discours sur l'origine de l'inégalité*

v. 1754 Querelle des bouffons.

1754-1790 Revue *L'Année littéraire* fondée par Fréron et
        continuée par Geoffroy.

1755   Le chef de bande Mandrin est exécuté.
        Création du haras de Pompadour.
        Greuze : *Le Père de famille.*
        La Tour : *Mme de Pompadour.*
        Naissance de Mme Vigée-Lebrun.
        Mort de J.-B. Oudry.
        Allées de Tourny à Bordeaux.
        Mort de Montesquieu.
        Mme de Staal de Launay : *Mémoires* (posthume).

1755-1785 Apogée de l'édition, impression, reliure, gravure,
        etc.

1755-1805 N.-J. Conté, inventeur du crayon en bois à mine
        de graphite et argile.

1755-1809 F. de Fourcroy, chimiste (nomenclature rationnelle
        de chimie).

1755-1821 Corvisart, médecin de Napoléon.

1755-1826 Brillat-Savarin, avocat et gastronome.

1756   Mouvement des physiocrates.

Naissance de Lacépède, naturaliste.

Invention de la mayonnaise.

Voltaire : *Essai sur les mœurs ; poème sur le désastre de Lisbonne.*

Mirabeau : *L'Ami des hommes.*

1756-1757 Fragonard : *Les Lavandières.*

1756-1815 Mlle Raucourt, tragédienne.

1757   Diderot : *Le Fils naturel,* drame.

Mme Leprince de Beaumont : *La Belle et la Bête,* conte.

Maurice de Saxe : *Mes rêveries.*

Création de la Compagnie d'Anzin, première **grande** compagnie houillère.

Mort de Fontenelle.

Palissot : *Petites Lettres sur de grands philosophes.*

1757-1821 L. de Fontanes, grand maître de l'université sous l'Empire.

1758   F. Quesnay : *Analyse du tableau économique de la France ; Maximes générales du gouvernement d'un royaume agricole.*

Débuts de la taverne de Ramponneau à la Courtille (Paris).

J.-D. Le Roy : *Ruines des plus beaux monuments de la Grèce.*

Diderot : *Le Père de famille,* drame.

Rousseau : *Lettre à d'Alembert sur les spectacles.*

Helvetius : *De l'Esprit,* condamné au feu.

Montigny : *Thérèse philosophe,* licencieux.

1759   Oberkampf crée la première manufacture de toiles imprimées à Jouy-en-Josas qui fonctionnera jusqu'en 1843.

Les Acadiens, expulsés du Canada, s'installent à Belle-Ile et en Poitou.

Démolition d'une partie du cloître de Notre-Dame-en-Vaux à Châlons-sur-Marne.

Seconde condamnation de *L'Encyclopédie.*

Voltaire : *Candide.*

Suppression des spectateurs sur scène au théâtre.

1759-1774 Diderot : *Lettres à Sophie Volland.*

1759-1781 Diderot : *Salons.*

1760   D'Alembert : *Equations différentielles.*

Bouguer : *Traité d'optique*, posthume.

G. Noverre : *Lettre sur la danse et sur les ballets.*

Palissot : *Les Philosophes*, comédie satirique.

Les bateleurs de la foire Saint-Laurent présentent leurs attractions sur le Boulevard (origine du théâtre de boulevard).

Diderot : *La Religieuse* (publiée en 1796).

Des Essartz : *Traité de l'éducation corporelle des enfants en bas âge.*

J.-B. Germain : *La Bourride des dieux*, en provençal.

Naissance du socialiste Saint-Simon.

ap. 1760 Grande vogue du jeu d'échecs.

1760-1837 J.-F. Lesueur, compositeur.

1760-1842 Cherubini, compositeur.

1761   C. Bourgelat fonde l'école vétérinaire de Lyon.

Arrêt royal encourageant les défrichements.

Le château de Pompadour devient haras.

Clairaut : *Premier Mémoire sur la théorie de l'achromatisme.*

Greuze : *L'Accordée de village.*

Philidor : *Le Jardinier et son Seigneur.*

Marie Brizard invente l'anisette, appréciée à la Cour.

J.-J. Rousseau : *La Nouvelle Héloïse.*

1761-1765 Fragonard : *Le Feu aux poudres ; Cascatelles à Tivoli.*

1761-1786 Marmontel : *Contes moraux* dans *Le Mercure.*

1761-1798 Marie Joly, actrice du Théâtre-Français.

1761-1839 A. Lenoir, créateur du musée des Monuments français.

1761-1845 L. Boilly, peintre et graveur.

1762   Abolition des droits féodaux en Savoie.

Affaire Calas.

Contrôle des métiers à tisser par cartes perforées.

Rousseau : *Le Contrat social ; Emile.*

Diderot : *Le Neveu de Rameau.*

Naissance d'André Chénier.

Fusion entre l'Opéra-Comique et la Comédie italienne.

Débuts de la danseuse Guimard.

1762-1768 Gabriel : le Petit Trianon.

1762-1776 Salon littéraire de Mlle de Lespinasse.

1762-1823 P.-J. Garat, chanteur et compositeur.

1762-1915 Journal ; *La Gazette de France,*

1763   Adanson : *Familles des plantes.*
       Voltaire : *Traité sur la tolérance.*
       Abbé de Mably : *Entretiens de Phocion.*
       La Harpe : *Warwick*, tragédie.
       Mort de Marivaux.
1763-1817 Méhul, organiste, compositeur.
1763-1826 Talma, tragédien.
1764   Affaire Sirven.
       Cristallerie de Baccarat.
       Monsigny : *Rose et Colas*, opéra-comique.
       Mort de Rameau, de Leclair.
       Voltaire : *Dictionnaire philosophique.*
       Suppression et expulsion des jésuites.
1764-1767 Ravages de la bête du Gévaudan en Lozère.
1764-1770 Jardin du Jard à Châlons-sur-Marne.
1764 et 1774 Gluck : *Orphée*, drame lyrique.
1764-1780 Soufflot : le Panthéon (Paris).
1764-1853 Sébastien Bottin, créateur d'un annuaire de com-
       merce et d'industrie.
1765   Création de l'Ecole royale supérieure de génie mari-
       time.
       Création de l'école des Arts décoratifs.
       Réhabilitation de Calas.
       C. Bourgelat fonde l'école vétérinaire d'Alfort.
       Boscher découvre le temple grec de Bassæ en Pélo-
       ponnèse.
       Chardin : *Les Attributs de la musique.*
       Mort de C. Van Loo.
       Philidor : *Tom Jones.*
       Naissance du pelotari basque Perkaïn.
       Sedaine : *Le Philosophe sans le savoir*, drame.
v. 1765 Greuze : *La Malédiction paternelle.*
1765-1770 J.-J. Rousseau : *Les Confessions.*
1765-1772 Fragonard : *La Chemise enlevée ; L'Amour Folie.*
1766   Grève des ouvriers papetiers à Castres.
       Affaire du chevalier de la Barre roué vif à Abbeville.
       Fragonard : *L'Escarpolette.*
       Démolition totale du cloître de Notre-Dame-en-Vaux
       (Châlons-sur-Marne).
       Turgot : *Réflexions sur la formation et la distribution
       des richesses.*
1766-1769 Voyages de Bougainville dans le Pacifique.

1766-1777 Falconet : statue équestre de Pierre le Grand à Saint-Pétersbourg.

1766-1817 Mme de Staël, écrivain.

1766-1842 Baron Larrey, chirurgien de la Grande Armée.

1766-1843 Mme de Pastoret, créatrice des crèches.

1767   Houdon : *L'Ecorché*.
Vachon : *Les Femmes et le secret*, opéra-comique.
Gossec : *Toinon et Toinette*.
D'Holbach : *Le Christianisme dévoilé*.
Ouverture de l'Ambigu-Comique.

1767-1844 J. Laffitte, banquier.

1767-1846 Ange Pitou, chansonnier et journaliste contre-révolutionnaire.

1768   Découverte de gisements de kaolin à Saint-Yrieix qui permettront la fabrication de la porcelaine de Limoges.
Dupont de Nemours : *Physiocratie*.
Quesnay : *La Physiocratie*.
Monge : *Géométrie descriptive*.
Grétry : *Le Huron*, opéra-comique.
Libération de Marie Durand (protestante) après 38 ans de captivité.

1768-1781 Carmontelle : *Proverbes dramatiques*.

1769   Disette.
Suppression de la Compagnie des Indes.
Monsigny : *Le Déserteur*, opéra-comique.
Chappe d'Auteroche : *Voyage en Sibérie*.
Diderot : *Le Rêve de d'Alembert* (publié en 1830).

1770   Crise économique.
Crue de la Garonne.
Découverte de la grotte des Demoiselles.
Affaire Montbailli.
« Fardier » de Cugnot, ancêtre de l'automobile.
Epidémie de variole.
Bougainville : *Voyage autour du monde*.
Fragonard : *Les Marionnettes*.
Feu d'artifice tragique, place de la Concorde à Paris : 133 morts.
Café d'Apollon à Paris, le premier à présenter des attractions.
D'Holbach : *Le Système de la nature*.
Abbé Raynal : *Histoire philosophique et politique des*

établissements et du commerce des Européens dans les deux Indes.

Mme de Caylus : *Souvenirs* (fin XVII*e*), posthume.

L.-S. Mercier : *L'An 2440 ou rêve s'il en fut jamais.*

1770-1778 Ledoux : château de Bénouville.

1770-1806 Rose Bertin, modiste de Paris et de Marie-Antoinette.

1770-1836 A. Reicha, flûtiste, compositeur, théoricien, professeur de contrepoint et de fugue.

1770-1846 Ouvrard, banquier de Napoléon.

1771   Abolition du servage en Savoie.

Watelet : *Observations sur le jardinage moderne.*

Soufflot détruit le tympan du porche central de Notre-Dame de Paris pour le dais des processions.

Fragonard : *Les Lettres d'amour.*

1771-1772 Marion-Dufresne et Crozet naviguent dans les mers australes (Australie, Nouvelle-Zélande, Guam...),

1771-1773 Kerguelen navigue dans les mers du Sud.

1771-1867 Café des Aveugles au Palais-Royal.

15

L'ÈRE DES SAVANTS
1772-1819

1772   Lagrange : *Addition à l'algèbre d'Euler.*
        Début des travaux de Lavoisier.
        Naissance de Geoffroy Saint-Hilaire.
        Naissance de Broussais.
        Kerguelen découvre les îles Kerguelen (Antarctique).
        Marion-Dufresne et Crozet découvrent les îles Marion
        et Crozet (Antarctique).
        La veuve Clicquot-Ponsardin crée sa marque de
        champagne.
        Diderot : *Regrets sur ma vieille robe de chambre ;
        Ceci n'est pas un conte ; Le Supplément au voyage
        de Bougainville* (publié en 1796).
        Helvetius : *De l'homme, de ses facultés intellectuelles
        et de son éducation.*
        Cazotte : *Le Diable amoureux*, récit fantastique.
        Parution des volumes de planches de *L'Encyclopédie.*
1772-1776 J.-J. Rousseau : *Dialogues.*
1772-1827 A. Désaugiers, chansonnier et vaudevilliste.
1773   Japy crée un atelier d'horlogerie à Montbéliard.
        Ledoux : salines d'Arc-et-Senans.
        Diderot : *Jacques le fataliste ; Paradoxe sur le comé-
        dien.*
        Création du Grand-Orient de France.
1773-1780 Louis : Grand-Théâtre de Bordeaux.
1773-1827 Surcouf, corsaire.
1773-1844 Pixérécourt, maître du mélodrame.
1774   Turgot permet la libre circulation des grains.
        Découverte de l'oxygène par Lavoisier (et Scheele et
        Priestley).
        Lavoisier : *Opuscules chimiques et physiques.*
        Anonyme : *Les Plus Secrets Mystères des hauts grades
        de la maçonnerie dévoilés.*
1774-1780 Diderot : *Eléments de physiologie.*

1774-1851 Spontini, compositeur.

1775-1790 Crise économique, disette à Paris.

1775   Naissance d'Ampère.

Didot, instaure le point comme unité de mesure des caractères d'imprimerie.

Trésaguet propose des chaussées de pierres concassées et tassées (origine des revêtements modernes).

Fragonard : *Les Baigneuses.*

Chardin : *Autoportrait.*

Gossec : *Philémon et Baucis.*

C. de Saint-Martin : *Des erreurs et de la vérité.*

Beaumarchais : *Le Barbier de Séville.*

Rétif de la Bretonne : *Le Paysan perverti.*

v. 1775 Lhomond : *De viris illustribus urbis Romae*, manuel de latin utilisé encore au xxe siècle.

1775-1778 Le Camus : pagode de Chanteloup.

1775-1834 Boieldieu, compositeur.

1775-1845 De Girard, inventeur de la filature mécanique du lin.

Hiver rigoureux.

1776   Procès Lally-Tollendal, ex-gouverneur des Indes.

Suppression de la corvée pour les paysans.

Création de la Caisse d'escompte de Paris.

Daubenton crée la race mérinos.

Premiers rails métalliques fabriqués en France.

Promenade du Peyrou à Montpellier.

Gluck : *Alceste.*

Le duc de Chartres organise la première course de chevaux, à Paris.

Abbé Mably : *De la législation ou principe des lois.*

Rétif de la Bretonne : *La Paysanne pervertie.*

Boncerf : *Les Inconvénients des droits féodaux.*

v. 1776 Houdon : *Diane.*

1776-1778 Rousseau : *Rêveries d'un promeneur solitaire.*

1776-1831 Sophie Germain, mathématicienne.

1776-1853 Construction du port de Cherbourg.

av. 1777 Destruction du maître-autel de la cathédrale de Noyon par son évêque.

1777   Législation sur la propriété littéraire et les droits d'auteur.

Crise du vignoble.

Création du mont-de-piété de Paris.

Création de l'école de Guerre à Paris.

Erard réalise le premier pianoforte.

Lavoisier : *Théorie de la combustion des acides et analyse de l'air.*

Coulomb : *Recherches sur la meilleure manière de fabriquer les aiguilles aimantées.*

Le comte d'Artois crée des forges à Vierzon.

Bonnemain réalise au château du Pecq la première installation connue de chauffage central à eau chaude.

Marquis de Ducrest : *Essai sur les machines hydrauliques.*

Gluck : *Armide,* opéra.

Création du *Journal de Paris,* le premier quotidien français.

Bachaumont : *Mémoires secrets pour servir à l'histoire de la république des lettres.*

à p. 1777 Lutte entre gluckistes et piccinistes.

1777-1835 Dupuytren, chirurgien.

1777-1843 De Dombasle, agronome, inventeur d'une charrue.

1777-1859 Gagniard de la Tour, inventeur de la sirène.

1778   Moheau : *Recherches et Considérations sur la population de la France.*

Présentations à Paris du « magnétiseur » allemand Mesmer.

Les frères Périer créent la compagnie des Eaux de Paris.

Traité d'amitié et de commerce avec les Etats-Unis.

Fabrication de l'eau de Javel à Paris.

Naissance de Gay-Lussac.

Barré : château du Marais.

Mort de Lemoyne, sculpteur.

Mozart à Paris.

Andréa de Nerciat : *Félicia,* roman licencieux.

Marmontel : *Les Incas ou la destruction de l'empire du Pérou.*

Voltaire : *Irène,* tragédie.

Restif de la Bretonne : *La Vie de mon père.*

Couronnement de Voltaire à la Comédie-Française.

Les Rosati, société littéraire d'Artois.

Mort de Voltaire, de J.-J. Rousseau.

1779   Abolition du servage dans les domaines royaux.
        Coulomb : *Théorie des machines simples.*
        Château de Saverne.
        Bellanger : château de Bagatelle (en 64 jours).
        Gluck : *Iphigé en Tauride.*
        Mort de Chardin.

1779-1847 Mlle Mars, comédienne.

1780   Abolition de la « question préparatoire ».
        Laplace et Lavoisier fondent la calorimétrie et
        concluent que la respiration est une forme de combus-
        tion.
        Orgue de l'église de la Porta (Corse).
        Naissance d'Ingres.
        Marie Leprince de Beaumont : conte *La Belle et la
        Bête.*

v. 1780 L'abbé Prunis découvre le manuscrit du *Journal de
        voyage* (1580-1581) de Montaigne (Italie, Suisse,
        Allemagne).

1781   Le bandit de l'Esterel, Gaspard de Besse, est roué
        vif.
        Premiers trottoirs à Paris, rue de l'Odéon.
        De Laborde : *Description de la France.*
        Naissance de Laennec.
        Création de l'usine du Creusot.
        David : *Bélisaire reconnu par un soldat.*
        Houdon : *Buste de Voltaire.*
        Mercier : *Tableau de Paris.*
        Rétif de la Bretonne : *La Découverte australe par un
        homme volant.*

1782   L'abbé Haüy bâtit l'hypothèse réticulaire en cristallo-
        graphie.
        Joseph Montgolfier invente le ballon à air chaud.
        Peyre-Wailly : théâtre de l'Odéon (Paris).
        Inauguration de l'Opéra-Comique (Paris).
        Choderlos de Laclos : *Les Liaisons dangereuses.*
        Comte de Choiseul-Gouffier : *Voyage pittoresque de la
        Grèce.*

1782-1784 Mique : le hameau de la reine à Trianon (Ver
        sailles).

1782-1871 Auber, compositeur.

1783   Crue de la Garonne.
       Création de l'Ecole nationale supérieure des mines de
       Paris.
       Création des « caractères Didot ».
       Lavoisier (et Cavendish) : *Analyse de la composition
       de l'eau.*
       Romé de l'Isle : *Loi de constance des angles des
       cristaux.*
       Jouffroy d'Abbans invente le « pyroscaphe », premier
       bateau à vapeur ayant effectivement navigué (Lyon).
       Première ascension publique des frères Montgolfier en
       ballon à Annonay.
       J. Charles et les frères Robert font une ascension
       dans le premier ballon à hydrogène (Paris).
       Pilâtre de Rozier et le marquis d'Arlandes effectuent
       un trajet en ballon au-dessus de Paris.
       Charles et Robert font le trajet Paris-Nesle en ballon
       à hydrogène.
       Pajou : *Psyché abandonnée.*
       David : *La Douleur d'Andromaque.*
       Cirque Razade, premier cirque permanent à Paris.
       Mort de Perronneau, peintre,
       Naissance de Stendhal.
ap. 1783 Cirque olympique Franconi à Paris.
1783-1785 Lavoisier : *Etude de la chaleur animale.*
1783-1788 Buffon : *Histoire complète et scientifique de la
       nature.*
1783-1817 Lamarck-Poiret : *Encyclopédie botanique et illus-
       tration des genres.*
1783-1853 Bal de la Grande-Chaumière à Paris.
1784   Inondations.
       Mort du comte de Saint-Germain, aventurier.
       Necker : *De l'administration des finances de la France.*
       Janvier, horloger du roi, met au point une horloge
       astronomique et une horloge géographique.
       Quatre femmes nobles montent en ballon captif, pour
       la première fois.
       Grétry: *Richard Cœur de Lion,* opéra-comique.
       Naissance de François Rude.
       Beaumarchais : *Le Mariage de Figaro.*
       Rivarol : *Discours sur l'universalité de la langue fran-
       çaise.*

Berquin : *L'Ami des enfants,* manuel de lecture.

Mort de Diderot.

1784-1791 Ledoux : enceinte des Fermiers-Généraux à Paris.

1784-1833 M.-A. Carême, cuisinier de Talleyrand et auteur d'ouvrages de cuisine.

1785   Le Vaillant présente pour la première fois une girafe aux Parisiens.

Berthollet découvre l'ammoniaque.

Mort de Pilâtre de Roziers en tentant de traverser la Manche en montgolfière à hydrogène.

Naufrage de la Pérouse.

Blanchard et Jeffries (américain) traversent la Manche en ballon.

Houdon : statue de Washington.

David : *Le Serment des Horaces.*

Mort de Pigalle.

Sade : *Les Cent Vingt Journées de Sodome.*

Chénier : *Première Idylles* et *Elégies.*

Choderlos de Laclos : *De l'éducation des femmes.*

1785-1786 « Affaire » du collier. Cagliostro à Paris.

1785-1787 Construction des flèches de la cathédrale de Tréguier.

1785-1788 Voyages de La Pérouse dans le Pacifique.

1785-1789 Coulomb : *Mémoires sur l'électro-dynamique.*

1785-1847 Cabinet Curtius (figures de cire), ancêtre du musée Grévin et du musée Tussaud de Londres.

1786   Traité de commerce franco-anglais.

Première ascension du mont Blanc par deux chamoniards, Balmat et Paccard.

Dalayrac : *Nina ou la folle par amour,* créé par Mme Dugazon (air : « Quand le bien-aimé reviendra »).

Monvel : *Les Amours de Bayard.*

1786-1790 Louis : salle de la Comédie-Française à Paris.

1786-1798 La Harpe : *Cours professés au Lycée.*

1786-1853 Arago, savant.

1786-1889 Chevreul, chimiste.

1787   Edit de tolérance envers les protestants.

David : *Socrate prenant la ciguë.*

Sade : *Justine ou les Infortunes de la vertu.*

Mlle Aïssé : *Correspondance.*

Mercier : *La Brouette du vinaigrier,* drame.

Marmontel : *Eléments de littérature.*
Bernardin de Saint-Pierre : *Paul et Virginie.*
Volney : *Voyage en Syrie et en Egypte.*
Carrère : *Voyage pittoresque de la France.*
Débuts de Talma au Théâtre-Français.

1787-1789 Louvet de Couvray : *Les Amours du chevalier de Faublas.*

1787-1848 Letronne, numismate, épigraphe, archéologue.

1787-1867 Mlle George, actrice.

1788   Gelées, orages, mauvaises récoltes, disette.
Abolition de la « question » préalable.
Fondation de la société des « Amis des Noirs » par Brissot.
Création de la Société philomatique (la plus ancienne société scientifique pluridisciplinaire).
Maréchal : *Almanach des honnêtes gens.*
Les droits civils sont étendus aux non-catholiques.
Lavoisier, Berthollet, Morvan, Fourcroy : *Méthode de nomenclature chimique.*
Lagrange : *Mécanique analytique.*
Brémontier commence à fixer les dunes des Landes en plantant des pins (opération qui durera jusqu'en 1867).
Naufrage de *L'Astrolabe* et de *La Boussole* de La Pérouse en Mélanésie.
Naissance de Fresnel, physicien.
Mort de M. Quentin de La Tour.
Barthélemy :*Voyages du jeune Anacharsis.*
Restif de la Bretonne : *Les Nuits de Paris.*
Mort de Buffon.

1788-1868 Boucher de Perthes, premier préhistorien français.

1789   La France estimée à vingt-quatre millions d'habitants.
Hiver rigoureux.
Division de la France en départements.
Création des Archives nationales.
Lavoisier : *Traité élémentaire de chimie.*
Jussieu : *Genera plantarum.*
Parmentier : *Traité sur la culture et les usages de la pomme de terre.*
David : *Le Serment du Jeu de paume.*
Mort d'Horace Vernet.

Démolition de la Bastille par Palloy et vente des pierres.

Marie-Joseph Chénier : *Charles IX*, tragédie.

Mort d'Holbach.

1789-1791 Desmoulins rédige le *Journal les révolutions de France et de Brabant*.

1789-1793 Marat rédige le journal *L'Ami du peuple*.

1789-1840 Succès de la voyante Mlle Lenormand (Paris).

1789-1848 Journal : *Le Moniteur universel*, organe officiel du gouvernement.

1789-1944 *Le Journal des débats*, quotidien.

1790 Premier recensement des Français, incomplet et perdu.

Plantation du premier arbre de la liberté (Périgord).

Constitution civile du clergé.

Suppression des ordres monastiques, des haras, etc.

Fête du Champs-de-Mars (Paris).

Leblanc : *Procédé de préparation de la soude*.

Lavoisier : premiers travaux sur la physiologie animale et sur la respiration, la transpiration.

Jussieu réorganise le Jardin des Plantes.

Le comte de Séverac invente le célérifère, ancêtre de la bicyclette.

Naufrage du *Télémaque*, à Quillebeuf, avec peut-être les joyaux de la Couronne.

L'Enfant dresse le plan de Washington.

Exposition Houdon.

Lenoir crée le musée des Monuments français.

Chanson : « Ça ira ».

André Chénier : *Avis au peuple français sur ses véritables ennemis*.

Fabre d'Eglantine : *Le Philinte de Molière*.

Hébert rédige le journal *Le Père Duchesne*.

Débuts de la gravure en couleurs dans les livres.

Naissance de Lamartine.

v. 1790 Fragonard : *Le Baiser à la dérobée*.

1790-1793 Marchand, commerçant, navigue dans le Pacifique.

1791 Déclaration des droits de l'homme.

Déclaration des droits de la femme et de la citoyenne (d'Olympe de Gouges).

Abolition de la torture.

Premières malles-poste.

Loi Le Chapelier.

Unification du droit.

L'Académie des sciences établit le système métrique.

Liberté de commerce.

Hubert découvre le vol nuptial des abeilles.

Chappe procède à ses premiers essais de télégraphe optique.

Mort de Falconnet.

Naissance de Géricault.

Destruction de l'abbaye Saint-Martial de Limoges.

Naissance de Hérold, compositeur.

Marie Harel met au point le procédé de fabrication du camembert.

Lavoisier : *De la richesse territoriale du royaume.*

Volney : *Ruines ou méditations sur les révolutions des empires.*

1791-1792 Chateaubriand en Amérique.

1791-1793 D'Entrecasteaux navigue dans les mers australes.

1791-1832 Bazard, saint-simonien et introducteur de la « charbonnerie » en France.

1791-*v.* 1840 Bobèche, pitre.

1791-1864 Meyerbeer, pianiste et compositeur.

1792   La tenue de l'état civil est retirée au clergé.

Adoption de la guillotine.

Le prélat Lamourette, député, déclenche un rapprochement temporaire entre les députés (baiser Lamourette !).

Vol au Garde-meuble national des diamants de la Couronne (Régent, diamant bleu, etc.).

Introduction d'animaux au Jardin des Plantes (réservé auparavant aux végétaux).

A. Young (anglais) : *Voyage en France.*

Démolition du château de Madrid, de Choisy-le-Roi, etc.

Le palais du Louvre devient musée.

Rouget de Lisle : « La Marseillaise ».

Chanson : « La Carmagnole ».

Florian : *Fables.*

Marie-Joseph Chénier : *Caïus Gracchus,* drame.

Ducis : *Othello.*

Beaumarchais : *La Mère coupable.*

1792-1795 Marmontel : *Mémoires.*

1792-1845 Charlet, peintre et lithographe.

1793   Crise économique, rationnement.

      Instruction primaire gratuite et obligatoire.

      Instauration du calendrier révolutionnaire.

      Premiers cigares fumés en France (capture d'un vaisseau en transportant).

      Premières installations officielles de télégraphe Chappe.

      Création du Museum d'histoire naturelle.

      Ouverture du musée du Louvre au public.

      David : *Marat expirant.*

      Profanation des tombeaux royaux à Saint-Denis.

      Profanation d'églises.

      Destruction de l'abbaye de Jumièges, de la chartreuse de Champmol, des statues de Notre-Dame de Paris, du château de la Ferté-Vidame, fonte des statues de bronze, etc.

      Mme Roland : *Mémoires.*

av. 1794 Florian-Martini : *Plaisir d'amour.*

1794   Suppression de l'esclavage.

      Fête de l'Etre Suprême (Paris).

      Création de l'Ecole centrale des travaux publics (future Polytechnique).

      Création de l'Ecole normale supérieure.

      Le français devient obligatoire pour les actes publics.

      Explosion de la poudrière Dupleix à Paris.

      Méfaits des « compagnons de Jéhu ».

      Utilisation des ballons captifs à la bataille de Fleurus.

      Creusement du canal du Centre.

      Télégraphe Chappe entre Paris et Lille.

      Legendre : *Eléments de géométrie.*

      Mort de Lavoisier.

      Marie-Joseph Chénier et Méhul : « Le chant du départ ».

      André Chénier : *Iambes.*

      Xavier de Maistre : *Voyage autour de ma chambre.*

      Condorcet :*Esquisse d'un tableau des progrès de l'esprit humain.*

      Restif de la Bretonne : *M. Nicolas ou le cœur humain dévoilé.*

Mort de Mme Necker, Florian, Chénier, Condorcet. Episode des carmélites de Compiègne.

1794-1795 Très grand froid à Paris.

1794-1799 « Règne » des Incroyables et des Merveilleuses.

1795 Création de l'Académie des sciences morales et politique.

Création du bureau des longitudes.

Création du Conservatoire de musique (futur institut national de musique).

Sade : *La Philosophie dans le boudoir.*

Création de l'Institut de France ; de l'Ecole des langues orientales.

1795-1800 Méfaits des bandes de « chauffeurs ».

1796 Affaire du Courrier de Lyon.

Laplace : *Exposition du monde solaire.*

Lagrange : *Essai d'arithmétique politique.*

Cuvier fonde la zoologie comparée.

Création de la division météo à l'Observatoire de Paris.

Premier atelier de lunetterie à Morez.

Création du ministère de la Police générale.

Maillot : *Madame Angot ou la poissarde parvenue,* comédie.

Naissance de Corot.

Bernardin de Saint-Pierre : *Harmonies de la nature.*

Mme de Staël : *Des passions.*

De Bonald : *Théorie du pouvoir politique et religieux.*

Diderot : *Jacques le fataliste* (posthume) ; *La Religieuse* (posthume).

1796-1831 Debraux, chansonnier.

1796-1846 Le Mime Debureau.

1796-1864 Le « Père » Enfantin, saint-simonien.

1797 Lagrange : *Théorie des fonctions analytiques.*

Lamarck : *Mémoire de physique.*

Lenoir et Richard : premier métier à tisser le coton.

Garnerin s'élève en ballon à 1 000 mètres et descend pour la première fois en parachute.

Cherubini : *Médée,* opéra.

Expulsion définitive des comédiens italiens.

Chateaubriand : *Essai sur les révolutions.*

Lemercier : *Agamemnon,* tragédie.

Naissance de Vigny.

1797-1799 Barruel : *Mémoire pour servir à l'histoire du jacobinisme.*

1797-1809 Démolition du château de Gaillon par Darcy.

1798   Legendre : *Théorie des nombres.*

       Lacépède : *Histoire naturelle des poissons.*

       Vauquelin découvre le béryllium sous la forme d'oxyde métallique.

       Gérard : *Psyché et l'Amour.*

       Gros : *Bonaparte au pont d'Arcole.*

       Naissance de Delacroix.

       Pixérécourt : *Victor.*

       Naissance de A. Comte, Michelet.

1798-1801 Expédition scientifique en Egypte (Monge, Denon, etc.).

1798-1823 Destruction de l'abbaye de Cluny.

1798-1825 Laplace : *Mécanique céleste.*

1798-1849 Marie Dorval, actrice.

1798-1814 Edouard de Beaumont, géologue.

1798-1889 Café Tortoni (glacier), boulevard des Italiens (Paris).

1799   Création de la direction des Contributions directes.

       Monge : *Traité de géométrie descriptive.*

       Lagrange : *Leçons sur le calcul des fonctions.*

       Cabanis : *Traité du physique et du moral de l'homme.*

       Dépôt des étalons du système métrique à Sèvres.

       Lebon met au point l'éclairage au gaz.

       Découverte de la « pierre de Rosette » en Egypte.

       David : *L'Enlèvement des Sabines.*

       Début de la vogue de la rose en France grâce à Cochet, rosiériste de Bougainville.

       Fulton introduit le « panorama » en France.

       Démolition du château de Sceaux par le Malouin Lecomte.

       La Harpe : *Lycée.*

       Naissance de Balzac.

       Mort de Beaumarchais.

       Réouverture des églises le dimanche.

av. 1800 *Manuel du voyageur à Paris.*

1800   Création des préfets de la Seine et de Police.

       Création de la Banque de France.

       Haüy : *Traité de minéralogie.*

Lamarck : *Discours d'ouverture de l'An III sur le transformisme.*

Bichat : *Recherches physiologiques sur la vie et la mort.*

Début de la fabrication de la mousseline à Tarare.

David : *Bonaparte franchissant le col du Saint-Bernard ; Madame Récamier.*

Boieldieu : *Le Calife de Bagdad.*

Delille : *L'Homme des champs.*

Mme de Staël : *De la littérature.*

XVIIIᵉ siècle Renaissance du vignoble de Beaujolais.

Chansons : « J'ai du bon tabac » ; « Y'avait dix filles... » ; « Trois Jeunes Tambours » ; « Cadet Rousselle » ; « Il était une bergère » ; « Les Filles de La Rochelle » ; « A la claire fontaine ».

Création de la bibliothèque de l'Arsenal (Paris).

Création de l'imagerie d'Epinal (Pellerin).

1800-1802 Baudin explore l'Australie.

1800-1805 Cuvier : *Leçons d'anatomie comparée.*

Signature du Concordat.

Premier recensement publié (27 349 000 h.).

Existence légale du système métrique.

Lalande : *Histoire céleste française.*

Delessert crée la première filature de coton.

Fulton, en baie de Camaret, fait des essais de torpillage avec un sous-marin.

Bichat : *Anatomie générale.*

Exposition des produits de l'industrie au Louvre.

Pixérécourt : *Coelina.*

Picard : *La Petite Ville.*

Chateaubriand : *Atala.*

Schisme de la « petite église » en Poitou.

1801-1808 Pont des Arts, à Paris, le premier pont en fer de France.

1802 Débuts de l'inspection hygiénique des maisons closes.

Crise économique.

Delessert crée la première usine de sucre de betteraves.

Gay-Lussac : *Lois de la dilatation des gaz.*

Mort de Bichat.

Gérard : *Mme Récamier.*

Construction du château Margaux célèbre par son vignoble.

Destruction des ruines subsistant de Saint-Martin de Tours.

Mme de Staël : *Delphine.*

Chateaubriand : *Le Génie du christianisme.*

De Bonald : *La Législation primitive.*

Naissance de Victor Hugo, d'Alexandre Dumas.

Institution des lycées.

v. 1802 Casaurane de Lanne adopte en quatrains basques « La pastorale mardygras ».

1802-1810 Gayant construit le souterrain-canal de Riqueval.

1802-1855 Froment-Meurice, orfèvre romantique.

1803   Interdiction des coalitions ouvrières.

Obligation du livret ouvrier.

Débuts du chapeau haut de forme.

J.-B. Say : *Traité d'écomonie politique.*

Lamarck : *Recherches.*

Carnot : *Réflexions sur la métaphysique du calcul infinitésimal ; Essai sur les transversales.*

Fulton fait naviguer à Paris une embarcation à vapeur.

Naissance de Berlioz.

Grimod de la Reynière, première édition annuelle de *L'Almanach des gourmands* (jusqu'en 1812).

Maine de Biran : *Influence de l'habitude sur la faculté de penser.*

Chamfort : *Pensées, maximes et anecdotes.*

Naissance de Prosper Mérimée.

Mort de Choderlos de Laclos, de La Harpe.

Création de l'école de Saint-Cyr (militaire).

1803-1856 Adam, compositeur.

ap. 1803 *Description de l'Egypte.*

1804   Code civil.

Lalande : *Bibliographie astronomique.*

Gay-Lussac monte en ballon libre avec Biot.

Gros : *Les Pestiférés de Jaffa.*

Lesueur : *Les Bardes.*

Ledoux : *L'Architecture considérée sous le rapport des arts, des mœurs et de la législation.*

Fondation des « Bergers de Syracuse », la première « goguette ».

Chateaubriand : *René.*

Senancour : *Oberman.*
Fourier : *Harmonie universelle.*
Naissance de Sainte-Beuve, George Sand.
Fondation du collège Stanislas (Paris).

1805   Jacquart invente un métier à tisser.
Ingres : *Mlle Rivière.*
Mort de Greuze.

1805-1807 David : *Le Sacre de Napoléon.*

1805-1812 Route de la Grande Corniche.

1805-1865 Christofle, industriel et orfèvre.

1805-1871 Robert Houdin, prestidigitateur et horloger.

1806   Crise financière (Ouvrard).
Le catéchisme impérial.
L'amiral Beaufort propose son échelle de force des vents.
Retour au calendrier grégorien.
Création du conseil des prud'hommes.
Essor de la betterave sucrière.
Création du haras de Tarbes.
Exposition industrielle de Paris.
Docteur Caron : *La Toilette des dames ou encyclopédie de la beauté.*
Mort de Coulomb.
Gay-Lussac atteint 7 016 mètres en ballon libre.
Vignon commence la Madeleine (Paris).
Percier et Fontaine, arc de triomphe du Carrousel.
Destruction du château de Marly.
Ingres : *La Belle Zélie.*
Mort de Fragonard.
Mort de Rétif de la Bretonne.

1806-1836 Chalgrin : Arc de Triomphe de l'Etoile.

1806-1871 Anicet-Bourgeois, mélodramaturge (*le Bossu*).

1807   Statut des Juifs.
Création de la Cour des comptes.
Loi sur le cadastre communal.
C. Dupin dirige les travaux du port de Corfou.
Arago : *Principe du sondeur acoustique* (mer).
Méhul : *Joseph.*
Mme de Staël : *Corinne.*

1808   Création de la noblesse impériale.
Création des palmes académiques.

Code d'instruction criminelle.

Canova : *Pauline Borghèse*.

Ingres : *La Grande Baigneuse*.

Girodet : *Atala portée au tombeau*.

Gros : *Le Cimetière d'Eylau*.

Grimod de la Reynière : *Le Manuel des Amphitryons*.

Mort de Hubert Robert.

Naissance de Daumier.

Napoléon crée l'Université.

Premier baccalauréat moderne.

Les Archives s'installent au palais Soubise.

L'Imprimerie impériale s'installe au palais Rohan (jusqu'en 1925).

Naissance de Gérard de Nerval, de Barbey d'Aurevilly.

1808-1819 Gall : *Anatomie et physiologie du système nerveux*.

1808-1826 Brongniart : Bourse de Paris.

1809   Lamarck : *Philosophie zoologique* (introduction du terme invertébré).

Biot mesure la propagation du son dans les solides.

Fabrication des premières allumettes au monde, à Paris.

Appert dépose un brevet sur les conserves.

Carnot: *De la défense des places fortes*.

Mort de Pajou.

Chateaubriand : *Les Martyrs*.

Lemercier : *Christophe Colomb*, comédie shakespearienne.

Naissance de Proudhon.

Constitution de la société secrète des Chevaliers de la foi.

1809-1813 Pont d'Iéna à Paris.

v. 1810 Apparition du « pantalon » féminin (sous-vêtement).

1810   Monopole d'Etat sur l'achat, la fabrication et la vente de tabac.

Code pénal.

Fourier : *Séries trigonométriques*.

Malus-Arago : *Polarisation de la lumière*.

Cuvier et Brongniart étudient les fossiles de la région parisienne.

Delambre : *La Base du système métrique décimal*.

Appert : *Livre de tous les ménages, l'art de conserver pendant plusieurs années toutes les substances animales et végétales.*

Les frères Peugeot créent une fonderie d'acier près d' Montbéliard.

De Girard : machine à filer le lin.

Colonne Vendôme (Paris).

David : *Distribution des aigles.*

Mme de Staël : *De l'Allemagne.*

Naissance d'Alfred de Musset.

Exil des treize « cardinaux noirs ».

1810-1814 Le comte de Tournon assèche les Marais Pontins (Italie).

1810-1857 Béranger : *Chansons.*

1810-1884 Fanny Essler, danseuse.

1811   Courtois : découverte de l'iode.

Chevreul : débuts des travaux sur les corps gras.

Legallois localise, pour la première fois, un centre physiologique dans le cerveau.

Napoléon fait ouvrir la route carossable du mont Cenis.

Fouilles de Penhoët et Renaud à Locmariaquer (dolmens de la « Table des marchands » et des « Pierres plates »).

Canova : *Napoléon* (Milan).

Chateaubriand : *L'Itinéraire de Paris à Jérusalem.*

Maine de Biran : *Considérations sur les rapports du physique et du moral de l'homme.*

Naissance de Théophile Gautier.

1811-1882 Louis Blanc, socialiste.

1812   Laplace : *Théorie analytique des probabilités.*

Cuvier : *Discours sur les révolutions du globe.*

C. Achard : *Traité complet sur le sucre européen de betterave.*

Géricault : *Officier de la garde impériale chargeant.*

Fondation du music-hall Bobino (Paris).

1812-1814 Cours de Guizot à la Sorbonne.

1812-1824 Cuvier : *Recherches sur les ossements fossiles.*

1813   Fresnel : débuts des travaux sur la lumière.

Naissance de Claude Bernard.

Mort de Louis de Lagrange.

Le théâtre Montansier devient un café chantant (musico-goguette).

Chanson : « Le roi d'Yvetot ».

1813-1883 Louis Veuillot, écrivain, journaliste et pamphlétaire.

1814 Presse mécanique en imprimerie.

Ampère étudie les atomes et les molécules.

Géricault : *Cuirassier blessé quittant le feu.*

David : *Léonidas aux Thermopyles.*

Ingres : *La Grande Odalisque ; Mme de Senonnes.*

Mort de Clodion, sculpteur.

Naissance de Millet.

Création du Cadre noir de Saumur.

Chateaubriand : *De Bonaparte et des Bourbons.*

Mort du marquis de Sade.

Le Journal de la Corse, le plus ancien de l'île.

1815 Interdiction de la traite des Noirs (théorique pendant un certain temps).

Gay-Lussac isole le cyanogène.

Géricault : *Corps de femme sur la grève.*

Carême : *Le Pâtissier pittoresque.*

Naissance de Labiche.

ap. 1815 Résurrection de la foi et de l'histoire nationale (culte du Moyen Age, Jeanne d'Arc, etc.).

1815-1816 Géricault : *Couple amoureux.*

1815-1822 Lamarck : *Histoire naturelle des animaux sans vertèbres.*

1815-1840 Reliure « à la cathédrale ».

1815-1878 Mme Pape-Carpantier, pédagogue (école maternelle).

1815-1914 *Le Constitutionnel,* journal libéral.

1816 Mauvaise récolte.

Création de la Caisse des dépôts et consignations.

N. Niepce obtient ses premiers négatifs.

Fabrication et importation de cigares.

Réglementation de la culture du tabac.

Cuvier : *Le Règne animal distribué d'après son organisation.*

Naufrage de la frégate *Méduse.*

Benjamin Constant : *Adolphe.*

De la Tynna : *Dictionnaire topographique, historique et étymologique de Paris.*

Création de l'Ecole des chartes.

Apparition du mot touriste.

1817 Affaire Fualdès à Rodez (meurtre d'un magistrat bonapartiste).

Louis XVIII fait à nouveau enterrer dignement les restes profanés des souverains français à Saint-Denis.

Début de l'éclairage au gaz, passage des Panoramas à Paris.

Broussais : *Examen des doctrines médicales.*

Création de l'Institut cartographique national (futur I.G.N.).

Lamennais : *Essai sur l'indifférence en matière de religion,* tome I.

Stendhal : *Rome, Naples et Florence, impressions de voyage.*

1817-1818 Destutt de Tracy : *Eléments d'idéologie.*

1817-1820 Expédition scientifique de Freycinet, Duperrey et Arago dans une circumnavigation australe.

1818 Bichat fonde l'histologie (étude des tissus).

Mort de Monge.

Géricault : *Le Radeau de la Méduse.*

Gerville baptise art « roman » le premier art médiéval.

Naissance de Gounod.

Naissance de Leconte de Lisle.

1818-1822 Geoffroy Saint-Hilaire : *La Philosophie anatomique.*

1818-1859 J.-M. Vianney est curé d'Ars.

1818-1891 J. Roumanille, poète félibre.

1819 Laennec : *Traité d'auscultation médicale et invention du stéthoscope.*

Exploitation des mines de sel lorrain.

Création de la Société royale de production de gaz.

Sophie Blanchard première victime de l'air.

Géricault : *Têtes de suppliciés.*

Naissance de Chassériau, de Courbet.

Naissance de Jacques Offenbach (à Cologne).

Chanson : « Fanfan la Tulipe ».

M. Desbordes-Valmore : *Elégies et Romances.*

Publication des œuvres d'A. Chénier (incomplètes).

Création de la « Congrégation ».

ap. 1819 Ternaux fabrique des imitations de châles de cachemire en poil de chèvre.

1819-1849 Salon littéraire de Mme Récamier à l'Abbaye-
         aux-Bois (Paris).
1819-1905 C. Juglar, économiste : découvre la périodicité des
         crises.
1820   Ampère découvre les lois fondamentales de l'électro-
         magnétisme.
         Thomas de Colmar construit la première machine à
         résoudre les quatre opérations.
         Lamarck : *Système analytique des connaissances de
         l'homme.*
         Création de la manufacture d'armes de Châtellerault.
         Emploi de la première charpente en fer importante
         pour l'hôtel de la Monnaie à Nantes.
         Création de l'Académie royale de médecine.
         Pelletier et Caventou découvrent la quinine.
         Naufrage de la frégate *Jeune-Henri* avec un fabuleux
         chargement d'or.
         Géricault : *Le Cheval effrayé ; Le Supplice.*
         Dumont d'Urville rapporte en France la *Vénus de
         Milo.*
         Fourier : *Le Nouveau Monde industriel.*
         Lamartine : *Méditations poétiques.*
v. 1820 Découverte et restauration de la mosaïque caro-
         lingienne de Germigny-des-Prés.
         Le cidre devient la boisson courante en Normandie.
         Chanson : « La Mère Michel ».
         Naissance de la « savate » (boxe).
v. 1820-1840 Style troubadour.
1820-1856 Gille, chansonnier.
v. 1820 - v. 1920 Orgue romantique.

16

BOURGEOIS ET ROMANTIQUES
1820-1850

1821   Cauchy : *Cours d'analyse.*
       Fresnel : *Premières mesures de longueurs d'ondes.*
       Malte-Brun fonde la société de géographie.
       Caillaud découvre les ruines de Méroé (Soudan).
       Géricault : *Le Derby d'Epsom.*
       Création de la Compagnie des guides de Chamonix.
       Publication posthume du *Neveu de Rameau,* de Diderot.
       J. de Maistre : *Soirées de Saint-Pétersbourg.*
       Guizot traduit Shakespeare.
       Naissance de Baudelaire, de Flaubert.
       Création de l'Ecole des Chartes.
1821-1823 Fresnel, création de l'optique cristalline, lentille à échelons.
1821-1825 Creusement des canaux de l'Ourcq, Saint-Denis et Saint-Martin.
1821-1858 Rachel, tragédienne.
1821-1881 Mariette, organisateur du musée du Caire.
1821-1910 Weckerlin, compositeur et éditeur d'airs anciens.
1822   Poncelet : *Traité des propriétés projectives des figures.*
       Fourier : *Théorie analytique de la chaleur.*
       Fresnel : *Théorie ondulatoire de la lumière, de la double réfraction.*
       Découverte des mines de bauxite aux Baux-de-Provence.
       Arago et Prony renouvellent l'expérience de 1730 entre Villejuif et Montlhéry, pour mesurer la vitesse du son.
       N. Niepce obtient ses premières images positives.
       Débuts de la faïencerie de Gien.
       Champollion déchiffre les hiéroglyphes.
       Naissance de Pasteur.
       Mort de Berthollet.

Delacroix : *La Barque du Dante.*
Naissance de César Franck.
Carême : *Le Maître d'hôtel français.*
La duchesse de Berry lance la station de Dieppe et
la mode des bains de mer.
Stendhal : *De l'amour.*
Nodier : *Trilby,* conte.
Scribe : *Valérie,* comédie.
Fourier : *Traité de l'association domestique et agricole.*
Saint-Simon : *Le Système industriel.*
Première publication des *Œuvres intégrales* de Bran-
tôme.
1822-1825 Duperrey fait le tour du monde en bateau.
Montholon : *Mémoires pour servir à l'Histoire de la
France sous Napoléon.*
1822-1826 Victor Hugo : *Odes et Ballades.*
1823   Becquerel : *Travaux sur la thermoélectrique.*
Chevreul : *Recherches sur les corps gras d'origine
animale.*
Premières bougies stéariques.
Premier éclairage au gaz attesté chez un particulier.
Début de la broderie mécanique.
Naissance de Fabre, entomologiste.
Naissance de Lalo, compositeur.
Destruction du château de Bellevue par le spécula-
teur Guillaume, destruction du château de Chanteloup
par le banquier Enfantin.
Las Cases : rédaction du *Mémorial de Sainte-Hélène.*
L. Carnot : *Mémoire sur la fortification primitive.*
Saint-Simon : *Catéchisme des industriels.*
Mélodrame : *L'Auberge des Adrets,* que fit triompher
Frédérick Lemaître.
1823-1824 *La Muse française,* périodique.
1823-1826 Rossini à Paris.
1824   S. Carnot : *Réflexions sur la puissance motrice du feu,*
et principe thermodynamique.
Arago : découverte du magnétisme de rotation.
Prévost et Dumas découvrent le rôle fertilisateur du
sperme.
Ingres : *Le Vœu de Louis XIII.*
Delacroix : *Les Massacres de Scio.*
Mort de Géricault.

Naissance de Frémiet, sculpteur.

Naissance de Boudin, peintre.

Paul-Louis Courier : *Pamphlet des pamphlets.*

Fondation de l'Ecole nationale des Eaux et Forêts de Nancy.

1824-18226 De Barante : *Histoire des ducs de Bourgogne.*

1824-1828 Goya en France (il meurt à Bordeaux en 1828).

1824-1830 Charles Nodier : salon littéraire de l'Arsenal.

Journal *Le Globe,* fondé par Dubois.

1825 De Beaumont et Dufrénoy : première carte géologique de France.

Mort de Lacépède.

Marc Seguin construit à Tournon le premier pont suspendu du monde.

Restauration des arènes d'Arles.

Mort de David.

Naissance de Bouguereau, peintre académique.

Boieldieu : *La Dame blanche.*

Naissance d'Hervé, organiste et créateur de l'opérette en France.

Mérimée : *Théâtre de Clara Gazul,* canular.

Marceline Desbordes-Valmore : *Elégies et Poésies nouvelles.*

Assassinat du pamphlétaire Paul-Louis Courier.

v. 1825 Succès des *Contes* d'Hoffmann.

1826 Ampère : *Théorie mathématique des phénomènes électrodynamiques.*

Mort de Laennec.

Corot : *Le Pont de Narmi ; Le Colisée.*

Naissance de Gustave Moreau, peintre.

Brillat-Savarin, magistrat et gastronome : *Physiologie du goût.*

Vigny : *Cinq-Mars,* roman historique ; *Poèmes antiques et modernes.*

Fondation de la maison d'édition Hachette.

Création de l'école d'agriculture de Grignon.

1826-1830 Choron fonde l'Ecole de musique classique et religieuse.

1826-1831 Chateaubriand : *Le Dernier des Abencérages ; Œuvres complètes.*

1826-1838 Publications des *Mémoires* de Casanova, rédigés en français.

1826-1853 Bellot explore les mers arctiques au nord de l'Amérique.

1827   Publication du code forestier.

Mort du bandit corse, Poli, le roi de la montagne.

Dumas : *Densité des gaz et des vapeurs.*

Ampère : *Sur la théorie des phénomènes électrodynamiques.*

Seguin : la chaudière tubulaire.

Fourneyron : La turbine hydraulique.

Flourens découvre le centre respiratoire.

Mort de Fresnel, de Laplace.

Naissance de Berthelot.

Ingres : *Apothéose d'Homère.*

Delacroix : *La Mort de Sardanapale.*

Naissance de Carpeaux, sculpteur.

Création du musée de la Marine au musée du Louvre.

Hugo : *Cromwell.*

Mérimée : *La Guzla, poèmes illyriques,* canular.

Stendhal : *Armance.*

Scribe : *Le Mariage d'argent,* comédie.

Ballanche : *Essais de palingénésie sociale.*

Représentation de *Roméo et Juliette* (Shakespeare) à Paris, par une troupe anglaise.

1827-1830 Sainte-Beuve et Hugo fondent et animent le Cénacle.

1828   Première cité ouvrière à Anzin.

Première ligne de chemin de fer, Saint-Etienne-Andrésieux, 17 km.

Début des « omnibus » à Paris.

Boucher de Perthes découvre le premier silex « préhistorique ».

Broussais : *De l'irritation et de la folie.*

René Caillé, premier Européen à entrer dans la ville sainte de Tombouctou.

Découverte des épaves des bateaux de La Pérouse à Vanikoro.

Auber et Scribe : *La Muette de Portici,* opéra.

Débuts à l'Opéra de Marie Taglioni ; cette danseuse popularisera le tutu.

Premier carrousel de Saumur par le Cadre Noir.

Mort de Houdon.

Vidocq, ancien bagnard et préfet de police : *Mémoires*.

Création de *La Revue française*.

Naissance de Jules Verne ; d'Edmond About, romancier et journaliste ; de Francisque Sarcey, critique et conférencier.

1828-1829 Villemain : *Tableau de la littérature française du XVIIIe siècle*.

1828-1967 Constitution de l'orchestre de la Société des concerts du Conservatoire.

1829 Création des « Trois-Quartiers » (Paris).

Premiers couteaux « Laguiole ».

Premiers bateaux à vapeur sur le Rhône.

Poisson : *Règles générales du calcul des probabilités*.

Dulong et Petit : *Loi sur les chaleurs spécifiques*.

Niepce : *Notice sur l'héliographie*.

Mort de Lamarck.

L'éclairage au gaz remplace l'éclairage à l'huile dans Paris.

Hugo : *Odes et Ballades*, forme définitive ; *Les Orientales ; Marion Delorme*, drame.

Dumas : *Henri III et sa cour*, drame.

Delavigne : *Marino Faliero*, drame.

Mérimée : *Chronique du règne de Charles IX*.

Janin : *L'Ane mort et la Femme guillotinée*, roman.

Sainte-Beuve : *Vie, Poésies et Pensées de Joseph Delorme*.

Création de *La Revue des Deux Mondes*.

Première édition (assez complète) des *Mémoires* de Saint-Simon.

Création de l'Ecole centrale.

ap. 1829 Cuvier : *Histoire naturelle des poissons*.

1829-1870 Prévost-Paradol, journaliste au *Courrier du dimanche* et aux *Débats*.

1829-1871 Ponson du Terrail, auteur de *Rocambole* et d'autres feuilletons.

1829-1890 Zénaïde Fleuriot, romancière.

1829-1942 Journal *Le Temps*.

1830 Création de la société des Amis du peuple ; de la Société des droits de l'homme.

« Guerre des demoiselles » dans les Pyrénées (révolte paysanne).

Apparition de la cigarette.

Evariste Galois : *Mémoire sur la résolubilité des équations algébriques.*

Geoffroy Saint-Hilaire : *Principes de philosophie zoologique.*

Controverse entre Geoffroy Saint-Hilaire et Cuvier sur le plan d'organisation des animaux.

Thimonnier invente la machine à coudre.

Fin du péril pirate en Méditerranée.

Dietz, le premier, utilise le caoutchouc pour les roues de véhicules.

Corot : *Cathédrale de Chartres.*

E. Le Poitevin : *Diableries érotiques*, lithographies.

Naissance de Pissaro.

Débuts de Daumier dans *La Silhouette.*

Guizot crée l'Ispection des monuments historiques.

Découverte d'un trésor d'argenterie romaine près de Bernay, à Berthouville.

Auber : *Le dieu et la bayadère.*

Berlioz : *La Symphonie fantastique.*

Lamartine : *Harmonies.*

Hugo : *Hernani ;* bataille d'*Hernani.*

Musset : *Contes d'Espagne et d'Italie.*

Stendhal : *Le Rouge et le Noir.*

Mérimée : *Le Vase étrusque.*

Diderot : *Le Paradoxe sur le comédien* (posthume).

Balzac : *La Maison du chat qui pelote ; Gobseck.*

Naissance de Mistral.

Nodier : « Du fantastique en littérature » dans *La Revue de Paris.*

Lamennais fonde le journal *L'Avenir.*

Carrel, Thiers et Mignet fondent le journal *Le National.*

Philipon crée le journal satirique *La Caricature.*

Création de l'Ecole navale.

Apparition de la Vierge à Catherine Labouré, à la « chapelle miraculeuse » de la rue du Bac (Paris).

v. 1830 Arago : Travaux d'optique et de magnétisme.

A. Karr et T. Gautier lancent le canotage.

Début de la danse du cancan, plus tard french cancan.

Boissonade détruit le cloître de Conques en Rouergue.

1830-1835 Corot à Barbizon.

1830-1842 Comte : *Cours de philosophie positive.*

1830-1849 Chopin en France.

1830-1880 Ecole de peinture de Lyon.

1830-1889 Olivier Métra, violoniste, chef d'orchestre et compositeur.

1830-1913 H. Rochefort, fondateur du journal *La Lanterne.*

1831 Règlement rendant les gouttières obligatoires.

Vol du trésor de Childéric à la Bibliothèque nationale.

Premier train régulier par traction à vapeur entre Lyon et Saint-Etienne.

Sauria invente les allumettes chimiques.

Delacroix : *La Liberté guidant le peuple sur les barricades.*

Barye : *Tigre dévorant un gavial.*

Meyerbeer et Scribe : *Robert le diable,* opéra.

L'institut national de musique devient le Conservatoire national de musique.

Balzac : *La Peau de chagrin.*

Hugo : *Notre-Dame de Paris ; Les Feuilles d'automne.*

Dumas : *Antony,* drame.

Sand : *Indiana.*

Michelet : *Histoire romaine.*

Brizeux : *Marie.*

Barbier : *Iambes.*

1832 Choléra à Paris.

Enfantin crée une communauté de saints-simoniens à Ménilmontant.

Evariste Galois : *Lettre à Auguste Chevalier* (groupes d'équations, etc.).

Sauvage invente l'hélice.

Découverte du tumulus de Gavrinis.

Mort de Cuvier.

Fabrication de chaussons de laine à Fougères.

Premier concours agricole (Combs-la-Ville).

Naissance de Manet.

Ingres : *M. Bertin.*

La Taglioni crée le ballet *La Sylphide.*

Hérold : *Le Pré aux clercs,* opéra.

Nodier : *La Fée aux miettes,* conte.

Vigny : *Stello.*

Gautier : *Albertus.*

Petrus Borel : *Rhapsodies.*

Dumas : *La Tour de Nesle*.

Paris publie *Berthe au grand pied*, première chanson de geste retrouvée (XIIe-XIIIe s.).

Philipon crée le journal satirique *Le Charivari* (qui durera jusqu'en 1893).

Rome condamne le journal *L'Avenir*.

1833   Crue de la Garonne.

Lord Seymour fonde le Jockey-Club.

Crimes et procès de l'« Auberge rouge ».

Loi Guizot sur l'enseignement primaire.

Kuhlmann, chimiste, trouve la préparation de l'acide sulfurique par le procédé de contact.

Raspail : *Nouveau Système de chimie organique*.

Création de la ligne ferroviaire Beaucaire-Alès.

De Blosseville dresse la carte des côtes orientales du Groenland.

Fleury : serres du Jardin des Plantes (Paris) en fer et verre.

Du Sommerard rassemble des collections à l'hôtel de Cluny.

Rude : *Jeune Pêcheur napolitain*.

Barye : *Lion dévorant un serpent*.

Carême : *Le Cuisinier parisien*.

Fondation de la Société d'encouragement du cheval.

Musset : *Les Caprices de Marianne*.

Gautier : *Les Jeunes France*.

O' Neddy : *Feu et Flammes*.

Balzac : *Eugénie Grandet*.

Sand : *Lélia*.

Scribe : *Bertrand et Raton*, comédie.

Jouffroy : *Mélanges philosophiques*.

Fondation de la société de Saint-Vincent-de-Paul par Ozanam.

1833-1836 Rude : *La Marseillaise*.

1833-1844 Michelet : *Histoire de France* (I à VI).

1833-1902 Aurélien Scholl, journaliste et humoriste.

1833-1911 A. Bailly, auteur d'un dictionnaire de grec.

1834   Choléra en Provence.

Laurent : *Théorie des substitutions dans les composés chimiques*.

Daguerre obtient les « daguerréotypes ».

Achèvement du canal de Bourgogne.

Polonceau : pont du Carrousel (Paris).
Delacroix : *Femmes d'Alger.*
Naissance de Degas.
Mérimée, inspecteur des Monuments historiques.
C.-M. Texier découvre en Anatolie les ruines hittites
de Hattusa et Yazilikaya.
Lartet commence ses fouilles préhistoriques.
Arcisse de Caumont fonde la société française d'ar-
chéologie.
Débuts de la danseuse Fanny Essler à l'Opéra.
Création de l'hippodrome de Chantilly.
Lord Brougham lance Cannes.
Balzac : *Le Père Goriot ; La Recherche de l'absolu.*
Musset : *Lorenzaccio ; On ne badine pas avec l'amour.*
Sainte-Beuve : *Volupté,* roman.
Diderot : *Est-il bon, est-il méchant ?* comédie (pos-
thume).
Lamennais : *Paroles d'un croyant.*
L.-N. et H. Bescherelle : *Grammaire nationale.*
Villeneuve-Bargemont : *Economie politique chré-
tienne.*
1834-1835 Première édition incomplète des *Historiettes* de
Tallemand des Réaux (1659).
1834-1910 Léon Walras, économiste.
1835 Fondation du « Soldat-Laboureur » (Paris).
Affaire de La Roncière.
Importation de Saint-Domingue de mimosa vers la
région de Cannes.
Rude : *Prométhée.*
Halévy-Scribe : *La Juive,* opéra ; *L'Eclair,* opéra-
comique.
Naissance de Saint-Saëns, organiste, compositeur.
Hugo : *Les Chants du crépuscule.*
Vigny : *Chatterton,* drame ; *Servitude et Grandeur
militaires.*
Gautier : *España.*
Balzac : *Le Lys dans la vallée.*
Musset : *Le Chandelier.*
Lamartine : *Voyage en Orient.*
Lacordaire : début des *Sermons* à Notre-Dame.
Création de l'agence Havas (nouvelles).

v. 1835 Jules Janin assure le feuilleton dans *Le Journal des débats* (pendant quarante ans).

1835-1837 Musset : *Les Nuits.*

1835-1840 Tocqueville : *De la démocratie en Amérique.*

1835-1889 Loyal (Monsieur Loyal), maître de manège dans deux cirques parisiens.

1836 Premier recensement quinquennal.

Girardin tue en duel Armand Carrel.

Laurent : *Théorie des radicaux chimiques.*

J.-E. et A. Schneider installant une forge au Creuzot.

Boucher de Perthes trouve la première hache « préhistorique ».

Erection de l'obélisque, offert par Mehemet Ali en 1831, place de la Concorde à Paris.

Mérimée classe et sauve l'église et les fresques romanes de Saint-Savin-sur-Gartempe.

Mort d'Ampère.

Adam : *Le Postillon de Longjumeau.*

Meyerbeer-Scribe : *Les Huguenots.*

Naissance de Léo Delibes, compositeur.

Chanson : « La casquette du père Bugeaud ».

Lamartine : *Jocelyn.*

Louise Colet : *Fleurs du midi.*

Musset : *Confession d'un enfant du siècle ; Il ne faut jurer de rien.*

Dumas : *Kean.*

Louis Desnoyers, journaliste et romancier : *Les Mésaventures de Jean-Paul Choppart.*

Publication des *Lettres italiennes* (1739-1740) du président de Brosses (posthume).

Edition « princeps » de *La Chanson de Roland* par F. Michel.

Girardin fonde le journal *La Presse.*

Parent-Duchâtelet : *La Prostitution dans la ville de Paris* (enquête sociologique).

1836-1840-1841 Cousin : *Cours de philosophie et d'histoire de la philosophie.*

1836-1848 Journal *La Gazette des femmes.*

1837 Chasles : *Aperçu historique sur l'origine et le développement des méthodes en géométrie.*

Dutrochet découvre que la chlorophylle est nécessaire à la photosynthèse.

L'invention de la galvanoplastie permet la technique des moulages.

Première ligne parisienne de chemin de fer Paris-Le Pecq.

Boucher de Perthes ouvre le premier chantier mondial de fouilles préhistoriques dans un gisement à Abbeville.

David d'Angers : fronton du Panthéon.

Berlioz : *Requiem* créé aux Invalides.

Création d'une Commission des monuments historiques pour réaliser un inventaire.

Le château de Versailles devient musée.

Invention des pommes soufflées.

Hugo : *Les Voix intérieures.*

Mérimée : *La Vénus d'Ile.*

Scribe : *La Camaraderie.*

Balzac : *César Birotteau.*

Lamennais : *Le Livre du peuple.*

1837-1854 H. Martin : *Histoire de France.*

1837-1924 Thérésa, chanteuse comique.

1838 Schwilgué : horloge astronomique de Strasbourg.

Premier trottoir asphalté (Paris).

Canal de Nantes à Brest.

Mort de Broussais.

Delacroix : *Autoportrait.*

Naissance de Sisley.

Naissance de Bizet.

Hugo : *Ruy Blas,* drame.

Vigny : *La Mort du loup.*

Balzac : *Les Employés.*

La Villemarqué : *Barzaz-Breiz,* recueil de poèmes bretons anciens.

Considérant : *Description du phalanstère et considérations sociales sur l'architectonique.*

Première école normale pour institutrices.

1838-1848 Père Huc, explorateur et missionnaire en Chine et au Tibet.

1839 Création de la société d'ethnologie de Paris.

Bayard obtient la première photographie sur papier directement positive.

Berlioz : *Roméo et Juliette,* symphonie dramatique.

Naissance de Cézanne.

Mérimée : inspection des monuments historiques en Corse.

Lamartine : *Recueillements.*

Stendhal : *La Chartreuse de Parme.*

Ravaisson-Mollien : *L'Habitude.*

Louis-Napoléon Bonaparte : *Idées napoléoniennes.*

Raspail : *Lettres sur les prisons de Paris.*

Jeanne Jugan fonde l'ordre des petites sœurs des pauvres.

Lamennais : *De l'esclavage moderne.*

1839-1849 Orbigny : *Dictionnaire universel d'histoire naturelle.*

1839-1903 Gaston Paris, critique et érudit médiéviste.

1840   Retour des cendres de Napoléon.

Système métrique obligatoire.

Affaire Lafarge (veuve accusée, à tort semble-t-il, du meurtre de son mari).

Dr Villemé : *Tableau de l'état physique et moral des ouvriers dans les fabriques de coton, de laine et de soie.*

Ruolz invente un procédé d'argenture.

Dumont d'Urville découvre la terre Adélie.

Orbigny : *L'Homme américain* (récits de ses explorations en Amérique du Sud).

Mérimée découvre le dolmen de Fontanaccia en Corse.

Delacroix : *L'Entrée des croisés à Constantinople.*

Chassériau : *Portrait de Lacordaire.*

Corot : *Le Petit berger.*

Viollet-le-Duc commence la restauration de Vézelay.

Début des grands chantiers de restauration des monuments médiévaux (châteaux, cathédrales, églises, cités, etc.).

Naissance de Monet, Rodin.

Naissance du musicien Audran.

Succès de la polka.

Mort à Caen du beau Brummel, « arbitre des élégances ».

Début de la chasse à courre au renard dans la région de Pau.

Scribe : *Le Verre d'eau,* comédie.

Hugo : *Les Rayons et les Ombres.*

Desnoyers : *Aventures de Robert-Robert.*
Guérin : *Le Centaure.*
Mérimée : *Colomba.*
Thierry : *Récits des temps mérovingiens.*
Cabet : *Voyage en Icarie* (utopie communiste).
Louis Blanc : *De l'organisation du travail.*
Louis-Napoléon Bonaparte : *De l'extinction du paupérisme.*
Flora Tristan : *Promenades à Londres.*
Naissance de Daudet, de Zola, de Villiers de l'Isle Adam.
Lacordaire restaure l'ordre des dominicains.

v. 1840 Morez lance la fabrication et la mode du pince-nez.
Suppression des châtiments corporels dans les écoles.
Jeu de cartes : le chemin de fer.
Apparition de la pyrale, maladie de la vigne.

à p. 1840 Batteuse pour les céréales.

1840-1843 Enceinte de Thiers (les « fortifs ») à Paris.

1840-1859 Sainte-Beuve :*Port-Royal.*

v. 1840-1880 Ecole de peinture de Provence.

1841 Loi interdisant le travail des enfants avant huit ans.
Premières « vespasiennes » à Paris.
Première exploitation des schistes bitumeux de l'Autunois.
Invention du marteau-pilon à l'usine du Creusot.
Strasbourg-Bâle, première voie ferrée internationale.
Adam et Gautier : ballet *Giselle,* créé par Carlotta Grisi.
Naissance de Chabrier, compositeur.
Naissance de Renoir.
Soulié : *Les Mémoires du diable,* premier roman-feuilleton (paru dans *Le Journal des Débats*).

1841-1846 Barye : *Thésée et le Minotaure.*

v. 1841-*v.* 1867 Succès de la crinoline.

1841-1870 Bazille, précurseur de l'impressionnisme.

1842 Rambuteau institue les colonnes réservées à l'affichage (Paris).
Michaux : bicyclette à pédales.
Premier accident ferroviaire entre Paris et Versailles, où périt entre autres l'explorateur Dumont d'Urville.
Naissance de Flammarion, astronome.

Ingres : *L'Odalisque à l'esclave* ; vitraux de la chapelle élevée à la mémoire du duc d'Orléans (Paris).

Mort de Mme Vigée-Lebrun, peintre.

Naissance de Massenet, compositeur.

Aloysius Bertrand : *Gaspard de la nuit.*

Sue : *Les Mystères de Paris,* feuilleton (paru dans *Le Journal des Débats*).

Musset : *Histoire d'un merle blanc.*

Scribe : *Le Verre d'eau.*

Joubert : *Pensées, Essais, Maximes.*

Quinet : *Le Génie des religions.*

Buret : *De la misère des classes laborieuses en Angleterre et en France.*

Bakounine à Paris.

Mort de Stendhal.

Naissance de Heredia, de Mallarmé.

ap. 1842 Botta, consul de France à Mossoul, commence à fouiller Khorsabad (Irak) et Ninive.

1842-1847 Montrichier construit l'aqueduc de Roquefavour pour le canal de Marseille.

1843 Crue de la Garonne.

Mort accidentelle de Léopoldine Hugo et Charles Vacquerie à Villequier.

Construction du premier barrage-vote par F. Zola, sur l'Infernet.

Premières lignes ferroviaires intérieures importantes : Paris-Orléans et Paris-Rouen.

Corot : *Les Jardins de la villa d'Este ; La Marietta, l'odalisque romaine.*

Mgr Montault, évêque d'Angers, sauve les tapisseries de l'Apocalypse en les achetant aux Domaines qui s'en débarrassaient.

Fondation de la Société des concerts de musique religieuse par le fils du maréchal Ney.

Hugo : *Les Burgraves,* drame.

Ponsard : *Lucrèce,* tragédie.

Tillier : *Mon oncle Benjamin,* roman.

Saint-Marc Girardin : *Cours de littérature dramatique.*

Reybaud : *Jérôme Paturot à la recherche d'une position sociale,* roman.

Flora Tristan : *Union ouvrière.*

1843-1845 L.-N. et H. Bescherelle : *Dictionnaire national.*

1843-1850 Labrouste : construction de la bibliothèque Sainte-Geneviève à Paris, avec le fer comme principal matériau.
1843-1896 Paul Arène, écrivain.
1844 Exposition universelle de Paris.
Institution du permis de chasse.
Première ligne de télégraphe Paris-Rouen.
Froment invente l'électromoteur.
Mort de Geoffroy Saint-Hilaire.
Viollet-le-Duc commence à restaurer Carcassonne.
Chateaubriand : *La Vie de Rancé.*
Vigny : *La Maison du berger.*
Dumas : *Les Trois Mousquetaires.*
Augier : *La Ciguë,* comédie.
Comte : *Discours sur l'esprit positif.*
Marx et Engels à Paris.
Naissance de France, de Verlaine.
1844-1845 Dumas : *Le Comte de Monte-Cristo.*
1844-1848 Chassériau : *La Paix,* fresque de la Cour des comptes.
1844-1849 Nisard : *Histoire de la littérature française.*
1844-1917 Léon Vasseur, organiste, chef d'orchestre et compositeur.
Drumont, fondateur du journal antisémite *La Libre-Parole.*
1844-1923 Sarah Bernhardt, tragédienne.
v. 1845 Le couturier Worth à Paris, créateur des mannequins et des collections.
1845 Grève des charpentiers.
Linant de Bellefonds fait des travaux d'exploration relatifs au percement du canal de Suez.
Courbet : *Le Hamac.*
Corot : *Homère et les bergers.*
Naissance de Fauré.
Début de la restauration du château de Blois.
Début de la vogue de Vittel.
Mérimée : *Carmen.*
Sand : *Le Meunier d'Angibault.*
Brizeux : *Les Bretons,* épopée rustique.
Musset : *Il faut qu'une porte soit ouverte ou fermée.*
Guizot : *Histoire de la civilisation en France.*
« Club des Haschichins » à l'hôtel Lauzun (Paris).

1845-1847 Sue : *Le Juif errant,* feuilleton.
1845-1862 Thiers : *Histoire du Consulat et de l'Empire.*
1845-1908 Paulus, chanteur de caf'conc'.
1845-1918 Vidal de la Blache, géographe.
1845-1935 Widor, organiste et compositeur.
1846   Crue de la Loire.
      Disette, crise économique.
      Elisa Roy fonde l'hôpital Lariboisière.
      Ligne de chemin de fer Paris-Lille.
      Paris dépasse le million d'habitants (1 053 897).
      Le Verrier découvre la planète Neptune.
      Boucher de Perthes : *De l'industrie primitive ou des arts à leur origine ; Antiquités celtiques et antédiluviennes.*
      Barye : *Lion assis ; Lion en marche.*
      Rude : *Hébé et l'aigle de Jupiter ; Le Réveil de Napoléon* (Fixin).
      Berlioz : *La Damnation de Faust.*
      Création de l'Ecole française d'Athènes.
      Balzac : *Le Cousin Pons ; La Cousine Bette.*
      Sand : *La Mare au diable.*
      Proudhon : *Système des contradictions économiques ; La Philosophie de la misère.*
      Naissance de Lautréamont, de L. Bloy.
1846-1903 Maurice Rollinat, poète et chansonnier.
1846-1914 Paul Déroulède, écrivain et orateur nationaliste.
1846-1916 Maspéro, égyptologue, successeur de Mariette.
1847   Mauvaise récolte, dernière disette en France.
      Epidémie qui ravage les vers à soie dans la région d'Alès (pébrine).
      Le comte d'Aure, écuyer en chef à Saumur.
      Début de l'emploi de l'anesthésie.
      Clésinger : *La Femme au serpent.*
      Rousseau à Barbizon.
      Adam : « Minuit, chrétiens ».
      Lamartine : *Histoire des Girondins.*
      Michelet : *Histoire de la Révolution.*
      Lacordaire : *Oraison funèbre du général Drouot.*
      Bugeaud : *De la colonisation en Algérie.*
1847-1852 Duquesney : gare de l'Est (Paris).
1847-1862 Louis Blanc : *Histoire de la Révolution française.*
1847-1883 Succès de « La Closerie des lilas » de Bullier.

1847-1916 E. Faguet, critique littéraire et dramatique.
v. 1848 Vogue de la guinguette à Robinson.
1848   Epidémie de choléra.

Instauration du suffrage universel.

Suppression de l'esclavage aux colonies.

Suppression de la peine de mort pour raisons politiques.

Claude Bernard trouve la fonction glycogénique du
foie.

A.E. Becquerel obtient la première photographie en
couleurs.

Du Bois-Reymond : *Investigations sur l'électricité
animale*.

Fondation de la société philotechnique (cours gratuits
pour adultes).

Millet à Barbizon.

Millet : *Le Vanneur*.

Barye : *Le Centaure et le Lapithe*.

Début du succès de Divonne-les-Bains.

Naissance de Gauguin.

Sandeau : *Mademoiselle de la Seiglière*.

H. Murger : *Scènes de la vie de Bohême*.

Veuillot directeur du journal *L'Univers*.

Apparition de la Vierge à deux enfants de la Salette.

1848-1933 Duparc, compositeur de mélodies.
1848-1942 Léon Daudet, journaliste à *L'Action française*.
1849   Epidémie de choléra.

Premier timbre français.

Première femme se présentant aux élections.

Fizeau se livre à des expériences sur la vitesse de la
lumière.

Arban franchit les Alpes en ballon.

Monnier invente le ciment armé.

Courbet : *Le Casseur de pierres*.

Mort de Chopin à Paris.

Invention de la liqueur Cointreau.

Sand : *La Petite Fadette*.

1849-1906 Brunetière, critique littéraire.
1849-1909 Goudeau, chansonnier fondateur du « Chat
Noir ».
1849-1930 Porto-Riche, dramaturge.
v. 1850 Chanson : « La Femme du roulier ».

1850   Ecole d'Harfleur : Isabey, Huet, Daubigny, Jongking, Boudin, etc.
        Boxe française.
        Une fermière du pays de Bray invente le « petit-suisse ».
        Début de la vogue de Berck, de Dinard.
1850   Loi Falloux sur l'enseignement.
        Loi Grammont sur la protection des animaux.
        Création du casier judiciaire.
        Bavais : travaux de cristallographie.
        Claude Bernard démontre le rôle du curare.
        Début d'exploitation du bassin houiller lorrain.
        Premier câble sous-marin Douvres-cap Gris-Nez.
        Mort de Gay-Lussac.
        Millet : *Le Semeur*.
        Courbet : *Un enterrement à Ornans*.
        Bourget crée la S.A.C.E.M.
        Naissance de Loti, de Mirbeau, de Maupassant.
        Mort de Balzac.
        Le Père Muard fonde l'abbaye de la Pierre-qui-vire.
        Création de l'ordre des assomptionnistes à Nîmes.
1850-1851 Corot : *La Danse des nymphes*.

17

LE COURANT RÉALISTE ET NATURALISTE
1851-1870

1851   Première femme décorée de la Légion d'honneur.
       Création des Messageries maritimes.
       Beulé fouille l'Acropole d'Athènes.
       Naissance de Vincent d'Indy, compositeur.
       Création des concerts Pasdeloup.
       Nerval : *Voyage en Orient.*
       Scribe :*Bataille de dames*, vaudeville.
       Labiche : *Un chapeau de paille d'Italie.*
       Mgr Dupanloup : *De l'éducation.*
       Cahiers du capitaine Coignet, soldat de Napoléon.
à p. 1851 Les Goncourt : *Journal.*
1851-1862 Sainte-Beuve : *Causeries du lundi.*
1851-1925 Bruand, chansonnier montmartrois.
1852   Création du Crédit foncier, du Crédit mobilier.
       Premiers branchements d'immeubles sur les égouts
       (Paris).
       Aménagement du bois de Boulogne (Paris).
       Ouverture du Bon Marché par Boucicaut, le premier
       « grand magasin ».
       Création du carnaval de Bailleul.
       Diffusion des journaux et des livres dans les gares.
       Foucault invente le gyroscope.
       Fabrication de chaussures à Fougères.
       Giffard construit le premier dirigeable à gaz (d'éclai-
       rage).
       Naissance d'H. Becquerel.
       Hittorf construit le Cirque d'hiver à Paris.
       Courbet : *Les Demoiselles de village.*
       Début de la restauration de l'abbaye de Jumièges.
       Saint-Léon : *Sténochorégraphie ou art d'écrire promp-*
       tement la danse.
       Fondation de l'école de sport de Joinville.
       Gautier : *Emaux et Camées.*

Leconte de Lisle : *Poèmes antiques.*
Dumas fils : *La Dame aux camélias.*
Labiche : *Le Misanthrope et l'Auvergnat.*
Enquête officielle sur les poésies populaires françaises.

1852-1853 Rude : le Maréchal Ney ; tombeau de Cavaignac.

1852-1855 Mission française à Babylone pour des relevés topographiques.

1852-1931 Forain, dessinateur, peintre, graveur.

1852-1935 Bourget, romancier.

1853 Choléra.
Création de la Compagnie générale des eaux.
Création de la Compagnie des bateaux à vapeur du Nord.
Haussmann, préfet de la Seine : début des grands travaux d'urbanisme à Paris (artères, égouts, squares, etc.).
Création de cités ouvrières à Mulhouse.
La Nouvelle-Calédonie devient française.
Conception du barrage-poids.
Gerhart découvre l'acide acétylsalicylique (aspirine).
Courbet : *La Fileuse endormie ; Les Lutteurs ; Les Baigneuses.*
Naissance de Van Gogh.
Massé : *Les Noces de Jeannette.*
Niedermeyer réorganise l'école de Choron.
Naissance de Messager, compositeur, chef d'orchestre.
Desrousseaux : *Le P'tit Quinquin.*
Hugo : *Les Châtiments* (Bruxelles).
Nerval : *Sylvie ; Les Chimères.*
Cousin : *Du vrai, du beau, du bien.*

1853-1854 Nerval : *Aurélia.*

1853-1855 Gobineau : *Essai sur l'inégalité des races humaines.*

1853-1914 J. Lemaître, critique littéraire.

1853-1932 R. Bazin, romancier.

1854 Dernière épidémie de choléra en France.
Création de la Compagnie générale maritime.
Sainte-Claire Deville met au point la préparation industrielle de l'aluminium en grande quantité.
Ligne ferroviaire Paris-Lyon.
Fabrication de la pipe de bruyère à Saint-Claude.

Le collège de Sorèze est repris par les dominicains, le premier directeur sera Lacordaire (1854-1861).

Baltard : les halles de Paris.

Viollet-le-Duc : *Essai sur l'architecture militaire du Moyen Age.*

Berlioz : *L'Enfance du Christ.*

Napoléon III et Eugénie lancent Biarritz.

Augier : *Le Gendre de M. Poirier*, comédie.

Barbey d'Aurevilly : *L'Ensorcelée.*

Perdiguier : *Mémoires d'un compagnon.*

Mistral fonde le Félibrige.

Création du *Figaro*, le plus ancien quotidien parisien.

Comte : *Introduction fondamentale ; Système de politique positive.*

Publication du *Journal* de Dangeau.

Première traduction des voyages d'Ibn Battuta (voyageur marocain du XIVe siècle).

ap. 1854 Renaissance de la culture provençale.

1854-1858 Deuxième machine de Marly.

1854-1859 Arago : *Œuvres complètes* (posthume).

1854-1868 Viollet-le-Duc : *Dictionnaire raisonné d'architecture.*

1854-1875 Labrouste : Bibliothèque nationale (Paris).

1854-1928 De Curel, dramaturge.

1854-1941 Julia Bartet, actrice.

1855 Crue de la Garonne.

Création des magasins du Louvre (Paris).

Classement officiel des vins français.

Naufrage de *La Sémillante* au large de Bonifacio : 750 morts.

Berthelot : travaux sur la synthèse de l'alcool.

Coignet construit la première maison en ciment armé (Saint-Denis).

Courbet : *L'Atelier du peintre ; Les Cribleuses de blé.*

Corot : *Le Repos.*

Gounod : *Ave Maria.*

Bizet : *Symphonie en do majeur.*

Berlioz : *Te Deum ; L'Impériale.*

« Les Allobroges », hymne savoyard.

Mort de Rude.

Renan : *Histoire générale et système comparé des langues sémitiques.*

v. 1855 Début de la vogue du quartier Latin à Paris.

1855-1867 Michelet : *Histoire de France.*

1855-1883 Roumanille : *Contes provençaux.*

1855-1899 E. Chausson, compositeur.

1855-1916 Verhaeren, poète.

1855-1938 Ouvrard, créateur du genre comique troupier.

1856   Crue de la Loire.

Abolition de la « course » en mer.

Création du parc de la Tête-d'or à Lyon.

Mission de Robert Houdin en Kabylie où ses talents de prestidigitateur ruinent le prestige des « marabouts » indigènes.

Création de l'Ecole de santé militaire.

Brown-Séquard : *Premières observations sur le rôle des glandes surrénales.*

Première photo aérienne de Nadar.

Ligne ferroviaire Paris-Marseille.

Ingres : *La Source.*

Doré : *Le Juif errant.*

Auber : *Manon Lescaut.*

Débuts du casino de Monte-Carlo.

Hugo : *Les Contemplations* (Bruxelles).

Tocqueville : *L'Ancien Régime et la Révolution.*

Mémoires du sergent Bourgogne, soldat de Napoléon.

1857   Aménagement du bois de Vincennes à Paris.

Premiers kiosques à journaux (Paris).

Assassinat de Mgr Sibour, archevêque de Paris.

Sainte-Claire Deville : *Théorie de la dissociation chimique.*

Pasteur démontre que la fermentation lactique est due à un organisme vivant.

Courbet : *Les Demoiselles de la Seine.*

Millet : *Les Glaneuses.*

Flaubert : *Madame Bovary* (procès).

Baudelaire : *Les Fleurs du mal* (procès).

Banville : *Odes funambulesques.*

Monnier : *Mémoires de Joseph Prudhomme.*

Fromentin : *Un été dans le Sahara.*

Féval : *Le Bossu,* roman de cape et d'épée.

Mort de Musset.

1857-1860 Vérité : horloge astronomique de Besançon.

1857-1870 Viollet-le-Duc restaure Pierrefonds.

1857-1871 Someiller perce le tunnel du Fréjus (Mont-Cenis).

1857-1915 Paul Hervieu, dramaturge.

1857-1926 Coué, psychothérapeute, inventeur de la méthode qui porte son nom.

1857-1934 Lanson, critique littéraire.

1857-1935 Lenotre, historien.

1858 Polémique entre Pasteur et Pouchet au sujet de la génération spontanée.

Introduction de l'huître portugaise en France à la suite d'un naufrage.

Création de la maison de champagne Mercier.

Mérimée : *Dictée* (Compiègne).

Carpeaux : *Jeune Pêcheur à la coquille.*

Offenbach : *Orphée aux Enfers.*

Début du caf'conc' l'Eldorado.

Chéret : premières affiches, lithographies en couleurs.

Gautier : *Le Roman de la momie.*

Dumas fils : *Le Fils naturel.*

Comtesse de Ségur : *Les Petites Filles modèles.*

Fromentin : *Une année dans le Sahel.*

Le bibliophile Jacob publie les *Œuvres complètes* de Cyrano de Bergerac.

Feuillet : *Le Roman d'un jeune homme pauvre.*

Apparition de la Vierge à Bernadette Soubirous à Lourdes.

1858-1861 Un Français de Tolède découvre des bijoux anciens, dont les couronnes wisigothiques, achetées par le musée de Cluny.

1858-1868 Guizot : *Mémoires pour servir à l'histoire de mon temps.*

1858-1875 Viollet-le-Duc : *Dictionnaire raisonné du mobilier.*

1858-1900 Samain, poète.

1858-1917 Durkheim, créateur de la sociologie.

1858-1929 Courteline, auteur comique.

1858-1932 Brieux, dramaturge.

1859 Création du Crédit industriel et commercial.

Godin fonde le familistère de Guise.

Le couturier Worth devient à la mode.

Les travaux de Boucher de Perthes sur la préhistoire sont enfin reconnus par les savants.

Duveyrier séjourne chez les Touaregs du Sahara.

Naissance de P. Curie.

Ingres : *Le Bain turc.*

Millet : *L'Angélus.*

Gounod : *Faust.*

Meyerbeer : *Le Pardon de Ploërmel.*

Orgue de Sainte-Clotilde (Paris).

Naissance de Seurat.

Mistral : *Mireille.*

Hugo : *La Légende des siècles.*

Comtesse de Ségur : *Les Vacances.*

Ponson du Terrail : *Les Exploits de Rocambole.*

Gobineau : *Trois Ans en Asie.*

Mort du curé d'Ars (J.-M. Vianney).

1859-1869 Lesseps creuse le canal de Suez.

1859-1909 Caran d'Ache, dessinateur humoristique.

1859-1938 Martel, père de la spéléologie.

1859-1941 Bergson, philosophe.

v. 1860 Construction de « Bateau-lavoir » (Montmartre).

Courbet : *Falaise d'Etretat.*

Fin de la traite clandestine des Noirs.

Chansons : « Sur la route de Louviers », « Les Trois Hussards de la Garde ».

1860 Loi sur le reboisement des montagnes.

« Affaire Jud. »

Aménagement du Jardin d'Acclimatation (Paris).

Lenoir construit un moteur à gaz.

Berthelot réalise la synthèse de l'acétylène.

Berthelot : *Chimie organique fondée sur la synthèse.*

Eiffel construit le pont de Bordeaux.

Broca : premières localisations cérébrales.

Lartet découvre le site préhistorique d'Aurignac.

Carpeaux : *Ugolin et ses enfants.*

Académie Julian (école de peinture).

Représentation de Tannhäuser (Wagner) à Paris.

v. 1860 Chanson : « Sur la route de Louviers ».

Hugo : *Le Pape et la putain,* poème érotique.

Labiche : *Le Voyage de M. Perrichon.*

Comtesse de Ségur : *Les Mémoires d'un âne.*

Naissance de Jules Laforgue, poète.

1860-1862 De Tounens crée le royaume d'Araucanie (en Patagonie).

1860-1880 Œuvres d'Erckmann et Chatrian, romanciers alsaciens.

1860-1925 Lucien Guitry, acteur.

1860-1956 G. Charpentier, compositeur.

1861   Premier signal d'alarme dans les trains.

Premier catalogue de timbres de collection.

La Compagnie générale maritime devient transatlantique (la Transat).

Robinet réalise le plan de Cabourg.

L'escroc Vrain-Lucas vend à l'académicien M. Chasles (pendant neuf ans) de faux autographes (de Jésus à Baudelaire).

Pasteur démontre l'inexistence de la génération spontanée.

Broca localise dans le cerveau le centre du langage.

Renan en mission archéologique au Liban.

Delacroix : fresques de Saint-Sulpice (Paris).

Doré : *L'Enfer de Dante*.

Le duc de Morny lance Deauville.

Johanne : *Itinéraire général de la France* (premier guide touristique).

Acquisition par l'Etat de la collection Campana (Italie).

Naissance de Maillol, Bourdelle.

Augier : *Les Effrontés*, comédie.

Labiche : *La Poudre aux yeux*, comédie.

Fromentin : *Dominique*.

Catulle Mendès, fonde *La Revue fantaisiste*.

Début de la collaboration de Meilhac et Halévy.

Première bachelière reçue.

Création de la fête des marins à Honfleur.

1861-1863 Hittorf : gare du Nord (Paris).

1861-1865 Barbey d'Aurevilly : *Les Hommes et les Œuvres*.

1861-1875 Garnier : Opéra de Paris.

1861-1930 L'Alcazar d'été, caf'conc'.

1861-1942 Journal *Le Temps*.

1861-1938 Méliès, cinéaste.

1862   Envoi d'une délégation ouvrière française à l'Internationale de Londres.

1862   Foucault : Mesure de la vitesse de la lumière.

Berthelot : synthèse de l'acétylène.

Claude Bernard : découverte du rôle des nerfs vaso-moteurs.

Découverte du tumulus Saint-Michel à Carnac.

Construction des théâtres du Châtelet et Sarah-Bernhardt à Paris.

Millet : *L'Homme à la houe.*

Daumier : *Le Wagon de troisième classe.*

Naissance de Debussy, de Delmet, auteur de chansons.

Reber : *Traité d'harmonie.*

Hugo : *Les Misérables.*

Leconte de Lisle : *Poèmes barbares.*

Flaubert : *Salammbô.*

Augier : *Le Fils de Giboyer,* comédie.

Débuts de Sarah Bernhardt au Théâtre-Français.

Naissance de Barrès, de Prévost romancier, de Maeterlinck, de Feydeau, d'Estaunié.

1862-1865 Napoléon III fait effectuer des fouilles à Alésia.

1862-1866 Mallarmé : *Poèmes du Parnasse contemporain.*

1862-1914 Déchelette, archéologue.

1862-1923 Ganne, compositeur.

1862-1927 Bigot, créateur de grès flammés.

1862-1938 Emmanuel, compositeur et défenseur de la musique modale.

1862-1954 E. Mâle, critique d'art.

1863   Fondation du Crédit lyonnais.

Voiture à gaz de Lenoir.

Beau de Rochas émet sa théorie du moteur à quatre temps (explosion).

Champoiseau découvre la *Victoire* de Samothrace et la rapporte au Louvre.

Mystification de la mâchoire préhistorique de Moulin-Quignon.

Début du phylloxera dans le Gard.

Manet : *Le Déjeuner sur l'herbe ; Olympia.*

Ingres : *Le Bain turc.*

Boudin : *La Plage à Trouville.*

Doré : *Don Quichotte.*

Berlioz : représentation partielle des *Troyennes.*

Gounod : *Mireille.*

Bizet : *Les Pêcheurs de perles.*

Mort de Delacroix.

Naissance de Signac, de Toulouse-Lautrec, de Séru-
sier, de Pierné.
Gautier : *Le Capitaine Fracasse*.
Taine : *Histoire de la littérature anglaise*.
Verne : *Cinq Semaines en ballon*.
Xavier de Ricard fonde la revue du *Progrès*.
Mort de Vigny.

1863-1866 Carpeaux : *Le Triomphe de Flore*.

1863-1870 Sainte-Beuve : *Nouveaux Lundis*.

1863-1873-1877 Littré : *Dictionnaire de la langue française*.

1863-1881 Renan : *Histoire des origines du christianisme*,
dont le premier volume est *La Vie de Jésus*.

1863-1927 Polin, comique troupier.
Xavier Privas, chansonnier.

1863-1949 Léon Frappié, écrivain populiste.

1864   Suppression du délit de coalition (grève).
Création de la Société générale.
Ducos du Hauron prend un brevet pour son appareil
à projeter des photographies animées.
Four Martin (acier).
Delamare-Debouteville : première voiture à moteur à
essence.
Doudart de Lagrée et Garnier découvrent les ruines
d'Angkor.
Rodin : *L'Homme au nez cassé*.
Manet : *Courses à Longchamp*.
Corot : *L'Etoile du berger* ; *Souvenirs de Mortefon-
taine*.
Offenbach : *La Belle Hélène*, avec Hortense Schneider.
Alphonse Karr lance la station de Saint-Raphaël.
Naissance de Ropartz, musicien.
Vigny : *Les Destinées*.
Labiche : *La Cagnotte*, comédie.
Comtesse de Ségur : *Les Malheurs de Sophie*.
Fustel de Coulanges : *La Cité antique*.
Erckmann-Chatrian : *L'Ami Fritz*.
Verne : *Voyage au centre de la terre*.
Naissance de Jules Renard, de Henri de Régnier.

à p. 1864 Le couturier Worth contribue à la disparition de
la crinoline.

1864-1867 Aménagement des Buttes-Chaumont (Paris).

1865   Reconnaissance légale du chèque.
        La France est le premier pays à signer la « convention
        de Genève » instituant la Croix-Rouge.
        Ouverture du magasin le Printemps.
        Berthelot invente le calorimètre.
        Rouqueyrol et Denayrousse inventent le scaphandre.
        Claude Bernard : *Introduction à l'étude de la méde-
        cine expérimentale*.
        De Fleury : *Etude de l'aphasie*.
        Lancement du premier paquebot *France*.
        Courbet : *Proudhon et ses enfants*.
        Manet : *Olympia* (scandale).
        Monet : *Le Déjeuner sur l'herbe*.
        Salon des refusés (peinture).
        Naissance de Paul Dukas.
        La Société hippique française organise le premier
        concours hippique.
        Hugo : *Les Chansons des rues et des bois*.
        Sully Prudhomme : *Stances et Poèmes*.
        Barbey d'Aurevilly : *Un prêtre marié*.
        Verne : *De la terre à la lune*.
        Les Goncourt : *Germinie Lacerteux*.
        Paris : *Histoire poétique de Charlemagne*.
        Zola : *Contes à Ninon*.
        Quinet : *La Révolution*.
        Mort de Proudhon.
1865-1866 Garnier et Doudart de Lagrée explorent le bassin
        du Mékong.
        Napoléon III : *Histoire de Jules César*.
1865-1867 Pasteur étudie la maladie des vers à soie.
1865-1868 Vérité : horloge astronomique de la cathédrale de
        Beauvais.
1865-1870 Grandidier explore Madagascar.
1865-1875 Mallarmé : *Hérodiade*.
1865-1876 Mallarmé : *L'Après-midi d'un faune*
1866   Crue de la Loire.
        Faillite du Crédit mobilier.
        Grève des mineurs d'Anzin.
        Berthelot : synthèse du benzène.
        Pose du premier câble transatlantique.
        Fouilles préhistoriques à Solutré.
        Invention du fusil Chassepot.

La brouste : salle de lecture de la Bibliothèque nationale à Paris.

Monet : *La Robe verte ; Femmes au jardin ; La Terrasse du Havre.*

Pissarro : *Les Bords de la Marne.*

Manet : *Le Fifre.*

Corot : *Eglise de Marissel.*

Courbet : *La Femme au perroquet ; Les Dormeuses ; La Remise des chevreuils.*

Doré : *La Bible.*

Offenbach : *La Vie parisienne.*

Thomas : *Mignon*, opéra.

Naissance de Sati, de Kandinsky.

Clément et Renard : chanson « Le Temps des cerises ».

Verlaine : *Poèmes saturniens.*

Hugo : *Les Travailleurs de la mer.*

Banville : *Gringoire*, comédie romanesque.

Coppée : *Le Reliquaire.*

Comtesse de Ségur : *Le Général Dourakine.*

Naissance de Romain Rolland, de Tristan Bernard.

Macé crée la ligue française de l'enseignement.

1866-1876 *Le Parnasse contemporain*, recueil collectif de poèmes.

Larousse : *Grand Larousse universel du XIXe siècle.*

1866-1929 Fursy, chansonnier d'actualités.

1867 Famine en Algérie.

Exposition universelle à Paris.

Aménagement du parc Montsouris à Paris.

Loi sur les sociétés anonymes.

Monier dépose son brevet d'invention du béton armé.

Tellier invente une machine frigorifique.

Pasteur trouve le remède à la maladie des vers à soie.

Au Congrès international d'anthropologie et d'archéologie préhistoriques de Paris est utilisé le terme de « monuments mégalithiques » pour la première fois.

Découverte du trésor d'Auriol (amphore contenant 2 130 oboles du VIe siècle av. J.-C.).

Naissance de Marie Curie.

Manet : *Exécution du Maximilien.*

Doré : *Les Fables de La Fontaine.*

Gounod : *Roméo et Juliette.*
Offenbach : *La Grande-Duchesse de Gérolstein.*
Naissance de Bonnard.
Création du concert Mayol, café chantant.
Création du musée d'Histoire de France aux Archives.
Création du musée des Antiquités nationales à Saint-Germain-en-Laye.
Zola : *Thérèse Raquin.*
Les Goncourt : *Manette Salomon,* roman.
Verne : *Les Enfants du capitaine Grant.*
Mistral : *Calenda.*
Publication du *Journal d'un poète* de Vigny.
Assolant : *Les Aventures merveilleuses mais authentiques du capitaine Corcoran.*
1867-1873 Alphand : *Les Promenades de Paris.*
1867-1923 Terrasse, organiste et compositeur.
1867-1926 Boylesve, écrivain.
1867-1933 Jehan Rictus, « poète des miséreux ».
1867-1941 Christiné, compositeur.
1867-1944 Yvette Guilbert, auteur interprète de caf' conc'.
1867-1945 Faivre, dessinateur humoristique.
1867-1953 Xanrof, chansonnier.
1868   La mer recouvre l'île de Sein pendant une tempête.
Grève du bâtiment à Paris.
Premières colonnes Morris (affichage) à Paris.
Première femme médecin.
Tolérance des chambres syndicales.
Leclanché met au point une pile à un seul dépolarisant.
Découverte du squelette de Cro-Magnon aux Eyzies.
Manet : *Portrait de Zola ; Le Balcon.*
Renoir : *La Grenouillère.*
Corot : *La Femme à la perle.*
Chéret : affiche pour le bal Valentino.
Saint-Saëns : *Samson et Dalila.*
Offenbach : *La Périchole,* opéra bouffe.
Lecocq : *Fleur de thé,* opérette.
Naissance de Théodore Botrel, chansonnier breton et patriotique.
Naissance de Vuillard.
Baudelaire : *Art romantique,* critique.
Daudet : *Le Petit Chose.*

Naissance de Paul Claudel, de Francis Jammes, d'André Suarès, d'Alain, de Charles Maurras.

1869 Boucicaut lance la saison de blanc en janvier au Bon Marché.

Bergès réalise la première turbine hydraulique sous chute d'eau (200 m) à Lancey dans le Grésivaudan.

Fabrication du celluloïd à Oyonnax.

Eiffel construit un pont sur la Sioule.

Ducos du Hauson et Charles Cros découvrent les principes de la photographie en couleurs par trichromie.

Mège-Mouriès invente la margarine.

Charles Cros : *Moyens de communications avec les planètes.*

Carpeaux : *La Danse* (Opéra de Paris).

Manet : affiche pour le livre *Les Chats.*

Monet : *La Seine à Bougival.*

Courbet : *Les Trois Baigneuses.*

Hervé : *Le Petit Faust,* opérette.

Meilhac et Halévy : *Froufrou,* comédie.

Ouverture des Folies Bergère, premier music-hall parisien.

Naissance d'Albert Roussel, de Matisse.

Mort de Berlioz.

Baudelaire : *Petits poèmes en prose.*

Lautréamont : *Les Chants de Maldoror.*

Verlaine : *Fêtes galantes.*

Flaubert : *L'Education sentimentale.*

Verne : *Vingt Mille Lieues sous les mers.*

Vincard : *Chants du travailleur* (saint-simonien).

Daudet : *Les Lettres de mon moulin.*

Gaboriau : *Monsieur Lecoq.*

Mort de Lamartine.

Naissance d'Antoine Caillavet, de Léon Brunschvicg, philosophe, d'André Gide, d'Eugène Fabre, dramaturge.

v. 1869 Ouverture du café de Flore à Paris.

1869-1913 Fragson, auteur-interprète de caf' conc'.

1869-1935 Dranem interprète de caf' conc'.

1870 Grèves au Creusot.

Les femmes obtiennent l'accès aux études médicales.

Fondation de la Samaritaine (Paris).

Jordan : *Traité des substitutions et des équations algébriques.*

Fabrication mécanique de chaussures à Fougères.

Utilisation de la microphotographie pendant le siège de Paris.

Exécution de Troppman, assassin de huit personnes.

Ballons-montés et boules-postes (courrier).

De Reffye invente une mitrailleuse lourde à vingt-cinq canons.

Naissance de Jean Perrin.

Incendie du château de Saint-Cloud.

Courbet : *La Vague.*

Corot : *Le Pont de Mantes.*

Pissarro : *Louveciennes.*

Delibes et Saint-Léon : *Coppélia,* ballet.

Duparc : *Invitation au voyage.*

Naissance de Florent Schmitt, compositeur, de Louis Vierne, organiste et compositeur, de Charles Tournemire, organiste et compositeur.

Début de la carte-poste, ancêtre de la carte postale.

Verlaine : *La Bonne Chanson.*

Taine : *De l'intelligence.*

Ribot : *Psychologie anglaise contemporaine.*

Mort de Dumas, de Mérimée, de Lautréamont.

Naissance de Henry Bordeaux.

v. 1870-1890 Mode de la tournure.

1870-1948 Esther Lekain, la « Sarah Bernhardt de la chanson ».

18

SYMBOLISME, IMPRESSIONNISME
ET EXOTISME
1871-1896

1871   Premier suffrage universel véritable.
        Premières « fontaines Wallace » (Paris).
        De Mun et La Tour du Pin : premiers cercles catholiques d'ouvriers.
        Saulnier : usine de Meunier à Noisiel utilisant le fer.
        Inauguration du tunnel ferroviaire du Fréjus (Mont-Cenis).
        Progrès des antiseptiques.
        Corot : *Le Beffroi de Douai*.
        Monet : *Le Pont de Westminster*.
        Rousseau devient employé à l'octroi (« douanier »).
        Bizet : *Jeux d'enfants*.
        Chabrier : *L'Invitation au voyage*.
        Saint-Saëns : *Le Rouet d'Omphale*.
        Saint-Saëns et Bussine fondent la Société nationale de musique (Saint-Saëns en devient président).
        Incendie du château de Meudon.
        Destruction des communards : Tuileries, Cour des comptes, Hôtel de Ville, colonne Vendôme, etc. (Paris).
        Naissance de Rouault.
        Zola : *La Curée*.
        Rimbaud : *Le Bateau ivre*.
        Godin : *Solutions sociales*.
        Deuxième recueil du *Parnasse contemporain*.
        Pottier : « L'Internationale » (texte).
        Naissance de Marcel Proust, de Paul Valéry.
        Apparition de la Vierge à Pontmain.
1871-1896 Bagne en Nouvelle-Calédonie.

ap. 1871 Installation d'Alsaciens et Lorrains en Algérie après la guerre de 1870.

1872 Broca fonde la revue d'anthropologie.

Rivière découvre les squelettes préhistoriques de Grimaldi.

Naissance de Paul Langevin, d'André Demangeon, géographe.

Fouilles françaises à Délos.

Carpeaux : *Les Quatre Parties du monde* (Paris).

Degas : *Le Foyer de la danse à l'Opéra.*

B. Morisot : *Le Berceau.*

Lecocq : *La Fille de Mme Angot*, opérette.

Bizet-Daudet : *L'Arlésienne.*

Création du music-hall « L'Européen ».

Le Havre Athlétic-Club, première équipe française de football.

Premier match de rugby au Havre.

Création de l'Ecole d'agriculture de Montpellier.

Banville : *Petit Traité de versification française.*

Coppée : *Les Humbles.*

Hugo : *Quatre-vingt-treize*, roman ; *L'Année terrible*, poème.

Daudet : *Tartarin de Tarascon.*

Naissance d'Henri Bataille, dramaturge, de Paul Léautaud, poète, de Robert de Flers, de Paul Fort.

1872-1941 Mayol, chanteur comique.

1872-1952 Montéhus, chansonnier engagé.

1873 L'Elysée devient le palais présidentiel.

Le cardinal Lavigerie fonde l'ordre des Pères blancs (missionnaires).

A. Bollée : « L'Obéissante », break douze places ; brevet de direction à essieu brisé et roues sur pivot.

Hermite : *Transcendance du nombre epsilon.*

Manet : *Le Bon Bock.*

Monet : *Le Pont d'Argenteuil.*

Cézanne : *La Maison du pendu à Auvers.*

Doré : illustration de Rabelais.

Lalo : *Symphonie espagnole.*

Fondation des concerts Colonne.

Création du cirque de Montmartre (futur Médrano).

Verne : *Le Tour du monde en quatre-vingt jours.*

Corbière : *Amours jaunes*, poèmes.

Fabre : *L'abbé Tigrane,* roman cévenol.

Rimbaud : *Une saison en enfer.*

Daudet : *Les Contes du lundi.*

Cros : *Le Coffret de santal.*

Gaboriau : *La Corde au cou.*

Création du journal *Le Pèlerin.*

Consécration de la France au Sacré-Cœur (Paray-le-Monial).

Naissance de Colette, de Charles Péguy, d'Alfred Jarry, de Sangnier, fondateur de Sillon (christianisme social), de Franc-Nohain.

1873-1921 Déodat de Séverac, « musicien-paysan » et religieux.

1873-1951 Hansi, caricaturiste alsacien.

1873-1953 Mistinguett, vedette de music-hall.

v. 1874 Rimbaud : composition des *Illuminations.*

1874 Loi interdisant le travail des moins de douze ans.

Loi fixant à douze heures le travail entre douze et seize ans.

Baudot : télégraphe imprimeur.

Manet : *Les Canotiers d'Argenteuil.*

Renoir : *La Loge.*

Monet : *Le Pont d'Argenteuil ; Champ de coquelicots ; Impression,* d'où dérivera le nom impressionnisme donné par dérision à cette « école » de peinture.

Puvis de Chavannes : Fresques du Panthéon (Paris).

Chabrier : *Une éducation manquée.*

Création du Club alpin français.

Naissance d'Auguste Perret, architecte.

Premier char de carnaval à Nice.

Verne : *L'Ile mystérieuse.*

Flaubert : *La Tentation de saint Antoine.*

Zola : *Le Ventre de Paris.*

Daudet : *Fromont jeune et Risler aîné.*

Verlaine : *Romances sans paroles.*

Barbey d'Aurevilly : *Les Diaboliques.*

Labiche : *Les Trente Millions de Gladiator.*

Gobineau : *Les Pléiades.*

Godin : *La Richesse au service du peuple.*

Dennery et Cormon : *Les Deux Orphelines* (mélodrame).

Création de l'Ecole alsacienne (Paris).

Baccalauréat en deux parties.

Naissance de Thibaudet, critique.

1874-1878 Exploration de Brazza au Congo.

1874-1943 Max Dearly, interprète de caf' conc'

1875   Forte crue de la Garonne.

Début de la crise du phylloxéra dans le vignoble.

Bollée : première voiture à vapeur.

Création des chemins de fer Decauville, à voie étroite (Corbeil).

Création du bureau des Poids et Mesures (Sèvres).

Création de l'Ecole française de Rome, indépendante de celle d'Athènes.

Bizet : *Carmen.*

Saint-Saëns : *La Danse macabre.*

Sommier achète et restaure le château de Vaux-le-Vicomte.

Mort de Barye, de Carpeaux, de Bizet, de Corot, de Millet.

Naissance de G. Perret, de Marquet, de Villon, de Ravel, de Février, compositeur, et de Reynaldo Hahn.

Sully Prudhomme : *Les Vaines Tendresses.*

Zola : *La Faute de l'abbé Mouret.*

1875-1880 Bartholdi sculpte le Lion de Belfort qui domine la ville.

1875-1882 Le duc d'Aumale fait reconstruire le grand château de Chantilly.

1875-1894 Taine : *Les Origines de la France contemporaine.*

E. Reclus : *Géographie universelle.*

1875-1908 Georges Favre dirige le service des reboisements du massif de l'Aigoual.

1876   Premier congrès ouvrier à Paris.

Introduction de l'industrie diamantaire dans le Jura.

Voitures postales sur tous les trains.

Le Frigorifique, premier navire pour transport de viande entre Buenos Aires et Rouen.

Janssen crée le laboratoire d'astrophysique.

Découverte de la Vénus du Mas.

Eiffel et Boileau construisent les magasins du Bon Marché à Paris.

Renoir : *Le Bal du Moulin de la Galette.*

Degas : *L'Absinthe.*

Sisley : *Inondation à Port-Marly.*

Lalo : *Concerto pour violoncelle.*

Delibes, Saint-Léon : *Sylvia*, ballet.

Naissance de Vlaminck, de Roger Ducasse, de Vincent Scotto.

Zola : *L'Assommoir.*

Daudet : *Jack.*

Richepin : *La Chanson des gueux.*

Gobineau : *Nouvelles asiatiques.*

Troisième recueil du *Parnasse contemporain.*

Verne : *Michel Strogoff.*

Fondation de l'Institut catholique de Paris.

Naissance d'Anna de Noailles, de Léon-Paul Fargue, de Max Jacob, d'Henri Bernstein.

1876-1885 Baillon : *Dictionnaire de botanique.*

1876-1910 Abadie : Sacré-Cœur de Paris.

1876-1944 Journal *Le Petit Parisien.*

1877   Sécheresse en Nouvelle-Calédonie.

Paris dépasse les 2 000 000 d'habitants.

Cros (et Edison) : invention du téléphone.

Eiffel construit le pont Maria Pia à Porto.

Cailletet : liquéfaction du bioxyde d'azote.

Naissance de l'abbé Breuil, préhistorien.

Renoir : *Jeanne Sanary.*

Pissarro : *Les Toits rouges.*

Manet : *Aux courses.*

Monet : *La Gare Saint-Lazare.*

Degas : *Le Café-concert des Ambassadeurs.*

Planquette : *Les Cloches de Corneville*, opérette.

Naissance de Cortot, pianiste, de Samazeuilh, musicologue, de Dufy.

Hugo : *L'Art d'être grand-père.*

Flaubert : *Trois Contes.*

Coppée : *Le Luthier de Crémone*, comédie romanesque.

Publication des *Eléments de physiologie* de Diderot.

Naissance de Lubicz-Milosz, poète d'origine lituanienne.

Création de la faculté protestante de théologie (Paris).

1877-1939 Polaire, chanteuse de caf' conc'.

1877-1879 Savorgnan de Brazza explore l'Ogoué au Gabon.

1878   Exposition universelle à Paris au palais du Trocadéro.

Premier éclairage public à l'électricité.

Fin du bimétallisme monétaire.

Claude Bernard : *La Science expérimentale.*

Pasteur met au point le principe des vaccins.

Bert : *La Pression barométrique.*

Gaudry : *Les Enchaînements du monde animal dans les temps géologiques.*

Création de l'observatoire du pic du Midi.

Création de la Société française de minéralogie et de cristallographie.

Débuts du téléphone.

L'Anglais Stevenson traverse les Cévennes avec un âne.

Renoir : *La Pensée.*

Degas : *L'Etoile.*

Garnier : une aile du casino de Monte-Carlo.

Lecocq : *Le Petit Duc,* opérette.

Chevrier crée une variété de flageolets, le « chevrier », à Brétigny.

Goudeau fonde le Club des hydropathes au Quartier Latin, premier cabaret artistique, en compagnie de Rollinat, Mounet (fermera en 1881).

Malot : *Sans famille,* roman.

Comtesse de Mannoury : *Le Roman de Violette,* licencieux.

Le Tour de France par deux enfants, livre de lecture.

v. 1878 Manet : *La Blonde aux seins nus.*

1878-1879 Construction de la digue du Mont-Saint-Michel.

1878-1886 Renan : *Drames philosophiques.*

1878-1934 La « Scala », caf' conc'.

1878-1956 Lucien Febvre, historien.

1879   Hiver rigoureux, gel de la Seine.

Crue de la Garonne.

Création du Parti ouvrier de Jules Guesde.

Plan Freycinet des travaux publics.

« La Marseillaise » devient l'hymne national.

Daubrée : *Etudes synthétiques de géologie expérimentale.*

Création du musée pédagogique (Paris).

Thomas découvre le procédé de fabrication de l'acier (en même temps que Gilchrist).

Berthelot : *Essai de mécanique chimique.*

Picard : premier théorème sur la fonction de la variable complexe.

Rivière découvre la grotte du Lazaret (Nice), contenant de l'industrie acheuléenne (paléolithique inférieur).

Renoir : *La Patrie de canotage.*

Manet : *La Serveuse de bocks.*

Lalo : *Le Roi d'Ys,* opéra.

Offenbach : *La Fille du tambour-major.*

Franck : *Les Béatitudes,* oratorio.

Planquette : « Sambre et Meuse » (marche militaire).

Guimet, industriel, musicien, archéologue, fonde le musée Guimet à Lyon consacré à l'Extrême-Orient (transféré plus tard à Paris).

Henry Duhamel effectue les premiers essais de ski alpin à Chamrousse.

Création de La Baule.

Naissance d'Othon Friesz, initiateur du fauvisme, de Picabia.

Mort de Viollet-le-Duc à Lausanne.

Zola : *Nana.*

Loti : *Aziyadé.*

Vallès : *L'Enfant ; Jean de la rue.*

Mgr Dupanloup : *Lettres sur l'éducation des filles.*

1879-1886 Fabre : *Souvenirs entomologiques.*

1879-1941 Gaubert, flûtiste, chef et compositeur.

1879-1946 Poulbot, dessinateur.

1879-1949 Copeau, metteur en scène.

1879-1962 Wallon, médecin et psychologue.

1880   Le 14 juillet devient fête nationale.

Gymnastique obligatoire à l'école.

Rodin : *Le Penseur.*

Degas : *Femme se coiffant.*

Renoir : *De la loge.*

Gounod : *Messe de sainte Cécile.*

Franc : *Quintette pour piano et cordes.*

Audran : *La Mascotte,* opérette.

Varney : *Les Mousquetaires au couvent,* opérette.

Des artistes s'installent au « Bateau-Lavoir » (Montmartre).

Naissance d'Inghelbrecht, chef et compositeur, de Derain.

Mort d'Offenbach.

Charles Drouant ouvre son restaurant à Paris.

Maupassant : *Boule-de-suif.*

Le collectif naturaliste paraît dans *Les Soirées de Médan.*

Naissance d'Apollinaire.

Début des tournées théâtrales Baret, les plus anciennes de France.

1880-1881 La mission archéologique française devient l'Institut français d'archéologie orientale (Le Caire).

1880-1891 Rimbaud en Afrique.

1880-1893 L'Ecole française d'Athènes découvre et dégage les ruines de Delphes (Grèce).

1880-1940 Journal *L'Intransigeant.*

1880-1952 Vanbourgoin, organiste et compositeur.

1880-1966 L'« Alcazar » de Marseille, music-hall.

1881   Exposition de l'électricité.

Pasteur expérimente le vaccin anticharbonneux sur des moutons à Pouilly-le-Fort.

Poincaré : *Théorie des fonctions fuchsiennes.*

Dr Roux : début de l'embryologie expérimentale.

Naissance de Teilhard de Chardin, philosophe, géologue, paléontologue.

Construction du phare d'Ar Men (chaussée de Sein).

Manet : *Un bar aux Folies-Bergère.*

Massenet : *Hérodiade.*

Offenbach-Guiraud : *Les Contes d'Hoffmann.*

Chabrier : *Pièces pittoresques.*

Goudeau crée le « Club des hirsutes » qui remplace les « hydropathes ».

Naissance de Picasso.

Verlaine : *Sagesse.*

Flaubert : *Bouvard et Pécuchet* (posthume).

Daudet : *Numa Roumestan.*

Maupassant : *La Maison Tellier.*

Vallès : *Le Bachelier.*

Pailleron : *Le Monde où l'on s'ennuie,* comédie.

France : *Le Crime de Sylvestre Bonnard.*

Naissance de Martin du Gard.

v. 1881 Apparition du smoking.

1881-1884 Début du percement du canal de Panama par Ferdinand de Lesseps.

1881-1889 Sédille : magasin du Printemps à Paris.
1881-1914 Le facteur Cheval construit son « palais idéal » à Hauterives.
v. 1882 Déclin de la culture de la garance.
1882 Loi sur la restauration des terrains de montagne.
Première caisse Raiffesen, futur Crédit Mutuel.
Krach de l'Union générale.
Premières colonies de vacances.
Inauguration du nouvel Hôte de Ville de Paris.
Marey invente le fusil photographique.
Maspéro découvre la momie de Ramsès II à Deir-el-Bahari (Egypte).
L'explorateur Crevaux est tué en Amérique du Sud par les indiens tobas.
Naissance du pédiatre Robert Debré.
Renoir : *Une baigneuse.*
Lalo : *Namouna,* ballet.
Franck : *Le Chasseur maudit.*
Audran : *Gilette de Narbonne,* opérette.
Premier vrai carnaval de Nice.
Création du musée des Arts décoratifs à Paris.
Création du musée Grévin à Paris.
Naissance de Braque, de Charles, revuiste.
Fondation du Racing Club de France.
Zola : *Pot-Bouille.*
Becque : *Les Corbeaux.*
Scolarité obligatoire de six à treize ans.
Naissance de Vildrac, Lenormand dramaturge, de Giraudoux, de du Bos critique, de Mac Orlan.
1882-1945 Journal *Le Matin.*
1882-1893 Percement du canal de Corinthe (Grèce) par des Français.
1883 Loi Naquet autorisant le divorce.
Arrêté du préfet Poubelle rendant obligatoires les boîtes à ordures.
Dirigeable électrique des frères Tissandier.
Desprez établit une ligne de transport courant-force entre Jarrie-Vizille et Grenoble.
Création de la ligne ferroviaire Orient-Express.
Apparition des wagons-lits.
Découverte du chaos géologique de Montpellier-le-Vieux.

Degas : *Après le bain.*

Gallé ouvre des ateliers d'ébénisterie.

Restauration du calvaire de Guéhenno.

Chabrier : *España.*

Delibes : *Lakmé,* opéra-comique.

Fondation du Stade français.

Création du Herd-book normand, bottin mondain des chevaux.

Maupassant : *Les Contes de la bécasse ; Une vie,* roman.

Verlaine : *Jadis et Naguère.*

Villiers de l'Isle-Adam : *Contes cruels.*

Renan : *Souvenirs d'enfance et de jeunesse.*

Loti : *Mon frère Yves.*

Robida : *Le XXᵉ siècle.*

Mémoires du comte H. de Viel-Castel (1851-1864).

Haraucourt : *La Légende des sexes,* poèmes « hystériques ».

Mort de Tourgueniev à Bougival.

Fondation de l'Alliance française.

Création du journal *La Croix.*

Le père Foucauld dans le Sud marocain.

Débuts de la « Closerie des lilas », café littéraire.

1883-1926 Monet à Giverny.

v. 1884 Degas : *Les Repasseuses.*

1884   Loi Waldeck-Rousseau reconnaissant l'existence des syndicats et la liberté syndicale.

Le comte de Chardonnet invente la soie artificielle (rayonne), le premier fil synthétique.

Découverte des ruines de Suse.

Machine Daguin pour l'oblitération des timbres (en service jusqu'en 1963).

Montépin : *La Porteuse de pain* (feuilleton).

Moteur à vapeur de Dion-Bouton pour quadricycle.

Construction du viaduc de Garabit par Eiffel.

Dastre et Morat : découverte du système nerveux sympathique.

Société et Salon des indépendants.

Néo-impressionnisme (Seurat, Signac...) jusque vers 1900.

Naissance de Marcel Aubert, historien d'art et médiéviste.

Massenet : *Manon,* opéra.

Franck : *Prélude choral et fugue.*

Duparc : *La Vie antérieure.*

Goudeau et Salis fondent le cabaret du « Chat-Noir » (jusqu'en 1899).

Moréas : *Les Syrtes.*

Huysmans : *A rebours.*

Guyau : *Esquisse d'une morale sans obligation ni sanction.*

Verne : *Mathias Sandorf.*

Naissance de Supervielle, de Chardonne, de Duhamel, de G. Pitoëff, d'Amiel, dramaturge, de Paulhan, de Bachelard, philosophe.

1884-1886 Rodin : *Les Bourgeois de Calais.*

Seurat : *Un dimanche d'été à la Grande Jatte.*

1884-1887 Renoir : *Les Grandes Baigneuses.*

1885 Pasteur : première inoculation du vaccin antirabique.

Charcot : étude des centres fonctionnels du cerveau.

Premier atelier Peugeot pour vélocipèdes.

La statue de la Liberté de Bartholdi érigée à New York.

Cézanne : *Les Joueurs de cartes.*

Van Gogh : *Les Mangeurs de pommes de terre.*

Zola : *Germinal.*

Maupassant : *Les Contes du jour et de la nuit.*

Flaubert et du Camp : *Par les champs et les grèves.*

Laforgue : *Complaintes.*

Becque : *La Parisienne.*

France : *Le Livre de mon ami.*

Mort de Victor Hugo et funérailles nationales.

Naissance de Romains, de Mauriac, de Dullin, de Baty, de Guitry, de Géraldy, de Raynal, dramaturge, de Maurois, de Grousset.

1885-1892 Sorel : *L'Empire et la Révolution française.*

1885-1910 Le curé de Rothéneuf sculpte les rochers en style naïf.

Grande époque de Montmartre et du quartier Latin (Paris).

1885-1941 Berthe Sylva, chanteuse mélodramatique.

1885-1959 Jean Rieux, chansonnier.

1885-1977 Pacra, music-hall.

1886 Premières bourses du travail.
Liaison téléphonique Paris-Bruxelles.
Première publication en France du *Jardin parfumé*, par le cheik Nefzaoui, érotologue tunisien du XVIe siècle (texte procuré par Maupassant).
Débuts de l'*Almanach Vermot*.
L'abbé Lemire fonde la « Ligue du coin de terre et du foyer » dont l'objet est le jardin ouvrier.
L. Capazza réalise la première liaison en ballon entre Marseille et la Corse.
Fondation de la société Panhard-Levassor, première en date des constructeurs de voitures.
Mise au point du fusil Lebel.
Degas : *Le Tub.*
Monet : *Les Aiguilles de Port-Coton ; Femme à l'ombrelle.*
Gauguin à Pont-Aven.
D'Indy : *Symphonie sur un chant montagnard français.*
Franck : *Sonate pour piano et violon.*
Chabrier : *Gwendoline.*
Lalo : *Symphonie en sol mineur.*
Saint-Saëns : *Troisième symphonie avec orgue ; Carnaval des animaux.*
Fauré : *Requiem.*
Saint-Léon : *Les Deux Pigeons,* ballet.
Chanson : « En revenant de la revue. »
Fondation de la maison Fauchon à Paris.
Naissance de Foujita, de Dupré organiste, de Paray.
Siegfried acquiert et restaure le château de Langeais.
Moréas : « Manifeste symboliste » dans *Le Figaro, Les Cantilènes.*
Laforgue : *L'Imitation de notre-dame la lune.*
Rimbaud : *Les Illuminations* (publication).
Villiers de l'Isle-Adam : *L'Eve future,* roman.
Bloy : *Le Désespéré.*
Loti : *Pêcheur d'Islande.*
Vallès : *L'Insurgé.*
Courteline : *Les Gaîtés de l'escadron.*
Verne : *Robur le conquérant.*
Drumont : *La France juive.*
Naissance de Carco, de Rivière.

1887 Bourse du travail à Paris.
Scandale des décorations.
Marcey : chronophotographe à pellicule mobile.
Ascenseur à péniches des Fontinettes (près de Saint-Omer).
Premiers lampadaires à pétrole (Paris).
Van Gogh : *Les Tournesols*.
Naissance d'Arp, de Duchamp, de Le Corbusier, de Chagall.
Premier combat de boxe à poings nus (clandestin) près de Rouen.
Laforgue : *Les Moralités légendaires*.
Bourget : *André Cornélis*.
Loti : *Madame Chrysanthème*.
Zola : *La Terre*.
Sardou : *La Tosca*.
Maupassant : *Le Horla*.
Naissance de Jouve, de Saint-John Perse, de Cendrars, d'Antoine, de Pourrat, de Jouvet, de Bourdet.
Première traduction des *Mémoires* de Fanny Hill, femme de plaisir de John Cleland, xviiie siècle, licencieux.

v. 1887 Le poète Stephen Liégeard lance l'appellation Côte d'Azur.

1887-1888 Darboux : *Théorie générale des surfaces*.

1887-1895 E. Faguet : *Etudes littéraires*.

1887-1910 Jules Renard : *Journal*.

v. 1888 Ecole de Pont-Aven (Gauguin, Bernard).

1888 Première fonderie d'aluminium à Froges (Alpes).
Premier emprunt russe.
Reynaud invente le dessin animé (brevet du théâtre optique).
Martel découvre et explore le gouffre de Bramabiau.
Inauguration de l'Institut Pasteur à Paris.
Palais Galliera à Paris.
Van Gogh : *Autoportrait ; Barques sur la plage ; Vue des Saintes-Maries ; Les Roulottes ; Le Café, le soir*.
Seurat : *Les Poseuses*.
Detailles : *Le rêve passe*.
Lalo : *Le Roi d'Ys*.
Satie : *Gymnopédies*.

Hervé : *Mamzelle Nitouche*, opérette.

Mise en musique par Degeyter de l'« Internationale » de Pottier.

Naissance de Durey, compositeur, de Maurice chevalier, de Milton, interprète.

Régnier : *Episodes*.

Maupassant : *Le Rosier de Madame Husson*.

Banville : *Le Baiser*, comédie romanesque.

Courteline : *Le Train de 8 h 47*.

Ribot : *Psychologie de l'attention*.

Création d'une chaire de psychologie expérimentale au Collège de France.

Naissance de Lacretelle, de Bernanos, de Jouhandeau, de Bosco, de Gabriel Marcel, de Jean-Jacques Bernard.

1888-1890 Van Gogh à Arles.

1888-1896 Foureau réalise neuf expéditions au Sahara.

1888-1897 Sainte Thérèse au Carmel de Lisieux.

1888-1900 Les nabis (Sérusier, Denis, Bonnard, Vuillard).

1889   Exposition universelle de Paris.

Construction de la tour Eiffel.

Dutert-Condamin : la galerie des machines à l'exposition.

Martel découvre le gouffre de Padirac — débuts réels de la spéléologie.

Instauration du permis de conduire.

Rodin : *Le Penseur ; Trois Sirènes*.

Gauguin : *Le Christ jaune*.

Van Gogh : *Deux portraits à l'oreille coupée ; Champ de blé au faucheur*.

Christophe : *La Famille Fenouillard*, première bande dessinée.

Premières cartes postales (représentant la tour Eiffel).

Chausson : *Concerto pour cordes et piano*.

Bourget : *Le Disciple*.

Claudel : *Tête d'or*.

Bergson : *Essai sur les données immédiates de la conscience*.

Naissance d'Henriot, de Reverdy, de Cocteau.

Création de l'Ecole coloniale.

1889-1893 Puvis de Chavannes : fresques de la Sorbonne et de l'hôtel de ville de Paris.

v. 1889-1897 Mouvement « rose-croix » (peintres et écrivains).

1889-1947 Gide : *Journal.*

1890   Première manifestation du 1er Mai à Paris.

Suppression du livret ouvrier.

Premier vrai sous-marin : *La Gymnote.*

Laval invente la turbine à vapeur.

Branly met au point le radioconducteur pour recevoir les signaux de T.S.F.

Ader réalise le premier vol aérien avec *Eole* et crée le mot avion.

Eiffel construit le pont-canal de Briare.

Relance du bal du Moulin-Rouge avec le french-cancan.

Degas : *Les Danseuses bleues.*

Van Gogh : *Portrait du Docteur Gachet ; Champ sous un ciel bleu.*

Monet : *Les Meules.*

Messager : *La Basoche.*

Franck : *Trois chorals pour orgue.*

Petipa : chorégraphie de *La Belle au bois dormant* à Saint-Pétersbourg.

Salon de la société nationale des Beaux-Arts.

Christophe : *Les Facéties du sapeur Camembert.*

Chanson : « Le Grand Métinge du métropolitain. »

Mort de Franck, suicide de Van Gogh.

Naissance de J. Ibert, de Y. Nat, d'Ouvrard, « chanteur de volubilité », de Saint-Granier.

Fondation du Casino de Paris.

Création du Touring Club de France.

Premiers « courts » de tennis.

Première course de voitures automobiles Paris-Rouen.

Régnier : *Poèmes anciens et romanesques.*

Zola : *La Bête humaine.*

France : *Thaïs.*

Renan : *L'Avenir de la science* (publication).

Villiers de l'Isle-Adam : *Axel* (posthume).

Le frère Lagrange crée l'Ecole pratique d'études bibliques de Jérusalem.

Naissance de Genevoix, de Deval.

1890-1965 Revue poétique *Le Mercure de France* fondée par A. Valette.

1891   1er mai sanglant à Fourmies.
Panhard-Levassor, première voiture à essence.
Première voiture Peugeot, la « vis-à-vis » (moteur à explosion).
Les frères Michelin inventent le pneu démontable.
Expédition du duc d'Orléans et de Bonvalot en Sibérie, au Tibet et au Tonkin.
Monet : *Les Nymphéas.*
Lautrec : affiche *la Goulue* au Moulin-Rouge.
Chabrier : *La Bourrée fantasque.*
Naissance d'Yvain, de Roland-Manuel, musicologue.
Premier championnat de tennis.
Première édition correcte de *Neveu de Rameau* de Diderot.
Jean Moréas : *Manifeste de l'« école romane ».*
Courteline : *Le commissaire est bon-enfant.*
Zola et Bruneau : *Le Rêve*, drame musical.
Naissance de R. Dorin, chansonnier.

1891-1903 Gauguin à Tahiti.

1892   Lois sur le travail, l'interdisant avant treize ans, le limitant à dix heures de treize à seize ans, à onze heures pour les femmes et douze heures pour les hommes.
Procès de l'anarchiste Ravachol.
Roseraie de l'Hay-les-roses.
Héroult installe à la Praz la première usine de fabrication industrielle de l'aluminium.
Moissan invente le four à arc industriel.
Invention du bec à gaz Auer.
Poincaré : *Méthodes nouvelles de la mécanique céleste.*
Naissance de L. de Broglie.
Hennebique construit le premier immeuble en béton armé (Paris, rue Danton).
Renoir : *Au piano.*
Monet : *Cathédrale de Rouen.*
Massenet : *Thaïs*, opéra ; *Werther.*
Louis Ganne : « La Marche lorraine » (militaire).
Naissance de G. Tailleferre, de Milhaud, de Honegger, de Damia, « tragédienne de la chanson », de Fréhel, chanteuse de caf' conc', de Georgius, interprète.

Lugné-Poe : *Le Théâtre vivant.*

Mæterlinck : *Pelléas et Mélisande.*

Verlaine : *Liturgies intimes.*

Zola : *La Débâcle.*

1892-1894 Debussy : *Prélude à l'après-midi d'un faune.*

1892-1894-1897 Prévost : *Lettres à Françoise.*

1893   Premier périscope installé sur un sous-marin (le *Gustave-Zédé*).

Premiers disques commercialisés.

Premier salon de l'automobile.

« Tuerie » d'Aigues-Mortes (massacre d'ouvriers italiens).

Le *Lion*, premier pétrolier français, gréé en shooner à trois mâts.

Coquelin aîné fonde la maison de retraite de Pont-aux-Dames.

Coignet construit l'aqueduc d'Achères en béton armé.

Gauguin : *Solitude.*

Pissarro : *Place du Palais-Royal.*

Christophe : *Vie et Mésaventures du Pr Cosinus.*

Publication du *Journal* de Delacroix.

Messager : *Madame Chrysanthème.*

Première patinoire (Chamonix).

Ouverture de « Chez Maxim's » (Paris).

Ouverture de l'« Olympia », music-hall.

Naissance de Lily Boulanger, compositeur.

Zola : *Au bonheur des dames.*

Heredia : *Les Trophées.*

Sardou : *Madame Sans-Gêne.*

Courteline : *Boubouroche*, comédie ; *Messieurs les ronds-de-cuir*, roman.

France : *Les Opinions de Jérôme Coignard ; La Rôtisserie de la reine Pédauque.*

Samain : *Au jardin de l'infante*, poèmes.

Le Braz : *La Légende de la mort en basse Bretagne.*

Philadelphe de Gerde : *Posos perdudos* (provençal).

Blondel : *L'Action.*

Naissance de Drieu la Rochelle.

1894   Loi Siegfried sur les H.B.M. (habitations à bon marché).

Tout-à-l'égout obligatoire à Paris.

« Affaire Dreyfus » et vague d'antisémitisme.

Roux invente le sérum antidiphtérique.

Curie : *Principe de symétrie.*

Sortie du canon « 75 ».

L'explorateur Dutreuil de Rhins tué aux confins du Tibet.

Naissance de Jean Rostand.

Les Pozzo di Borgo construisent leur château de la Punta en Corse avec les pierres des Tuileries.

Rodin : *Les Bourgeois de Calais.*

Monet : *La Cathédrale de Rouen.*

Renoir : *Jeunes Filles au bord de la mer.*

Lautrec : *Au salon de la rue des Moulins.*

Rousseau : *La Guerre.*

Fondation de la Scola Cantorum par Vincent d'Indy.

Guilmant et Bordes : création du bal des Quat'z'arts.

Naissance de Marie Dubas, interprète réaliste et comique.

Barrès : *Du sang, de la volupté et de la mort.*

France : *Le Lys rouge.*

Renard : *Poil de carotte.*

Gyp : *Le Mariage de Chiffon.*

Louys : *Les Chansons de Bilitis* (canular).

Feydeau : *Hôtel du libre-échange.*

D'Ivoi : *Les Cinq Sous de Lavarède.*

Lanson : *Histoire de la littérature française.*

Durkheim : *Règles de la méthode sociologique.*

Constitution de la Grande Loge de France.

Naissance du chansonnier Jean Marsac.

1894-1898 Guimard construit le « castel Béranger » à Paris.

1895 Fondation du syndicat C.G.T. à Limoges.

Mode : apogée du style « Belle Epoque ».

Panhard : brevet pour la boîte de vitesse.

Invention du cinématographe par les frères Lumière à Lyon, et première projection publique à Paris.

Poincaré : *L'Analysis situs.*

Perrin fait des expériences sur les rayons cathodiques.

Becquerel découvre les rayons X.

Mort de Pasteur.

Cézanne : *Les Grandes Baigneuses.*

Toulouse-Lautrec décore la baraque foraine de la Goulue.

Premiers films des frères Lumière.

Satie : *La Messe des pauvres.*

Petipa-Ivanov : chorégraphie du ballet *Le Lac des cygnes* à Saint-Pétersbourg.

Début du « modern' style ».

A. France : *Le Jardin d'Epicure.*

E. Verhaeren : *Les Villes tentaculaires.*

Huysmans : *En route.*

Donnay : *Amants,* comédie.

Courteline : *Les Gaîtés de l'escadron.*

Tristan Bernard : *Les Pieds-Nickelés.*

Binet fonde *L'Année psychologique.*

Naissance d'Eluard, de Giono, de Pagnol.

ap. 1895 Déclin de la sériciculture dans les Cévennes.

1895-1900 Explorations de L. Gentil en Afrique.

1895-1914 « Les mousquetaires » : Capus, Renard, Bernard et Lucien Guitry.

1896 La mer recouvre l'île de Sein lors d'une tempête.

Hadamard et La Vallée-Poussin : recherches sur les nombres premiers.

Becquerel observe le rayonnement des corps radio-actifs.

Dumas crée le laboratoire de psycho-pathologie de la faculté de médecine de Paris.

Chausson : *Poème pour violon et orchestre.*

Méliès : *Le Manoir du diable* (premier film).

Botrel : « Ma Paimpolaise. »

Naissance de Rivier, compositeur, de Wiener, compositeur, d'Yvonne George, chanteuse populaire.

Pierre de Coubertin ressuscite les Jeux olympiques à Athènes.

Louÿs : *Aphrodite,* roman.

France : *L'Histoire contemporaine,* roman.

Renard : *Histoires naturelles.*

Maeterlinck : *Le Trésor des humbles.*

Jarry : *Ubu roi.*

Première représentation de *Lorenzaccio* de Musset (1834).

Ouverture du théâtre du Grand-Guignol à Paris.

Mémoires du sergent Bourgogne (1812-1813), (édition complète).

Bergson : *Matière et Mémoire.*

Ribot : *Psychologie des sentiments.*

Durkheim fonde la *Revue de sociologie.*

Naissance de Montherlant, d'Artaud, de Gabriello, chansonnier, de Freinet éducateur et créateur des méthodes actives en pédagogie.

1896-1939 Pénitencier (bagne) de Cayenne.

1896-1958 Fort : *Ballades françaises.*

19

LA CONQUÊTE DE L'AIR
1897-1919

1897 Crue de la Garonne.
Incendie du Bazar de la Charité à Paris (135 morts).
Création de la « Commission du vieux Paris ».
Premier vol d'Ader.
Armand découvre et explore l'aven Armand.
Naissance d'Irène Joliot-Curie.
Construction du phare d'Eckmül à Penmarch.
Perrin (et Roentgen) : découverte des rayons cathodiques.
Rousseau : *La Bohémienne endormie.*
Rabaud : *Procession nocturne.*
Chausson : *Quatuor avec piano.*
Dukas : *L'Apprenti sorcier.*
Satie : *Pièces refroidies.*
Création des concerts Lamoureux.
« Ecole de Nancy » avec Gallé, les verriers Daum, Muller, Gruber, les ébénistes Majorelle, Vallin, les architectes André, Biet, Gutton, Weissenburger.
Construction du premier studio de cinéma par Méliès.
Manifeste naturiste de Saint-Georges de Bouhélier et Eugène Montfort.
Barrès : *Les Déracinés.*
Loti : *Ramuntcho.*
Régnier : *Les Jeux rustiques et divins.*
Fort : *Début des ballades françaises.*
Rostand : *Cyrano de Bergerac.*
Curel : *Le Repas du lion.*
Courteline : *Un client sérieux,* comédie.
Gide : *Les Nourritures terrestres,* roman.
Mallarmé : *Divagations.*
Verne : *Le Sphinx des glaces.*

1897   Fondation du journal *L'Aurore* (Clemenceau).
        Naissance d'Aragon, de Sarment, de Noël-Noël.
1897-1902 Bodin construit le viaduc du Viaur.
1897-1903 *La Fronde*, journal de femmes.
        Baudot construit Saint-Jean de Montmartre (Paris),
        la première église en béton armé.
1897-1904 Nouveau Larousse illustré.
1897-1917 Construction de la voie ferrée Djibouti-Addis-
        Abéba.
1897-1962 Cirque Médrano.
1898   Loi sur les accidents du travail.
        Première tentative de grève générale.
        Procès Zola et relance de l'affaire Dreyfus.
        Taille de guêpe pour la mode féminine.
        Pierre et Marie Curie découvrent le radium.
        Teisserenc de Bort réalise le ballon-sonde.
        Drach : *Essai sur une théorie générale de l'intégration.*
        Première émission de T.S.F. depuis la tour Eiffel.
        Guimard commence à réaliser les entrées de stations
        de métro à Paris.
        Rodin : *Balzac.*
        Cézanne : *La Montagne Sainte-Victoire.*
        Braque : *Calanque ; Le Vallon.*
        Restauration du calvaire de Plougonven.
        Inauguration des visites du gouffre de Padirac.
        Restauration et entretien du temple d'Angkor-Vat
        (Cambodge) par l'Ecole française d'Extrême-Orient.
        Messager : *Véronique,* opérette.
        Naissance de Delannoy, compositeur.
        Samain : *Aux flancs du vase.*
        Huysmans : *La Cathédrale.*
        Lichtenberger : *Mon petit Trott.*
        Léon Dierx élu prince des poètes.
        Création du mouvement de l'Action française.
        Naissance du mîme Décroux.
1898-1900 Première ligne de métro Vincennes-Neuilly.
1898-1914 Atget photographie Paris.
1899   Premier syndicat « jaune » à Montceau-les-Mines.
        Création de la Caisse régionale de crédit agricole.
        Fondation de l'école des Roches.
        Création des magasins Goulet-Turpin à Reims.
        Dreyfus est gracié.

Gauguin : *Les Seins aux fleurs rouges.*

Ravel : *Pavane pour une infante défunte.*

Naissance de Poulenc, d'Auric.

Méliés : *L'Affaire Dreyfus.*

Premier combat de boxe « historique » entre Charlemont (vainqueur) et l'Anglais Driscoll.

Le Roy : *Jacquou le croquant.*

Courteline : *Le Gendarme est sans pitié.*

Zola : *Fécondité ; Les Quatre Evangiles.*

Bazin : *La Terre qui meurt.*

Boylesve : *Mademoiselle Cloque.*

Estaunié : *Le Ferment.*

Curel : *La Nouvelle Idole.*

Bernard : *L'Anglais tel qu'on le parle.*

Bergson : *Le Rire.*

Miquen Camélat : *Béline* (provençal).

Naissance d'Achard, de Salacrou, de Steve Passeur, Vitrac, d'Arland, d'Audiberti et de Michaux.

1899-1901 Moréas : *Stances.*

1900 Crue du Tarn.

Loi des soixante heures de travail maximum par semaine.

Création de la Société française pour la protection des sites et des paysages.

Exposition universelle de Paris.

Nombreuses grèves, parfois sanglantes.

Lancement de Deauville.

Villard découvre les rayons gamma.

Premières électrifications d'une ligne ferroviaire : Austerlitz-Orsay et Invalides-Issy-Plaine.

Débuts du métropolitain.

Mise en service des indicateurs-enregistreurs de vitesse Flaman sur les locomotives.

Héroult invente le four électrique industriel en acier.

Mission Gentil en Oubangui-Chari.

Construction du Grand-Palais, du Petit-Palais, du pont Alexandre III à Paris.

Hennebique fait de Bourg-la-Reine la démonstration de la ville en béton armé.

Berr : *La Revue de synthèse historique.*

Charpentier : *Louise,* opéra.

Fauré : *Prométhée.*

Naissance de Maillol, de Barraud, de Ferroud, de Jaubert.

Création de la confrérie des Sacavins en Anjou.

Régnier : *Médailles d'argile,* poèmes.

Courteline : *L'Article 330.*

Rostand : *L'Aiglon.*

Mirbeau : *Journal d'une femme de chambre.*

Colette : *Claudine à l'école.*

Maurras : *Enquête sur la monarchie.*

Brunschvicg : *Introduction à la vie de l'esprit.*

Péguy fonde *Les Cahiers de la quinzaine.*

Naissance de Jean Nohain, de Robert Desnos, de Saint-Exupéry, de Julien Green, de Jacques Prévert, d'André Chamson.

Mort d'Oscar Wilde à Paris.

1900-1909 Lenôtre : *Vieilles Maisons, vieux papiers.*

1900-1910 « Exploits » des « apaches » à Belleville et Ménilmontant.

1900-1920 « Bateau-lavoir » avec Picasso, Van Dongen, Max Jacob, Utrillo, Juan Gris...

1900-1930 Littérature « cosmopolite » : Cendrars, Morand, Kessel, Larbaud...

1901   Création du concours Lépine.

Incendie de l'usine Pernod à Pontarlier, répandant de l'absinthe dans la Loue prouvant ainsi que celle-ci est bien une résurgence du Doubs.

Passy, prix Nobel de la Paix.

Blondel étudie les radiophares omnidirectionnels.

Premiers essais de revêtement d'une chaussée par goudron à Nice et Monte-Carlo.

Capitan, Peyrony et Breuil découvrent la grotte préhistorique peinte des Combarelles.

Peyrony découvre la grotte préhistorique peinte de Font-de-Gaume.

Début de la restauration du château du Haut-Kœnigsbourg.

Pissarro : *La Seine et le pont des Arts.*

Debussy : *Pelléas et Mélisande,* opéra.

Ravel : *Jeux d'eau.*

Naissance de Tomasi, compositeur, de Cassandre, affichiste.

Première course automobile internationale Paris-Madrid.

France : *Crainquebille*, conte.

Louys : *Les Aventures de roi Pausole*.

Boylesve : *La Becquée*.

Philippe : *Bubu de Montparnasse*.

Anna de Noailles : *Le Cœur innombrable*.

Samain : *Le Chariot d'or*, poèmes posthumes.

Capus : *La Veine*, comédie.

Laforgue : *Le Sanglot de la terre*, posthume.

Jullian : *Vercingétorix*.

Foucault : *Critique la psycho-physique*.

Fondation du cabaret « Le Caveau de la République ».

Naissance de Malraux, de Souplex.

Sully Prudhomme, prix Nobel de littérature.

1901-1936 *Le Journal satirique*.

1901-1939 Décades de Pontigny, entretiens intellectuels et idéologiques.

1902   Eruption de la montagne Peée à la Martinique (30 000 morts).

Escroqueries de Thérèse Humbert.

Affaire Casque d'or (Amélie Hélie 1878-1933) : rivalité de deux bandes d'apaches au sujet d'une femme.

Première identification de malfaiteurs par les empreintes digitales (Bertillon).

Lebasque donne une nouvelle définition de l'intégrale.

Poincaré : *Science et Hypothèse*.

La maison Sautter-Harlé construit le premier moteur diesel marin.

Verneuil met au point la fabrication des pierres précieuses synthétiques.

Richet découvre l'anaphylaxie.

Lavirotte construit un immeuble square Rapp à Paris.

Les frères Perret construisent un immeuble en béton armé rue Franklin à Paris.

Jourdain construit les magasins de la Samaritaine (fer et céramique).

Restauration de l'abbaye Saint-Martin-du-Canigou.

Rodin : *Roméo et Juliette*.

Duchamp : *L'Eglise de Blainville.*
Gauguin : *L'Apparition.*
Monet : *Waterloo bridge ; Vues de Vétheuil.*
Charpentier fonde le conservatoire de Mimi-Pinson.
Méliès : *Le Voyage dans la lune.*
Première course automobile de côte au mont Ventoux.
Le père Clément crée la « clémentine » (agrume).
Naisance de Bérard, peintre et décorateur, de Van Parys.
Boylesve : *La Leçon d'amour dans un parc.*
Gide : *L'Immoraliste.*
Fondation de l'Académie Goncourt.
Naissance de Marcel Aymé, de Nathalie Sarraute.

1903   Procès Thérèse Humbert.
Becquerel, Pierre et Marie Curie, prix Nobel de physique.
Premier « Salon d'automne » à Paris.
Mystification de « la tiare de Saïtaphernès » (Louvre).
Satie : *Trois morceaux en forme de poire.*
Premier tour de France cycliste.
Naissance d'Arbus, architecte, sculpteur, décorateur.
C.-L. Philippe : *Le Père Perdrix.*
Apollinaire : *Chanson du mal-aimé.*
Premier prix Goncourt décerné. J.A. Nau : *Force ennemie.*
Binet : *Etude expérimentale de l'intelligence.*
Naissance de Raymond Radiguet, de Fernandel, de Georges Simenon.

1903-1905 Charcot explore l'Antarctique sur le *Français.*
1903-1907 Ecole de peinture des « fauves » (Matisse, Derain, Vlaminck, Marquet, Rouault, Braque).
1903-1911 Lavisse : *Histoire de France depuis les origines jusqu'à la Révolution.*
1904   Première foire de Paris au marché du Temple.
Paul Poiret ouvre sa maison de couture.
Le prince A. de Monaco exécute la première carte générale des océans.
Gentil et le marquis de Segonzac traversent l'Atlas.
Lavirotte construit le Céramic Hôtel à Paris.
Maillol : *Le Désir.*
Botrel crée la « Fête des ajoncs » à Pont-Aven.
Méliès : *Le Voyage à travers l'impossible.*

Première colonie naturiste.

Naissance d'Emmanuel Rosenthal, compositeur, de Chapelain-Midy, peintre.

Bataille : *Maman Colibri*.

Loti : *Vers Ispahan*.

Mistral, prix Nobel de littérature.

Farrère : *Fumées d'opium*.

Forestier : *Grandes villes et systèmes de parcs*.

Benoit-Lévy : *La Cité jardin*.

Brunschvicg-Boutroux : éditions des *Pensées* de Pascal.

Fondation du prix Fémina.

Création du journal *L'Humanité* (Jean Jaurès).

Création du cabaret « La Lune rousse ».

1904-1912 Romain Rolland : *Jean-Christophe*.

1905 Loi de séparation de l'Eglise et de l'Etat.

Journée de huit heures pour les mineurs.

Poincaré émet l'hypothèse de l'électron déformable et compressible.

Baire : *Leçons sur les fonctions discontinues*.

Rivière préside le premier congrès préhistorique de France à Périgueux.

Voisin construit son premier planeur.

Influence de l'art nègre.

Rodin : *Victor Hugo* ; *Les Océanides*.

Le douanier Rousseau : *La Noce*.

Grille du Coq à l'Elysée.

Debussy : *La Mer*.

Vincent d'Indy : *Jour d'été à la montagne*.

Création du P.U.C.

Jacqueline Rivière, puis Caumery : *Bécassine*.

Naissance de Serge Lifar, d'André Jolivet, de Jean Lumière, chanteur.

Bataille : *La Marche nuptiale*.

Bernard : *Triplepatte*.

Lavedan : *Le Duel*, comédie.

Brunschvicg : *L'Idéalisme contemporain*.

Paul Fort crée la revue *Vers et Prose*.

Le père de Foucauld s'installe dans son hermitage de Tamanrasset (Hoggar).

Naissance de Jean-Paul Sartre.

Binet et Simon déterminent l'échelle métrique de l'intelligence.

1905-1907 Picasso : période rose.

1906   Crue de la Garonne.

Charte d'Amiens.

Repos hebdomadaire obligatoire.

Catastrophe de Courrières.

Grèves dans les mines du Pas-de-Calais.

Moisan, prix Nobel de Chimie.

Fréchet : *Théorie des espaces abstraits.*

Santos-Dumont : premiers vols aériens à Bagatelle.

Mollard découvre la grotte peinte de Niaux.

Maillol : *L'Action enchaînée.*

Le Dr Carvalho restaure les jardins de Villandry.

Restauration de l'abbaye de Fontenay.

Ladoumègue bat six records du monde de course à pied.

Naissance de M. Thiriet, compositeur, de Mireille, auteur-compositeur, de Suzy Solidor, interprète.

Groupe de l'Abbaye (Duhamel, Vildrac, Gleizes, Arcos, etc.) à Créteil.

Mistral : *Mémoires.*

Bordeaux : *Les Roquevillard.*

Loti : *Les Désenchantées.*

Première édition du « Petit Larousse ».

Vidal de la Blache : *La France, tableau géographique.*

Naissance de Pierre Seghers, poète et éditeur.

1906-1907 Picasso : *Les Demoiselles d'Avignon.*

1906-1908 Pelliot explore l'Asie centrale.

1906-1930 Cirque Métropole à Paris.

1906-1948 Claudel : *Le Partage de midi.*

1907   « Mouvement des gueux », insurrection des viticulteurs du Languedoc.

L. Renault, prix Nobel de la paix.

Montel : *Théorie des familles normales de fonctions.*

Brillouin : *Théorie mathématique de la diffusion des gaz.*

Laveran, prix Nobel de médecine.

Esnault-Pelterie construit son premier avion.

Cornu : premier vol en hélicoptère aux environs de Lisieux.

Bourdelle : *Le Fruit.*

Maillol : *Pomone*.

Le douanier Rousseau : *La Carriole du père Juniet*.

Peinture « cubiste » : Picasso, Braque, Marcoussis, Villon, Léger, etc.

Maeterlinck, Dukas : *Ariane et Barbe-Bleue*.

Offenbach : *Myriam et Daphné*, opéra posthume.

Ravel : *Rhapsodie espagnole*.

Schmitt : *La Tragédie de Salomé*.

Premières rencontres internationales de ski au mont Genèvre.

Vogue de la boxe.

Naissance de Carzou peintre, de Tino Rossi chanteur, de T. Aubin chef et compositeur, de J. Langlais organiste.

Anna de Noailles : *Les Eblouissements*.

R. Bazin : *Le Blé qui lève*.

Leblanc : *Arsène Lupin*.

Bergson : *L'Evolution créatrice*.

Naissance de René Char, poète, Maurice Blanchot romancier, de Maxence Van der Meersch.

1907-1925 Revue *La Bonne Chanson* fondée par Botrel.

1907-1917 Période cubiste de Picasso.

1907-1928 Jullian : *Histoire de la Gaule*.

1908 Affaire Steinheil (impasse Ronsin).

Aménagement du Champ-de-Mars à Paris.

Lippmann, prix Nobel de Physique.

Farman construit son biplace et réalise le premier kilomètre en circuit fermé.

E. Belin invente la transmission des images par fil téléphonique.

Premiers services d'autocars de tourisme PLM sur la route des Alpes.

Découverte d'une sépulture moustérienne (paléolithique moyen) contenant un squelette néandertalien.

Monet : *Vues de Venise*.

Apparition du mot cubisme.

Ravel : *Ma Mère l'Oye*.

Schmitt : *Quintette*.

Cohl : *premiers dessins animés*.

Forton : *Les Pieds-Nickelés* (B.D.).

Naisance de Paul Misraki auteur-compositeur, de Raymond Ventura, chef d'orchestre, de Daniel Lesur

organiste et compositeur, d'Olivier Messiaen, compositeur, de Lys Gauty chanteuse, de Jean Effel, dessinateur.

Création de l'Institut français en Espagne, à Madrid,
(future Casa Velasquez).

Lavedan, Saint-Saëns : *L'Assassinat du duc de Guise*,
film.

Aicard : *Maurin des Maures.*

France : *L'Ile des pingouins.*

Romains : *La Vie unanime*, manifeste de l'unani-
misme.

Feydeau : *Occupe-toi d'Amélie ; Feu la mère de
Madame.*

Flers et Caillavet : *Le Roi.*

Colette : *Les Vrilles de la vigne.*

Gallé : *Contes pour l'art*, posthume.

Meyerson : *Identité et Réalité.*

Excommunication de Loisy, exégète ecclésiastique.

Naissance d'Arthur Adamov, de Simone de Beauvoir.

Brunhes et Deffontaines : *Géographie humaine de la
France.*

1908-1910 Charcot dans l'Antarctique sur le *Pourquoi pas ?*

1908-1913 Bédier : *Les Légendes épiques.*

1908-1944 Journal *L'Action française* de Maurras.

1909   Violent tremblement de terre dans la région de
Salon-de-Provence.

Estournelles de Constant, prix Nobel de la paix.

Première grève des postes.

Première auberge de jeunesse.

Disparition du lynx en France.

Premier salon de l'aviation.

Blériot traverse la Manche en avion.

Levasseur construit le monoplan *Antoinette.*

Bréguet construit son premier avion.

G. et R. Caudron construisent leur premier avion.

Bourdelle : *Héraklès archer.*

Naissance de Litaize, organiste.

Fourest, « humaniste fantaisiste » : *La Négresse
blonde.*

Maeterlinck : *L'Oiseau bleu.*

Apollinaire : *L'Enchanteur pourrissant*, illustré par
Derain.

Gide : *La Porte étroite*.

Giraudoux : *Provinciales*.

Création de *La Nouvelle Revue française* (N.R.F.) par Gide, Schlumberger, Copeau, Drouin, etc.

Jacob : *Saint Matorel*, « mystère ».

Bédier : Adaptation de *Tristan et Iseult*.

Martonne : *Traité de géographie physique*.

Naissance de Simone Weil, philosophe.

1909-1912 Lénine à Paris.

1909-1917 Segalen effectue des missions archéologiques en Chine.

1909-1921 Elie Faure : *Histoire de l'art*.

19.)9-1929 Les ballets russes de Diaghilev à Paris.

1910   Crue de la Seine, de la Loire, inondations catastrophiques.

Grèves de cheminots.

Créations des retraites ouvrières.

Lancement de la culotte « Petit-Bateau ».

Le Châtelier : loi du déplacement de l'équilibre chimique.

Bataillon : *Parthénogénèse des vertébrés*.

Fabre construit le premier hydravion français.

Capazza effectue la première traversée de la Manche en dirigeable.

Création du musée océanographique de Monaco.

Japy construit des machines à écrire sous licence.

Découverte et décapage de la fresque de la « Danse macabre », à La Ferté-Loupière (xve siècle).

Construction du Vel' d'hiv à Paris.

Giacometti : *Le Char*.

Rousseau : *Le Rêve*.

Début de l'art abstrait (Kandinsky).

Mystification du « coucher de soleil sur l'Adriatique » de Boronali, peint par la queue de l'âne de Frédé.

Mort du douanier Rousseau.

Premiers films de Max Linder.

Naissance de J. Martinon, chef et compositeur.

Rostand : *Chantecler*.

Claudel : *L'Otage ; Cinq Grandes Odes*.

Pergaud : *De Goupil à Margot*, prix Goncourt.

Colette : *La Vagabonde*.

Feydeau : *On purge bébé*.

Renard : *Le Péril bleu.*

Brunhes : *La Géographie humaine.*

Lévy-Bruhl : *Les Fonctions mentales dans les sociétés inférieures.*

Naissance de Jean Anouilh, de Julien Gracq, de Jean Genet.

v. 1910 Apparition du soutien-gorge.

1910-1913 Péguy : *Mystères.*

1910-1940 Affiches de Colin.

1911 Premiers essais de locomotives électriques sous caténaire (Pyrénées).

Garros bat le record d'altitude en avion.

Création des sociétés de construction aéronautique Morane-Saulnier et Bréguet.

Péquet crée la première poste aérienne aux Indes.

Marie Curie, prix Nobel de Chimie.

Le Dr Lalanne découvre la « Vénus de Laussel » (préhistorique).

Maillol : *Flore.*

Debussy : *Le Martyre de saint Sébastien.*

Vol de la *Joconde* au Louvre.

Bouin obtient le premier record du monde de vitesse au 10 000 m.

Bordeaux : *La Neige sur les pas.*

Apollinaire : *Bestiaire.*

Jarry : *Gestes et Opinions du Dr Faustroll, pataphysicien,* « roman néo-scientifique ».

Loti : *Un pèlerin d'Angkor.*

Allain et Souvestre : débuts de la série des *Fantômas.*

Naissance du chansonnier Jacques Grello.

1911-1913 Activités de la bande à Bonnot.

Frères Perret : théâtre des Champs-Elysées.

1912 Crue de la Garonne.

Le dirigeable Pax s'écrase à Paris : deux morts.

Mort du bandit corse Bellacoscia.

La *Radioléine,* premier pétrolier français à moteur.

Création de la Ligue française de protection des oiseaux (L.P.O.).

Grignard, prix Nobel de chimie.

Carrel, prix Nobel de médecine.

Denjoy : *Concept de totalisation.*

Création de la société aéronautique Farman.

Esnault-Pelterie : *considérations sur le résultat* d'un *allègement des moteurs* (propulsion par fusée).

Début de la métallurgie près de Caen.

G. Eiffel construit la première soufflerie moderne à veine ouverte.

Réseau de radiophares omnidirectionnels (Ouessant-Sein-Le Havre).

Carrel : culture artificielle des tissus.

Blanche : *Portrait de Gide, d'Anna de Noailles.*

Gleizes et Metzinger : *Du cubisme et des moyens de le comprendre.*

Ravel et Fokine : *Daphnis et Chloé,* ballet.

Roussel : *Le Festin de l'araignée.*

Schmitt : *Le Petit Elfe ferme l'œil.*

Dukas : *La Péri.*

Mallarmé, Debussy, Nijinsky : *L'Après-midi d'un faune,* ballet.

Mort de Massenet.

Naissance de J. Françaix, compositeur.

France : *Les Dieux ont soif.*

Boylesve : *Madeleine, jeune fille.*

Jammes : *Les Géorgiques chrétiennes.*

Claudel : *L'Annonce faite à Marie.*

Péguy : *La Tapisserie de sainte Geneviève et de Jeanne d'Arc.*

Flers et Caillavet : *L'Habit vert.*

Pergaud : *La Guerre des boutons.*

Rosny aîné : *La Mort de la Terre.*

Naissance d'Eugène Ionesco.

1912-1960 Paul Fort, « prince des poètes ».

1913 Canular de Birault inventant le personnage d'Hégésippe Simon, né à Poil (Nièvre) ! et mystifiant nombre de personnalités.

G. Benoit-Lévy fonde l'association française des cités-jardins.

Richet, prix Nobel de médecine.

Premiers postes de triage automatique dans le réseau ferré à Blainville et Lumes.

Garros effectue la première traversée aérienne de la Méditerranée entre Saint-Raphaël et Tunis.

Pégoud réalise le premier saut en parachute à partir d'un avion.

Création de la Fédération française de poids et haltères.

Le général Tilho explore le Tibesti et l'Ennedi.

Schweitzer fonde l'hôpital de Lambaréné (Gabon).

De Broglie étudie les spectres des rayons X.

Duchamp : *La Roue de bicyclette*.

Debussy : *Jeux*.

Stravinsky : *Le Sacre du printemps*.

G. Fauré : *Pénélope*, opéra.

L. Feuillade : *Fantômas*, film.

A. Capellani : *Germinal*, film.

Peyrony crée le musée préhistorique des Eyzies.

Maurice Barrès : *La Colline inspirée*.

Alain-Fournier : *Le Grand Meaulnes*.

Valéry Larbaud : *Journal d'A.-G. Barnabooth*.

Guillaume Apollinaire : *Alcools*.

Marcel Proust : *Du côté de chez Swann*.

Jules Romains : *Les Copains*.

Colette : *L'Entrave*.

Paul Géraldy : *Toi et Moi*.

Delly : *Entre deux âmes*.

Naissance d'Albert Camus, de Claude Simon, romanciers.

1913-1924 Mouvement « dada ».

Jacques Copeau au théâtre du Vieux-Colombier.

1913-1967 Revue littéraire *Cahiers du Sud* fondée par J. Ballard.

1914   Affaire Caillaux.

Fin de la frappe des napoléons-or.

Papin-Rouilly : invention du « gyroptère ».

Construction de l'aérodrome du Bourget.

Renoir : *Le Jugement de Pâris*.

R. Duchamp-Villon : *Le Cheval*.

H. Rabaud : *Marouf*, opéra.

Chanson : « La Madelon ».

Incendie de la cathédrale de Reims.

Mort de Jean Bouin.

Anatole France : *La Révolte des anges*.

Charles Péguy : *Eve*.

Paul Claudel : *Le Pain dur*.

Paul Bourget : *Le Démon de midi*.

Bloy : *Le Pèlerin de l'absolu*.

Gide : *Les Caves du Vatican*.

Francis Carco : *Jésus-la-caille*.

Mort de Charles Péguy, de Frédéric Mistral.

Naissance de Marguerite Duras.

1914-1918 Albert Roussel : *Padmâvati*.

1914-1923 Prost réalise son urbanisme au Maroc.

Gabriel Marcel : *Journal métaphysique*.

1914-1924 Le facteur Cheval construit son tombeau.

1915   Paul Langevin invente une détection des sous-marins par ultra-sons.

Darius Milhaud : *Le Bœuf sur le toit*.

Naissance de M. Landowsky, futur directeur de la musique en France (1975), d'Edith Piaf.

Romain Rolland, prix Nobel de littérature.

Sacha Guitry : *La Jalousie*, comédie.

Adrienne Monnier ouvre sa librairie « Les amis des livres », rue de l'Odéon à Paris, rendez-vous des écrivains d'avant-garde.

J. Galtier-Boissière fonde *Le Crapouillot*.

Création du *Canard enchaîné*.

Naissance de Luc Bérimont, poète.

v. 1915 Interdiction de l'absinthe.

1915-1920 Œuvre peint de Modigliani.

1915-1923 Marcel Duchamp : *La Mariée mise à nu par ses célibataires*.

Monet : *Nympheas*.

1916   Découverte de la grotte préhistorique peinte des Trois-Frères (Ariège).

Naissance d'Henri Dutilleux, compositeur.

Louis Feuillade : *Judex*.

Naissance de Léo Ferré.

Pierre Reverdy : *La Lucarne ovale*, poèmes.

Paul Claudel : *Le Père humilié*.

Paul Valéry : *La Jeune Parque*, poèmes.

Henri Barbusse : *Le Feu*, prix Goncourt.

Sacha Guitry : *Faisons un rêve*, comédie.

Louis Hémon : *Maria Chapdelaine*.

André Breton et Jacques Vaché : rencontre « dada » à Nantes.

Max Jacob : *Le Cornet à dés*, poèmes écrits en 1909.

Assassinat du père de Foucauld à Tamanrasset.

1916-1918 Darius Milhaud secrétaire de Paul Claudel à l'ambassade de Rio.

1916-1928 Néo-plasticisme (Mondrian, etc.).

1916-1936 H. Brémond : *Histoire littéraire du sentiment religieux en France.*

1917   Création de l'agence Havas (publicité).

Création de la société aéronautique Latécoère.

E. Freyssinet met au point le compactage du béton par vibration.

Maurice Ravel : *Le Tombeau de Couperin.*

Satie, Cocteau, Picasso : *Parade,* ballet.

Naissance du « Groupe des Six » (Auric, Taillefer, Durey, Honegger, Poulenc, Milhaud).

Abel Gance : *La Roue de la mort ; Le Droit à la vie.*

Mort de Rodin, de Degas.

Création de la fédération sportive féminine, la première au monde.

Les Allemands font sauter le donjon de Coucy (xiiie s.) et le château de Ham (xiii-xive s.).

Guillaume Apollinaire : *Les Mamelles de Tirésias,* drame surréaliste.

Valéry : *La Jeune Parque.*

Rencontre « dada » de Paris : Aragon, Breton, Soupault.

1918   Première liaison postale aérienne régulière Paris-Saint-Nazaire.

Marcel Dassault construit son premier avion (de combat).

L.Aubert : *Habanera.*

Christiné : *Phi-Phi,* opérette.

Francis Poulenc : *Mouvements perpétuels.*

Mort de Debussy, Duchamp-Villon.

Abel Gance : *Mater dolorosa ; La Dixième Symphonie.*

Marcel Proust : *A l'ombre des jeunes filles en fleurs.*

André Maurois : *Les Silences du colonel Bramble.*

Pierre Benoit : *Kœnigsmark.*

Guillaume Apollinaire : *Calligrammes.*

Sacha Guitry : *Debureau.*

Paul Bourget : *Némésis.*

Tristan Tzara : *Manifeste dada.*

Mort de Guillaume Apollinaire, d'Edmond Rostand.

c. 1918 Renoir : *Les Baigneuses.*
1919   Journée de huit heures de travail.
        Création du syndicat C.F.T.C.
        Affaire Landru ; procès Villain.
        Parc zoologique de Cléres.
        G. Poivilliers construit un appareil permettant la
        cartographie à partir de la photo àérienne.
        J. Bordet : prix Nobel de médecine.
        G. Claude : synthèse de l'ammoniac.
        Création de la société aéronautique Potez.
        Première liaison postale aérienne entre la **France**
        et le Maroc.
        Védrines se pose en avion sur le toit des Galeries
        Lafayette à Paris.
        Première liaison aérienne Paris-Londres.
        Citroën institue le montage à la chaîne.
        Gabriel Fauré : *Masques et bergamasques.*
        Abel Gance : *J'accuse.*
        Mort d'Auguste Renoir.
        Roland Dorgelès : *Les Croix de bois.*
        Pierre Benoit : *L'Atlandide.*
        E. Estaunié : *L'Ascension de M. Baslèvre ; L'Appel*
        de la route.
        Romain Rolland : *Colas Breugnon.*
        Gide : *La Symphonie pastorale.*
        Sacha Guitry : *Mon père avait raison.*
        Jacques Vaché : *Pasteur ; Lettres de guerre.*
        Breton, Aragon, Soupault fondent la revue « dada »,
        Littérature n° 1, à Paris.
        Suicide de Jacques Vaché à Nantes.
        Georges Pitoëff à la Comédie des Champs-Elysées.
        Henri Bergson : *L'Energie spirituelle.*
        Naissance de Jean-Roger Caussimon, poète et comé-
        dien.
1919-1921 Albert Roussel : *Deuxième Symphonie.*

20

LE SURRÉALISME
1920-1939

v. 1920 Renaissance de l'orgue néo-classique.
Apparition du jazz et du charleston.

1920 L. Bourgeois, prix Nobel de la paix.
Inauguration de la tombe du soldat inconnu.
Procès Caillaux.
E. Guillaume, prix Nobel de physique.
Auguste Perret : église du Raincy.
Première exposition des collages de Max Ernst à Paris.
Igor Stravinsky : *Pulcinella*, ballet.
Eric Satie : *Socrate*.
F. Schmitt : *Antoine et Cléopâtre*.
Naissance d'Henri Crolla, guitariste de jazz, de Jacques Douai, interprète de chansons anciennes, de Maurice Jarre, compositeur.
Georges Carpentier, champion du monde des mi-lourds.
Début du succès des grands cafés de Montparnasse (Dôme, Coupole, Rotonde...).
Lancement de Megève.
Mort de Modigliani.
Lautréamont, réédition remarquée des *Chants de Maldoror*, poésies.
Valéry : *Le Cimetière marin*.
Romain Rolland : *Clérambault*.
Henry de Montherlant : *La Relève du matin*.
Colette : *Chéri*.
André Breton et Philippe Soupault : *Les Champs magnétiques*.
Tzara, Picabia et le groupe littérature n° 7 organisent des manifestations qui font scandale.
Création du Théâtre national populaire (T.N.P.) à Paris.

Alain : *Propos.*

Canonisation de Jeanne d'Arc.

1920-1921 Marcel Proust : *Le Côté de Guermantes.*

1920-1922 Ernest Lavisse : *Histoire de France contemporaine depuis la Révolution jusqu'à la paix de 1919.*

1920-1925 Maillol : *L'Ile de France.*

1920-1929 Démolition des « fortifs » à Paris.

1920-1932 Duhamel : *Salavin.*

1920-1940 « Ecole de Paris » en peinture (Chagall, Soutine,
Modigliani, Kisling, Foujita, Vertès, etc.).

1921   Attentat anarchiste (le dernier) contre le rapide Paris-
Lyon.

Premier congrès de la S.F.I.C. à Marseille.

Procès Landru.

Premières cités-jardins : Drancy, Dugny, Stains.

Henri Rolland commence à fouiller Glanum.

Fouilles françaises à Mallia (Crète).

Man Ray : *Rayogrammes.*

Marcel Duchamp : *Why not sneeze !*

Max Ernst : *L'Eléphant des Célèbes.*

Arthur Honegger : *Le Roi David,* oratoire ; *Les Mariés
de la tour Eiffel* (ballet).

Mort de Camille Saint-Saëns.

Marcel L'Herbier : *El Dorado.*

Salon « dada », manifestations « dadas » à Paris.

Anatole France, prix Nobel de littérature.

Jacques Chardonne : *Epithalame,* roman.

Germaine Acremant : *Ces dames aux chapeaux verts.*

Max Jacob : *Le Laboratoire central.*

Toulet : *Contrerimes,* chef-d'œuvre de l'« école fantaisiste » (Carco, Ponchon, Fourest, Franc-Nohain,
etc.).

Fondation des cabarets Le Bœuf sur le toit, Le Cou-
cou, Les Deux-Anes.

Traduction de l'*Introduction à la psychanalyse,* de
Freud.

Naissance de Francis Blanche, humoriste.

ap 1921 Mécénat d'Ida Rubinstein (ballet).

Renaissance du clavecin avec Wanda Landowska.

1922   Exécution de Landru.

Naufrage du cuirassé *France* au large de Quiberon.

Scission à la C.G.T. et naissance de la C.G.T.U.

Fin du flottage des bois sur l'Yonne.

Découverte du trésor de Beaurains (or, argent, bijoux) volé et dispersé aussitôt.

Découverte de la grotte préhistorique ornée de Pech Merle à Cabrerets.

Pompon : *L'Ours blanc.*

Naissance de Pierre Petit, compositeur, homme de radio-télévision.

Paul Valéry : *Charmes,* poèmes.

Marcel Proust : *Sodome et Gomorrhe.*

Margueritte : *La Garçonne.*

François Mauriac : *Le Baiser aux lépreux.*

Pierre Drieu la Rochelle : *Mesure de la France.*

Robert Desnos : Epoque des « sommeils ».

Lévy-Bruhl : *La Mentalité primitive.*

Naissance d'Alain Robbe-Grillet, de Raymond Devos.

Mort de Marcel Proust.

1922-1923 Monet : *L'Allée à Giverny.*

1922-1926 Construction de la mosquée de Paris.

1922-1929 Jules Romains : *Psyché.*

1922-1930 F. Gémier, directeur de l'Odéon (Paris).

1922-1931 Henri Pourrat : *Gaspard des montagnes.*

1922-1937 Charles du Bos : *Approximations.*

1922-1940 Roger Martin du Gard : *Les Thibault.*

1923 P. Labric, maire de la commune libre de Montmartre, descend les escaliers de la tour Eiffel à bicyclette.

Premier Salon des arts ménagers au Champs-de-Mars.

Louis de Broglie : débuts de la mécanique ondulatoire.

Cuénot : *La Genèse des espèces animales.*

Salon des Tuileries (Beaux-Arts).

Le Corbusier : *Vers une architecture.*

Bourdelle : *Le Général Alvear.*

Arthur Honegger : *Pacific 231.*

Francis Poulenc : *Les Biches,* ballet.

Reynaldo Hahn : *Ciboulette,* opérette.

Création de la course des 24 heures du Mans.

Benjamin Rabier : *Gédéon.*

E. Estaunié : *L'Infirme aux mains de lumière.*

Paul Valéry : *Eupalinos ; L'Ame et la Danse.*

Raymond Radiguet : *Le Diable au corps.*

François Mauriac : *Génitrix.*

Colette : *Le Blé en herbe.*

A. de Châteaubriant : *La Brière.*

Jules Romains : *Knock ; M. Le Trouhadec saisi par la débauche.*

Gaston Baty crée « Les Compagnons de la chimère », (théâtre d'essai).

De Flers et Caillavet : *Les Vignes du Seigneur.*

Fin du dadaïsme, constitution du groupe surréaliste.

G. Dumas : *Traité de psychologie.*

Piaget : *Le Langage et la Pensée.*

Romain Rolland fonde la revue *Europe.*

Mort de Radiguet, Loti, Barrès, Sarah Bernhardt.

1923-1924 Marcel Mauss : *Essai sur le don, forme archaïque de l'échange.*

1923-1929 Alain Gerbault, navigateur solitaire, fait le tour du monde.

1923-1940 Affiches de Cassandre.

1923-1943 Journal *Paris-Soir.*

1924 Oehmichen fait voler un hélicoptère pour la première fois à Arbouans.

Création de l'office national industriel de l'azote.

Alexandra David-Neel, première femme blanche à pénétrer au Tibet.

Enigme de Glozel : trouvailles préhistoriques controversées.

« Croisière noire » Citroën en Afrique.

Maillol : *Vénus.*

Miro : *Femme à la colombe ; Terre labourée ; Carnaval d'arlequins.*

Dunoyer de Segonzac : *Canotiers sur le Morin.*

André Messager, Sacha Guitry : *L'Amour masqué.*

René Clair-Picabia : *Entracte.*

Forton : *Bibi Fricotin* (B.D.).

Jeux Olympiques de Paris et de Chamonix (jeux d'hiver).

Charles Rigoulot, champion olympique des mi-lourds.

Création du music-hall L'Empire.

Mort de Gabriel Fauré, du facteur Cheval.

Saint-John Perse : *Anabase.*

André Breton : *Manifeste surréaliste.*

Fondation de la « révolution surréaliste ».

Tristan Tara : *Sept Manifestes dadas.*

Raymond Radiguet : *Le Bal du comte d'Orgel*, posthume.

Mort d'Anatole France.

Fondation du journal *Candide*.

Jacques Copeau abandonne le Vieux-Colombier.

1924-1943 Paul Claudel : *Le Soulier de satin*.

1925   Crue de la Garonne.

Création de la Jeunesse ouvrière catholique (J.O.C.).

Mode « à la garçonne » : les femmes adoptent les cheveux courts, une lingerie réduite, la cigarette, etc.

Exposition des Arts décoratifs.

Berger enregistre le premier électro-encéphalogramme humain.

Les frères Pathé lancent la caméra Pathé-baby pour amateurs (en 9,5).

Développement de la couleur dans les journaux.

Mort de Camille Flammarion.

Auguste Perret : tour du parc Paul Mistral à Grenoble.

Maillol : *Monument à Cézanne.*

Bourdelle : *Sapho.*

Max Ernst : *Frottages.*

Arp : *La Planche à pain.*

Gromaire : *La Guerre.*

Reynaldo Hahn, Sacha Guitry : *Mozart*, opérette.

Henri Sauguet : *La Chatte*, ballet.

F. Schmitt : *Salammbô.*

Débuts de Joséphine Baker dans la revue nègre, débuts du jazz.

Mort d'Erik Satie.

Naissance de Pierre Boulez, chef et compositeur.

Alain Saint-Ogan : *Zig et Puce* (B.D.).

M. Provence relance la faïence du Moustiers-Sainte-Marie.

Débuts du sancerre blanc.

André Gide : *Les Faux-Monnayeurs.*

Jean Sarment : *Les Plus Beaux Yeux du monde.*

Stéphane Mallarmé : *Igitur*, posthume.

Joseph Delteil : *Jeanne d'Arc*, prix Fémina.

E. de Faye : *Gnostiques et Gnosticisme.*

E. et L. Deutsch de la Meurthe fondent la Cité universitaire de Paris.

Canonisation du curé d'Ars.

Georges Pitoëff crée sa compagnie théâtrale.

1925-1935 Photographies aériennes du P. Poidebard en Syrie (archéologie).

1926   Loi Loucheur sur les habitations à bon marché.

Aristide Briand, prix Nobel de la paix.

Vol du « diamant rose », dit « Grand Condé », à Chantilly.

Y. Le Prieur invente le scaphandre autonome moderne.

Premiers essais de télévision.

Saint-Exupéry débute comme pilote chez Latécoère.

J.-B. Perrin, prix Nobel de physique.

Première maison préfabriquée (Paris).

Dufy illustre *Le Poète assassiné* d'Apollinaire.

Mort de Monet.

D. Milhaud : *Christophe Colomb.*

Mort de Bourdelle.

Paul Eluard : *Capitale de la douleur.*

André Gide : *Si le grain ne meurt.*

Henry de Montherlant : *Les Bestiaires.*

François Mauriac : *Thérèse Desqueyroux.*

Louis Aragon : *Le Paysan de Paris.*

Publication de *Mes poisons*, cahiers intimes de Sainte-Beuve.

Raymond Roussel : *La Poussière des soleils* (représentation).

Piaget : *La Représentation du monde chez l'enfant.*

Jeu du « cadavre exquis », surréaliste.

Création du prix Théophraste-Renaudot.

Naissance de Michel Butor.

1926-1927 Teilhard de Chardin : *Le Milieu divin.*

1926-1935 Picasso, période surréaliste.

1926-1940 Le « cartel des quatre » au théâtre : Dullin, Jouvet, Copeau, Pitoëff.

1927   Crue de la Garonne.

Installation d'une colonie russe à Sainte-Geneviève-des-Bois.

F. Buisson, prix Nobel de la paix.

Création de l'agence Publicis.

Latécoère construit des hydravions de gros tonnage.

Costes et Le Brix traversent l'Atlantique Sud sur Bréguet.

Nungesser et Coli disparaissent avec leur avion « L'oiseau blanc » en tentant la traversée de l'Atlantique Nord.

Arrivée de Lindbergh à Paris.

Découverte de la grotte préhistorique peinte de Roc-de-Sers.

Calder invente les « mobiles » en sculpture.

Tanguy : *Maman, papa est blessé.*

René Clair : *Un chapeau de paille d'Italie.*

Abel Gance : *Napoléon.*

Mort d'Isadora Duncan, réformatrice de la danse moderne.

Brugnon, Borotra, Cochet et Lacoste remportent la coupe Davis en tennis.

Henri Bergson, prix Nobel de littérature.

Julien Benda : *La Trahison des clercs.*

Robert Desnos : *La Liberté ou l'amour.*

Pierre Mac Orlan : *Quai des Brumes.*

Sacha Guitry : *Désiré.*

Jean Cocteau : *Orphée.*

Viatte : *Les Sources occultes du romantisme.*

Gyp : *Souvenirs d'une petite fille.*

Canonisation de sainte Thérèse de Lisieux.

1927-1932 Tournemire : « orgue mystique ».

1927-1936 Construction de la ligne Maginot.

1928   Loi sur les assurances sociales.

Création du congé de maternité.

H. Nicolle, prix Nobel de médecine.

P. Chareau construit la première maison en acier et verre rue Saint-Guillaume à Paris.

Raid aérien Paris-Casablanca.

Maurice Ravel : *Boléro.*

André Messager : *Coup de roulis,* opérette.

Invention des « ondes Martenot » (instrument à oscillations électriques).

Stravinsky-Balanchine : *Apollon musagète,* ballet.

Dreyer-Delteil : *La Passion de Jeanne d'Arc.*

Curnonsky élu roi des gastronomes.

Naissance de J.-M. Damase, pianiste et compositeur.

André Breton : *Nadja.*

Benjamin Péret : *Le Grand Jeu.*

Jean Guéhenno : *Caliban parle.*

Marcel Proust : *Le Temps retrouvé,* posthume.

Maurice Genevoix : *Raboliot,* prix Goncourt.

Jean Giraudoux : *Siegfried ou le Limousin.*

Marcel Pagnol : *Topaze ; Marius.*

Gabriel Marcel : *Journal métaphysique.*

Alain : *Propos sur le bonheur.*

Bachelard : *Etude sur l'évolution d'un problème de physique.*

Création de la presse présidentielle.

1928-1929 Les collections du duc d'Orléans données au Museum.

Fouilles françaises à Palmyre (Syrie).

1928-1932 Usine hydroélectrique de Kembs sur le Rhin.

1928-1940 Fouilles françaises à Ras Shamra (Syrie).

1929 Louis de Broglie, prix Nobel de physique.

Le père Teilhard de Chardin étudie le « sinanthrope » à Pékin.

Maryse Bastié bat le record féminin de durée en vol aérien.

Mermoz et Guillaumet se posent au Chili.

Fondation de l'Académie des gastronomes.

Max Ernst : *La Femme cent têtes.*

Luis Buñuel : *Un chien andalou* (réalisé en France).

Francis Poulenc : *Aubade.*

Jean de Brunhoff : *Babar.*

Association de peintres et écrivains « populistes » (Duhamel-Romains, etc.).

Saint-Exupéry : *Courrier-Sud.*

Georges Bernanos : *La Joie,* roman.

Eugène Dabit : *Hôtel du Nord,* roman populiste.

Jean Giono : *Colline.*

Marcel Achard : *Jean de la lune.*

Edouard Bourdet : *Le Sexe faible.*

Marcel Pagnol : *Fanny.*

Jean Cocteau : *Les Enfants terribles.*

Jean Giraudoux : *Amphitryon 38.*

Marcel Arland : *L'Ordre,* prix Goncourt.

Yvette Guilbert : « La chanson de ma vie ».

« Autorisation » de certains ordres missionnaires.

v. 1930 Chanson réaliste : Damia, Fréhel, Berthe Sylva, Marie Dubas, etc.

Naissance de la chanson moderne : Ray Ventura, Adison, Mireille, Pills et Tabet, etc.

Début de la célébrité du muscadet.

1930 Crue de la Garonne et inondations dans le Sud-Ouest.

Marguarita : Jardin des Prés Fichaux à Bourges.

Disques à aiguille.

Costes et Bellonte enlèvent le record du monde de distance aérienne en ligne droite, et traversent les premiers l'Atlantique Nord.

Mermoz réalise la première traversée aéropostale de l'Atlantique Sud.

Guillaumet capote dans la cordillère des Andes et en réchappe.

Premiers autorails.

Beffroi de Lille.

Maillol : *Vénus au collier.*

Giacometti : *Cage ; Boule suspendue.*

Magritte : *Au seuil de la liberté.*

« Cercle et carré » : Mondran, Arp, Léger, Kandinsky.

Serge Lifar, maître de ballet à l'Opéra de Paris.

Succès de l'opérette *L'Auberge du Cheval blanc.*

Débuts du violoniste de jazz Stéphane Grapelli.

Fondation du Grand Prix du disque (1er Grand Prix du disque : Lucienne Boyer).

Naissance de Claude Bolling, pianiste et compositeur.

Luis Buñuel : *L'Age d'or* (réalisé en France).

Abel Gance : *La Fin d'un monde.*

Jean Cocteau : *Le sang d'un poète ; La Machine infernale.*

Robert Desnos : *Corps et Biens.*

André Malraux : *La Voie royale.*

Jean Giono : *Regain.*

Jules Romains : *Donogoo.*

André Breton : *Second Manifeste du surréalisme.*

Fondation de la revue surréaliste *A.S.D.L.R.*

Gaston Baty, directeur du théâtre Montparnasse.

Création du prix Interallié.

Mort de Courteline, de Brunhes.

1931   Contrecoups de la crise économique de 1929.
       Exposition coloniale à Vincennes.
       Naufrage du *Saint-Philibert* à la pointe Saint-Gildas :
       500 morts.
       Maryse Bastié bat le record du monde féminin de
       distance en vol aérien.
       Mermoz traverse l'Atlantique de Toulouse à Buenos-
       Aires.
       « Croisière jaune » Citroën en Asie (parmi ses résul-
       tats, découverte d'œufs de dinosaure dans le Gobi).
       Autorails Renault et Michelin.
       Norbert Casteret démontre que la source de la
       Garonne est une résurgence (Güell de Juen).
       A. Parrot découvre les ruines de la ville de Mari en
       Mésopotamie (Irak).
       Création de nombreux postes de radio : Radio-Paris,
       Tour Eiffel, P.T.T., Poste parisien...
       Dunoyer de Segonzac : *Les Géorgiques.*
       Mort de Vincent d'Indy.
       Hermant, Roussel, Lifar : *Bacchus et Ariane,* ballet.
       René Clair : *Le Million.*
       Carl Dreyer : *Vampyr* (réalisé en France).
       Jean Guéhenno : *Conversion à l'humain.*
       Lemonnier : *La Femme sans pitié,* roman populiste.
       Marcel Achard : *Domino.*
       Marcel Pagnol : *César.*
       Saint-Exupéry : *Vol de nuit,* prix Fémina.
       Georges Bataille : *Histoire de l'œil.*
       Jacques Bainville : *Histoire de France.*
       Marc Bloch : *Caractères originaux de l'histoire rurale
       française.*
1932   Loi sur les allocations familiales.
       Inauguration de la « route Napoléon » (Alpes).
       Création de Radio-Luxembourg.
       Inauguration de l'ossuaire de Douaumont.
       Création du festival de Strasbourg.
       P.O. Ferroud crée la société de musique le Triton.
       Début du guitariste de jazz Django Reinhardt.
       Jean Vigo : *Zéro de conduite.*
       A. Magne, vainqueur du Tour de France.
       Marcel Thil, champion du monde des poids moyens.
       Henri de Monfreid : *Les Secrets de la mer Rouge.*

Georges Simenon : *Le Locataire*.

François Mauriac : *Le Nœud de vipères*.

Céline : *Voyage au bout de la nuit*.

André Breton : *Les Vases communicants*.

Antonin Artaud : *Manifeste du théâtre de la cruauté*.

Jean Piaget : *Le Jugement moral chez l'enfant*.

Henri Bergson : *Les Deux Sources de la morale et de la religion*.

Emmanuel Mounier fonde la revue *Esprit*.

Traduction française de *L'Amant de lady Chatterley* de D.-H. Lawrence, roman « érotique ».

Formation du groupe « Octobre » (J. Prévert, etc.).

Suicide de Raymond Roussel, mort de Mathiez.

Charles de Gaulle : *Au fil de l'épée*.

Charles Freinet fonde son école.

1932-1947 Jules Romains : *Les Hommes de bonne volonté*.

1933 Création de la société anonyme Air France.

Création de la Loterie nationale.

Catastrophe ferroviaire de Lagny.

Maillol : *Monument à Claude Debussy*.

Matisse : *La Danse*.

André Malraux : *La Condition humaine*.

Colette : *La Chatte*.

Eugène Dabit : *Faubourg de Paris*, roman populiste.

Marcel Aymé : *La Jument verte*.

Jean Giraudoux : *Intermezzo*.

Deval : *Mademoiselle*.

Maurice Raymond : *De Baudelaire au surréalisme*.

L. Gillet traduit les *Souvenirs de France* de Rudyard Kipling.

G. Roupnel : *Histoire de la campagne française*.

G. Cohen crée la compagnie théâtrale étudiante les Théophiliens.

Mort de la comtesse Anna de Noailles, de C. Jullian.

L'enseignement secondaire public devient gratuit.

Canonisation de Bernadette Soubirous.

1933-1935 Trotski en France.

1933-1945 Georges Duhamel : *La Chronique des Pasquier*.

1934 Dernier loup tué en France avec certitude.

« Affaire Prince » (conseiller trouvé mort près de Dijon).

Création de la Compagnie nationale du Rhône pour l'aménagement du fleuve.

E. Beaudoin, M. Lods réalisent la cité de la Muette à Drancy à partir d'éléments fabriqués, une des premières en France.

Frédéric et Irène Joliot-Curie obtiennent la radio-activité artificielle.

H. Boucher bat le record de vitesse aérienne toutes catégories sur 1 000 km.

Mort de Marie Curie.

Maillol : *Les Trois Grâces.*

Max Ernst : *Jardins gobe-avions.*

Création du « Hot club de France » (D. Reinhardt, S. Grapelli, etc.).

A. Daix : *Professeur Nimbus.*

A. Magne, vainqueur du Tour de France (2e fois).

Jean Renoir : *Toni.*

Jean Vigo : *L'Atalante.*

Création des chevaliers du Tastevin (Clos-Vougeot).

G. Chevallier : *Clochemerle.*

J. Peyré : *L'Escadron blanc.*

Henry de Montherlant : *Les Célibataires.*

Louis Aragon : *Les Cloches de Bâle.*

D. Deval : *Tovaritch.*

Armand Salacrou : *Une femme libre.*

Louis Jouvet au théâtre de l'Athénée.

Gaston Bachelard : *Essai sur la connaissance approchée.*

H. Wallon : *Les Origines du caractère chez l'enfant.*

R. Grousset : *Histoire des croisades.*

Charles de Gaulle : *Vers l'armée de métier.*

M. Granet : *La Pensée chinoise.*

1934-1935 Mission A. Métraux à l'île de Pâques.

1934-1936 T. Monod au Sahara.

1935   Crue de la Garonne.

Les Joliot-Curie prix Nobel de chimie.

Daurat crée le premier réseau postal aérien de nuit.

Lancement du poquebot *Normandie,* qui obtient le « ruban bleu ».

Arthur Honegger : *Jeanne au bûcher.*

Jolivet, Messiaen, Lesur et Baudrier fondent le groupe de musique « Jeune France ».

Mort de Paul Dukas.

Jacques Feyder : *La Kermesse héroïque*.

Jean Renoir : *Le Crime de M. Lange*.

Apparition du judo en France.

Chanson : « Tout va très bien, madame la Marquise ».

Armand Salacrou : *L'Inconnue d'Arras*.

Edouard Bourdet : *Fric-frac*.

Jean Giraudoux : *La Guerre de Troie n'aura pas lieu*.

Jean Giono : *Que ma joie demeure*.

G. Fourest : *Le Géranium ovipare*.

Antonin Artaud : *Les Cenci*, tragédie.

Paul Hazard : *La Crise de la conscience européenne 1680-1715*.

Création de l'Ecole de l'air (militaire).

Alexis Carrel : *L'Homme cet inconnu*.

Création du pèlerinage des étudiants à Chartres.

ap. 1935 Balsan explore le désert du Kalahari.

1935-1945 Vogue du swing.

1936   Trois femmes secrétaires d'Etat.

Durée hebdomadaire de travail fixée à quarante heures.

Instauration des congés payés (quinze jours).

Contrats collectifs.

Création de l'office national interprofessionnel des céréales.

Liotard et Guibaut remontent le Salouen, fleuve né au Tibet.

Disparition de Mermoz sur l'hydravion « La Croix-du-Sud » dans l'Atlantique Sud.

Maryse Hilsz bat le record du monde d'altitude.

Couffignal : théorie de la machine à calculer.

Naufrage du *Pourquoi pas ?* du commandant Charcot.

Exposition d'objets surréalistes à Paris.

Darius Milhaud : *Suite provençale*.

Francis Poulenc : *Litanies à la vierge noire*.

Jean Renoir : *La Symphonie des brigands*.

A. Magne, champion du monde cycliste sur route.

La Varende : *Nez-de-cuir*.

Henry de Montherlant : *Les Jeunes Filles*.

Georges Bernanos : *Journal d'un curé de campagne*.

Louis Aragon : *Les Beaux Quartiers*.

Louis-Ferdinand Céline : *Mort à crédit*.

Benjamin Péret : *Je ne mange pas de ce pain-là.*
Jean-Paul Sartre : *L'Imaginaire.*
A. Thibaudet : *Histoire de la littérature française.*
J. Carcopino : *César.*
P. Nord : *Double crime sur la ligne Maginot.*
Mort de J. Bainville.
Scolarité obligatoire jusqu'à quatorze ans.

1936-1987 Picasso, période expressionniste.

1937   Crue de la Garonne.
Expositon internationale de Paris.
Création de la Société nationale des chemins de fer français (S.N.C.F.).
Construction du Palais de la Découverte, du Palais de Chaillot, du Palais de New York.
Picasso : *Guernica.*
Création du musée de l'Homme (Paris).
Inauguration du musée de l'Ile-de-France à Sceaux.
Mort de M. Ravel.
Jean Renoir : *La Grande Illusion.*
Pellos : *Futuropolis.*
Jean Sablon, prix du Disque.
Roger Martin du Gard, prix Nobel de littérature.
Georges Bernanos : *Les Grands Cimetières sous la lune.*
André Breton : *L'Amour fou.*
Georges Chevallier : *Sainte Colline.*
Alfred Jarry : *Ubu déchaîné* (représentation).
François Mauriac : *Asmodée.*
Jean Anouilh : *Le Voyageur sans bagages.*
Jean Giraudoux : *Electre.*
Henri Bosco : *L'Ane-culotte.*
André Malraux : *L'Espoir.*
Internement d'Antonin Artaud.
Gabriel Marcel : *Etre et Avoir.*

1937-1954 Louis Madelin : *Histoire du Consulat et de l'Empire.*

1938   Incendie des Nouvelles Galeries de Marseille.
Novarina : église Notre-Dame-des-Alpes à Saint-Gervais.
Exposition internationale du surréalisme à Paris.
Arthur Honegger : *La Danse des morts.*
F. Schmitt : *Oriane et le prince d'amour,* ballet.

Gromaire et Lurçat ressuscitent la tapisserie à Aubusson.

Marcel Carmé : *Hôtel du Nord* ; *Quai des Brumes*.

Mort de Georges Méliès.

Début du groupe de chanteurs « Les Quatre Barbus ».

Récital Charles Trénet à l'A.B.C., qui ouvre une nouvelle ère dans la chanson.

André Malraux : *L'Espoir*.

Louis-Ferdinand Céline : *Bagatelles pour un massacre*.

Maurice Genevoix : *La Dernière Harde*.

Jules Supervielle : *La Fable du monde*.

Henri Bosco : *L'Ane Culotte*.

Jean Anouilh : *La Sauvage*.

Jean Cocteau : *Les Parents terribles*.

Jean-Paul Sartre : *La Nausée*.

Albert Camus : *Noces*.

Gaston Bachelard : *Psychanalyse du feu*.

Jean Piaget : *La Construction du réel*.

Charles de Gaulle : *La France et son armée*.

Mort de Francis Jammes, de J. Bédier.

1938-1940 Pierre Dac : *L'Os à moelle*, journal satirique.

1939   Nicolas Bourbaki : *Eléments de mathématiques*, 1er fascicule.

Marcel Brillouin : diffraction de la lumière par les ultrasons.

Première découverte de gaz naturel à Saint-Marcet.

Léon Berger : *Les Trois Valses*, comédie musicale.

Jean Renoir : *La Règle de jeu*.

Marcel Carné : *Le Jour se lève*.

Pierre Seghers : *Bonne Espérance*.

Jean Giraudoux : *Ondine*.

Jean-Paul Sartre : *Le Mur*.

Roger Caillois : *L'Homme et le Sacré*.

Armand Salacrou : *Histoire de rire*.

Antoine de Saint-Exupéry : *Terre des hommes*.

Pierre Drieu la Rochelle : *Gilles*.

Aimé Césaire : *Cahier d'un retour au pays natal*.

J. Mayoux : *Ma tête à couper*.

Mort de Georges Pitoëff.

1939-1940 Louis Aragon : *Le Crève-cœur*.

21

A L'HEURE DE LA TECHNIQUE
1940-1980

1940   Crue du Tech endommageant Amélie-les-Bains.
       Mode : longue veste tailleur et cheveux en hauteur
       pour les femmes.
       Hitler restitue les cendres de l'Aiglon à la France.
       Découverte fortuite de la grotte de Lascaux par des
       enfants.
       Django Reinhardt : *Nuages*.
       Paul Claudel : *Paroles au maréchal*.
       André Breton : *Anthologie de l'humour noir*.
       Georges Simenon : *Les Inconnus dans la maison*.
       Mort de Saint-Pol Roux.
       Fondation de la communauté œcuménique de Taizé.
1940-1942 Louis Aragon : *Les Yeux d'Elsa*.
1940-1945 Mode « zazou ».
1941   Charte du travail (interdiction des syndicats).
       Bertrand Flornoy découvre les sources du rio
       Marañon.
       Hymne : « Maréchal, nous voilà ! »
       Henri Pourrat : *Vent de mars*, prix Goncourt.
       Jean Anouilh : *Le Rendez-vous de Senlis*.
       Jean Cocteau : *La Machine à écrire*.
       Ecole de Rochefort, groupe de poètes provinciaux :
       J. Bouhier, R.-G. Cadou, L. Bérimont, J. Rousselot,
       M. Manoll, etc.
       Publication des *Cahiers* de Montesquieu.
       Création du journal *Témoignage chrétien*.
       Mort d'Henri Bergson.
1942   Le chanoine Biévelet commence les fouilles dans la
       cité gallo-romaine de Bavai.
       Mort de J. Perrin.
       Marcel Carné : *Les Visiteurs du soir*.
       Jean Grémillon : *Lumière d'été*.

Albert Camus : *L'Etranger.*
Henry de Montherlant : *La Reine morte.*
Vercors : *Le Silence de la mer.*
Paul Eluard : *Poésie et Vérité.*
Sacha Guitry : *N'écoutez pas mesdames.*
Fondation des éditions de Minuit.
Le Corbusier : *La Maison des hommes.*
E. de Martonne : *Géographie physique de la France.*
1942-1952 Le Toumelin, navigue en solitaire.
1943   Création de la fête des Mères.
Création de l'Institut français d'opinion publique (I.F.O.P.).
Création du Service national des statistiques, futur I.N.S.E.E.
Giraudoux et Dautry créent la Ligue urbaine et rurale.
Le Corbusier publie *La Charte d'Athènes* (de 1933).
Parution de *Gallia,* revue des fouilles archéologiques.
Darius Milhaud : *Bolivar.*
Germaine Sablon crée « Le chant des partisans » de Marly, Druon et Kessel.
Robert Bresson : *Les Anges du péché.*
Jean Cocteau : *L'Eternel retour.*
Jacques Becker : *Goupi, mains rouges.*
Jean Grémillon : *Le Ciel est à vous.*
Henri-Georges Clouzot : *Le Corbeau.*
Roger Frison-Roche : *Premier de cordée.*
Maxence Van der Meersch : *Corps et Ames.*
Paul Vialar : *La Grande Meute.*
Saint-Exupéry : *Le Petit Prince.*
Colette : *Gigi.*
Jean Anouilh : *Antigone.*
Jean-Paul Sartre : *L'Etre et le Néant ; Les Mouches.*
Vercors : *La Marche à l'étoile.*
1943-1953 Expérience des prêtres-ouvriers.
1944   Les femmes obtiennent le droit de vote et l'éligibilité.
Reconstitution des syndicats.
Nationalisation des houillères du Nord et du Pas-de-Calais.
Mort d'Alexis Carrel.
Débuts de géométrisme : Vasarely, Deyrolle, etc.
Francis Poulenc : *Les Mamelles de Tirésias.*

Début des groupes de chanteurs « Les Compagnons de la chanson », « Les Frères Jacques ».

Marcel Carné : *Les Enfants du paradis.*

Mort de Maillol.

Jean-Paul Sartre : *Huis-clos.*

Albert Camus : *Le Malentendu.*

Louis Aragon : *Aurélien.*

Roger Peyrefitte : *Les Amitiés particulières.*

Marijac : *Les Trois Mousquetaires du maquis.*

R. Ferdinand : *Les J 3.*

Disparition de Saint-Exupéry.

Mort de Max Jacob, de Jean Giraudoux, de Gabriel Hanotaux, de Romain Rolland.

Création du journal *Le Monde.*

Création de l'agence France-Presse.

1944-1945 Récital d'Yves Montand pendant sept semaines à Paris.

1944-1950 Les duettistes Charles Aznavour et Pierre Roche.

1945 La France compte 40 300 000 habitants.

Nationalisation de Renault, des transports aériens, des banques.

Création des comités d'entreprise (au-delà de cent salariés).

Création de la Sécurité sociale.

Création du Centre national de la recherche scientifique (C.N.R.S.).

Création du commissariat général au Plan.

Création du commissariat à l'énergie atomique (C.E.A.).

Création du monopole d'Etat sur la radio.

Suppression du bagne de Cayenne.

Exploration de la grotte de la Clamouze (Larzac).

Débuts de l'art abstrait en peinture.

Henri Sauguet : *Les Forains*, ballet.

Roland Petit, danseur et chorégraphe, amorce un renouveau chorégraphique.

G. Rouquier : *Farrebique.*

Marcel Carné : *Les Portes de la nuit.*

Robert Bresson : *Les Dames du bois de Boulogne.*

René Clément : *La Bataille du rail.*

Jean-Louis Bory : *Mon village à l'heure allemande*, prix Goncourt.

Roger Vaillant : *Drôle de jeu*, prix Interallié.

Jean Giraudoux : *La Folle de Chaillot* (posthume).

Albert Camus : *Caligula*.

Henri Quéffelec : *Un recteur de l'île de Sein*.

Julien Gracq : *Un beau ténébreux*.

François Mauriac : *Les Mal-Aimés*.

Lucien Febvre : *Rabelais*.

Daniel-Rops : *Jésus en son temps*.

Maurice Merleau-Ponty : *Phénoménologie de la perception*.

Le Senne : *Traité de caractériologie*.

Le Corbusier : *Les Trois Etablissements humains*.

Fondation du C.I.E.P. de Sèvres, par Edmée Hatinguais.

Fondation de l'école Decroly.

Début de la revue *Les Temps modernes* (Jean-Paul Sartre).

Fondation de la troupe théâtrale « Le Grenier de Toulouse ».

Mort de Paul Valéry, suicide de Pierre Drieu la Rochelle.

ap. 1945 La chanson est représentée surtout par Francis Lemarque et Yves Montand.

1945-1949 Jean-Paul Sartre : *Les Chemins de la liberté*.

1945-1960 Existentialisme.

1946   Nationalisation du gaz, de l'électricité, des grandes compagnies d'assurances.

Création du Fonds forestier national.

Création du Conseil national du patronat français (C.N.P.F.).

Loi Marthe Richard fermant les « maisons closes ».

Incendie et fin du *Normandie* à New York.

Leroi-Gourhan commence à fouiller le site préhistorique d'Arcy-sur-Cure.

Première exposition Bernard Buffet.

Création du festival du film à Cannes.

Jean Cocteau : *La Belle et la Bête*.

Jean Grémillon : *Le 6 juin à l'aube*.

Mouvement littéraire lettriste : Isou, Lemaître, Dufrêne, etc.

Philippe Hériat : *La Famille Boussardel*.

Henri Bosco : *Le Mas théotime*, prix Renaudot.

Jacques Prévert : *Paroles.*
Boris Vian : *J'irai cracher sur vos tombes.*
Jean Cocteau : *L'Aigle à deux têtes.*
Jean-Paul Sartre : *Morts sans sépulture* ; *La P...
respectueuse.*
Saint-John Perse : *Vents.*
Jacques Prévert : *Paroles.*
André Gide : *Thésée.*
Georges Bernanos : *Monsieur arrive !*
Jean Paulhan crée *Les Cahiers de la Pléiade.*
J. François : *Le Capitaine Fantôme.*
Fondation de la compagnie théâtrale Renaud-Barrault.
Mort d'O. Aubry.

ap. 1946 Apparition du bikini.

1946-1948 D. Rousset : *L'Univers concentrationnaire.*
A. Demangeon : *Géographie économique et humaine
de la France.*

1946-1971 Compagnie théâtrale Grenier-Hussenot.

1947 Création du Conseil économique et social.
Le 1er Mai devient fête officielle.
Aide du plan Marshall à la France.
Sécession du syndicat Force ouvrière (F.O.).
Création de la Fédération de l'Education nationale
(F.E.N.).
Christian Dior lance la mode new-look, femme fleur,
taille de guêpe.
Comité national des sentiers de grande randonnée.
Découverte de la grotte préhistorique peinte du Roc-
aux-sorciers (Vienne).
Création des Expéditions polaires françaises par Paul-
Emile Victor.
Sortie de la 4 CV Renault.
Mort de Paul Langevin.
Frères Rayssignier et Matisse : chapelle du Rosaire
(Vence).
Reconstitution du moulin de Valmy.
Matisse : *La Jeune Anglaise.*
Bernard-Rabaud : *Martine,* opéra.
Olivier Messiaen inaugure sa classe d'esthétique au
Conservatoire de Paris.
Jean Robic gagne le Tour de France cycliste.
Création de l'école de voile des îles des Glénans.

Claude Autant-Lara : *Le Diable au corps.*
Roger Leenhardt : *Les Dernières Vacances.*
Jacques Tati : *Jour de Fête.*
Henri-Georges Clouzot : *Quai des Orfèvres.*
René Clair : *Le Silence est d'or.*
René Clément : *Les Maudits.*
Début de la vogue des « caves » de Saint-Germain-des-Près (Tabou, Rose rouge, Echelle de Jacob, etc.).
Mort de Bonnard, de Marquet.
André Gide, prix Nobel de littérature.
Guillaume Apollinaire : *Ombre de mon amour*, posthume.
Armand Salacrou : *L'Archipel Lenoir.*
Jean Genet : *Les Bonnes.*
Albert Camus : *La Peste.*
André Roussin : *La Petite Hutte.*
Jules Supervielle : *A la nuit.*
André Soubiran : *Les Hommes en blanc.*
Cécil Saint-Laurent : *Caroline chérie.*
Jacques Péret : *Le Caporal épinglé.*
Jean-Paul Sartre : *Qu'est-ce que la littérature ?*
Jean Giraudoux : *L'Apollon de Bellac.*
Jacques Audiberti : *Le Mal court.*
Philippe Hériat : *La Famille Boussardel.*
Marie Noël : *Chants et Psaumes d'automne.*
Roger Fallet : *Banlieue sud-est.*
Boris Vian : Chroniques de jazz dans divers journaux.
Jean Vilar crée le Festival d'Avignon.
Jean Dasté crée la Comédie de Saint-Etienne.
Début du livre de poche.

1947-1950 Henri Troyat : *Tant que la terre durera.*
1947-1952 Premier Plan.
1948 Nombreuses grèves.
Nationalisation d'Air France (société mixte).
Découverte de la mine d'uranium de la Crouzille.
Première pile atomique française.
Inauguration du barrage de Génissiat.
Premières expéditions polaires en Terre-Adélie.
Fouilles de la villa gallo-romaine de Montmaurin.
Sortie de la 2 CV Citroën.
Mort de Louis Lumière.
Pierre Schaeffer lance la musique concrète.

Création du festival musical d'Aix-en-Provence.
Buffet et Lorjou, prix de la Critique.
Ouverture de la grotte de Lascaux au public.
Débuts de Patachou « Chez Patachou ».
Cerdan, champion du monde des poids moyens.
Henri-Georges Clouzot : *Manon.*
Jean Cocteau : *Les Parents terribles.*
Sacha Guitry : *Le Diable boiteux.*
Maurice Druon : *Les Grandes Familles*, prix Goncourt.
Hervé Bazin : *Vipère au poing.*
Antonin Artaud : *Pour en finir avec le jugement de Dieu.*
Georges Simenon : *La Neige était sale.*
Saint-Exupéry : *Citadelle*, posthume.
Jean-Paul Sartre : *Les Mains sales ; Situations.*
Henry de Montherlant : *Le Maître de Santiago.*
Jérôme Carcopino : *Les Secrets de la correspondance de Cicéron.*
Mort de Georges Bernanos.
1948-1950 Malraux : *Psychologie de l'art.*
1948-1952 Construction des barrages d'Ottmarsheim, de Donzère-Mondragon.
1948-1952 Grimault-Prévert : *La Bergère et le ramoneur*, dessin animé.
1949 Grand incendie des Landes.
Premier disque microsillon, premier journal télévisé.
Appareil Leduc propulsé par statoréacteur.
Accident d'avion aux Açores, au sours duquel meurent Ginette Neveu, Marcel Cerdan, etc.
Messiaen : *Turangalila*, symphonie ; *Mode de valeurs et d'intensités.*
Mitry-Honegger : *Pacific 231.*
Yves Allégret : *Dédée d'Anvers.*
Christian-Jaque : *La Chartreuse de Parme.*
Jacques Becker : *Le Rendez-vous de juillet.*
Louis Daquin : *Le Point du jour.*
Jean Grémillon : *Pattes blanches.*
Jean Cocteau : *Orphée.*
Robert Dhéry : *Les Branquignols.*
Triomphe d'Edith Piaf.
Cerdan champion du monde de boxe contre Lamotta.
Cabaret « L'Ecluse ».

Henry de Montherlant : *Demain il fera jour.*
Robert Merle : *Week-end à Zuydcoote*, prix Goncourt.
Albert Camus : *Les Justes.*
Simone de Beauvoir : *Le Deuxième Sexe.*
Louis Guilloux : *Le Jeu de patience.*
Georges Bernanos : *Dialogues des carmélites*, posthume.
Eugène Ionesco : *La Cantatrice chauve.*
Henri Clouard : *Histoire de la littérature française du symbolisme à nos jours.*
M. Reinhard : *Histoire de la population mondiale de 1700 à 1948.*
La Chasse spirituelle attribuée à Rimbaud, canular.
Mort de Charles Dullin.

1950   Création du salaire minimum interprofessionnel garanti (S.M.I.G.).
Début du journal *L'Observateur.*
Naufrage de la frégate météorologique Laplace à Saint-Cast.
Premier congrès international d'astronautique à Paris.
Inauguration du train rapide le « Mistral ».
Lancement du bateau océanographique la *Calypso* (com. Cousteau).
Maurice Herzog et une équipe française arrivent au sommet de l'Annapurna (Himalaya).
Novarina, Rouault, Matisse, Léger, Lurçat, etc. : chapelle d'Assy.
Georges Auric : *Prèdre*, ballet.
Arthur Honegger : *Cinquième Symphonie.*
H. Barraud : *Numance*, tragédie lyrique.
Les Frères Jacques, Grand Prix du disque.
Débuts du chanteur québécois Félix Leclerc.
René Clair : *La Beauté du diable.*
Marcel Carné : *La Marie du port.*
André Cayatte : *Justice est faite.*
Robert Bresson : *Journal d'un curé de campagne.*
Georges Arnaud : *Le Salaire de la peur*, roman.
Georges Bataille : *L'Abbé C.*
Pierre Benoit : *Les Agriates.*
Jean Anouilh : *La Répétition ou l'amour puni.*
Eugène Ionesco : *La Leçon.*
Barillet-Grédy : *Le Don d'Adèle.*

André Roussin : *Bobosse*.

Le Corbusier : *Le Modulor*.

Création du festival théâtral d'Angers.

v. 1950 « Nouveau Roman » : Robbe-Grillet, Sarraute, Duras, Butor, etc., et revue *Tel Quel*, collectif.

« Jeune droite littéraire » : Blondin, Déon, Franck, Nimier, etc.

« Nouveau théâtre » : Brecht, Genet, Ionesco, etc.

Chanteurs-compositeurs : Lemarque, Brassens, Béart, Brel, Ferré, Bécaud, Aznavour, etc.

Renouveau du mime avec Marcel Marceau.

1950-1963 Jean Vilar directeur du T.N.P.

1951 Léon Jouhaux, prix Nobel de la paix.

Loi Barangé d'aide à l'enseignement privé.

Premier calculateur électronique fonctionnant en système binaire (Louis Couffignal).

Jacqueline Auriol bat le record féminin de vitesse en circuit fermé (aviation).

Découverte du gaz de Lacq.

Premier Salon des peintres témoins de leur temps (sur un thème).

Art informel : Fautrier, Dubuffet, Riopelle, etc.

Novarina : église du Sacré-Cœur à Audincourt.

Francis Poulenc : *Stabat mater*.

Jean Renoir : *Le Fleuve*.

Début des *Cahiers du cinéma*.

Fermeture du cynodrome de Courbevoie (courses de lévriers).

Julien Gracq : *Le Rivage des Syrtes*, prix Goncourt (refusé).

Jacques Perret : *Bande à part*, prix Interallié.

André Malraux : *Les Voix du silence*.

Roger Peyrefitte : *Les Ambassades*.

Louise de Vilmorin : *Madame de*.

Marguerite Yourcenar : *Les Mémoires d'Hadrien*.

François Mauriac : *Le Sagouin*.

Jean Giono : *Le Hussard sur le toit*.

Jean-Paul Sartre : *Le Diable et le bon Dieu ; Les Mains sales ; Lettre à Camus*.

Albert Camus : *L'Homme révolté*.

Simone Weil : *La Condition ouvrière*.

Publication de Jean Genet : *Notre-Dame des Fleurs, Pompes funèbres, Haute Surveillance.*

Mort d'Alain, d'André Gide.

1951-1962 Vogue des cabarets parisiens de la rive gauche.

1952   Crue de la Garonne.

Procès Marie Besnard.

Albert Schweitzer, prix Nobel de la paix.

Le Dr Jamaze met au point l'accouchement sans douleur (psycho-prophylactique).

R. Carpentier, premier pilote français à franchir le mur du son (sur Mystère II).

Alain Bombard traverse l'Atlantique sur un radeau pneumatique en naufragé volontaire et solitaire.

J. Laporte dresse une pyramide à la naissance de la Kagera, origine du Nil blanc.

Découverte du crâne préhistorique de Tilloux, près de Jarnac (environ 100 000 ans).

Découverte de la grotte peinte de Cougnac.

Mort de Maryse Bastié.

Darius Milhaud : *Le Roi David.*

Premier spectacle « son et lumière » (Chambord).

Juliette Gréco, prix du Disque.

Jean Renoir : *Le Carrosse d'or.*

André Lamorisse : *Crin-Blanc.*

Jacques Becker : *Casque d'or.*

Christian-Jaque : *Fanfan la tulipe.*

André Cayatte : *Nous sommes tous des assassins.*

René Clément : *Jeux interdits.*

Julien Duvivier : *Le Petit Monde de dom Camillo.*

François Mauriac, prix Nobel de littérature.

Béatrice Beck : *Léon Morin prêtre*, prix Goncourt.

Jean Dutourd : *Au bon beurre*, prix Interallié.

Marcel Aymé : *La Tête des autres.*

Eugène Ionesco : *Les Chaises.*

Pierre Boulle : *Le Pont de la rivière Kwaï*, roman.

Gilbert Cesbron : *Les saints vont en enfer.*

Henri de Monfreid : *Le Cimetière des éléphants.*

Albert Husson : *La Cuisine des anges.*

Roger Planchon au théâtre de la comédie (Lyon).

Mort de Perret, d'Eluard, de Baty.

1952-1953 Le Corbusier : immeuble à Rézé ; chapelle de Ronchamp ; unité d'habitation à Marseille.

1953 Nombreuses grèves.

Canular publicitaire de G.A.R.A.P., marque imaginaire.

Naufrage du *Monique :* 120 morts.

Pr Chrétien : invention de l'hypergonar (pour le cinémascope).

Construction du barrage de Tignes.

Expérimentation du four solaire de Montlouis.

Début de l'exploitation du gaz de Lacq.

Découverte du trésor de Vix.

Création de la patrouille de France (voltige aérienne).

Mort d'Henri Becquerel.

Le Corbusier : unité d'habitation à Nantes.

Pierre Boulez crée le « domaine musical ».

Henri-Georges Clouzot : *Le Salaire de la peur.*

Marcel Carné : *Thérèse Raquin.*

Jacques Becker : *Touchez pas au grisbi.*

Jacques Tati : *Les Vacances de M. Hulot.*

Création d'une chaîne de radio consacrée à la musique.

Mick Micheyl, prix du Disque.

Mouloudji, prix Charles Cros.

Mort de Gleizes, de Picabia, de Dufy, de Thibaut, de D. Reinhardt.

Pierre Gascar : *Le Temps des morts,* prix Goncourt.

Alain Robbe-Grillet : *Les Gommes.*

Robert Merle : *La mort est mon métier.*

Boris Vian : *L'Arrache-cœur.*

Jean Anouilh : *L'Alouette.*

Samuel Beckett : *En attendant Godot.*

Création mouvementée des *Sorcières de Salem* d'Arthur Miller.

Fondation du journal *L'Express.*

Création du dictionnaire Robert.

Première édition du *Who's who in France.*

Mort de Rosemonde Gérard, de Bernstein.

1953-1955 Louison Bobet gagne trois fois de suite le Tour de France cycliste.

1954 Dernier monôme du bac à Paris (interdit pour violence par la suite).

Création du tiercé.

Campagne de l'abbé Pierre pour les sans-logis (Emmaüs).

Coco Chanel rouvre sa maison de couture.

Création du C.E.R.N., centre de recherches nucléaires européen, à Meyrin, près de Genève.

Découverte du pétrole de Parentis.

Premiers forages en Ile-de-France, pour le pétrole.

Arambourg et Hoffstetter découvrent quelques ossements de l'*anthropos mauritanicus* en Algérie.

Mort de Rozanoff, pilote d'essai, d'Esclangon, de l'abbé Moreux.

Mort du missionnaire protestant Leenhardt, spécialiste des néo-calédoniens.

Le Corbusier conçoit le plan d'urbanisme de Chandigarh au Penjab.

Zadkine : Christ en bois, église de Caylus.

Georges Brassens, prix Charles Cros.

Catherine Sauvage, prix du Disque.

René Clément : *Monsieur Ripois*.

Claude Autant-Lara : *Le Blé en herbe* ; *Le Rouge et le Noir*.

Marcel Carné : *L'Air de Paris*.

Jean Grémillon : *L'Amour d'une femme*.

Mort de Matisse, de Perret, de Derain, de Laurens.

C. Humez, champion d'Europe des poids moyens.

Henry de Montherlant : *L'Histoire d'amour de la rose de sable* ; *Port-Royal*.

Henri Bosco : *L'Antiquaire*.

Simone de Beauvoir : *Les Mandarins*, prix Goncourt.

Françoise Sagan : *Bonjour tristesse*.

Raymond Queneau : *Exercices de style*.

F. Carsac : *Ceux de nulle part*.

Michel de Saint-Pierre : *Les Aristocrates*.

Gilbert Cesbron : *Chiens perdus sans collier*.

Pierre Daninos : *Les Carnets du major Thompson*.

Gilles, prix de poésie populiste.

Pauline Réage : *Histoire d'O* (censuré).

Venue en France du Berliner Ensemble qui lance réellement Brecht.

Consécration de la basilique de Lisieux.

Création du pèlerinage islamo-chrétien des Sept-Dormants à Vieux-Marché.

Mort de Colette.

1954-1964 Cabaret « La Colombe ».

1955   Inondations, crues de la Seine, de la Garonne, etc.

Mode du « blue-jean ».

E. Boselli bat le record féminin de vitesse en circuit fermé sur 1 000 km.

Premier vol de l'hélicoptère Alouette II.

Japy fabrique ses propres machines à écrire.

Aéroglisseur Terraplane BC 4 (Bertin).

Pierre Henry : *Le Voile d'Orphée*.

Béjart-Schaeffer-Henry : *Symphonie pour un homme seul*.

Mireille crée le Petit Conservatoire de la chanson.

Débuts du rock en France (Hallyday, Vartan, Rivers, Mitchell, etc.).

René Clair : *Les Grandes Manœuvres*.

Com. Cousteau : *Le Monde du silence*.

Max Ophüls : *Lola Montès* (réalisé en France).

Jules Dassin : *Du rififi chez les hommes*.

Jean Renoir : *French Cancan*.

Création de l'Association française des cinémas d'art et d'essai (A.F.C.A.E.).

Création du festival musical de Prades (Pablo Casals).

Création de la station de radio Europe n° 1.

Mort d'Utrillo, de Léger, de Honegger.

Roger Ikor : *Les Eaux mêlées,* prix Goncourt.

Henri de Monfreid : *Pilleurs d'épaves*.

Félicien Marceau : *Les Elans du cœur*, prix Interallié.

Minou Drouet (huit ans) : *Arbre, mon ami*, poèmes.

Alain Robbe-Grillet : *Le Voyeur*.

Claude Lévi-Strauss : *Tristes Tropiques*.

Pierre Teilhard de Chardin : *Le Phénomène humain*.

Parution de la revue *L'Œil*.

Mort de Claudel, de Teilhard de Chardin.

1955-1960 Maurice Druon : *Les Rois maudits*.

1956   Vote des trois semaines de congés payés.

Instauration de la vignette auto.

Mort de M. Moro-Giafferi.

Débuts de l'avion Caravelle.

Première découverte de pétrole en Algérie (Hassi-Messaoud).

Premier métro sur pneu (Châtelet-Lilas) à Paris.
Mort de Léo Valentin, l'homme-oiseau.
Découverte de la grotte de Rouffignac.
Mort d'Irène Joliot-Curie, du Pr Chrétien.
Marot : église Sainte-Agnès à Fontaine-les-Grés.
Eglise d'Yvetot avec verrières de Max Ingrand.
H. Lhote relève les peintures rupestres du Tassili.
Comédie musicale : *Irma la douce.*
Claude Autant-Lara : *La Traversée de Paris.*
Henri-Georges Clouzot : *Le Mystère Picasso.*
Roger Vadim : *Et Dieu créa la femme*, débuts remarqués de Brigitte Bardot.
Robert Bresson : *Un condamné à mort s'est échappé.*
Alain Resnais : *Nuit et Brouillard.*
Alain Mimoun, médaille d'or aux J.O. de Melbourne.
Mort de Gustave Charpentier, de Mistinguett, d'Yves Nat.
Paul Léautaud : *Journal (1896-1956)*, posthume.
Albert Camus : *La Chute.*
Jean Genet : *Le Balcon.*
Romain Gary : *Les Racines du ciel*, prix Goncourt.
François-Régis Bastide : *Les Adieux*, prix Fémina.
Michel Butor : *L'Emploi du temps.*
Alain Robbe-Grillet : *Une voie pour le roman futur.*
Félicien Marceau : *L'Œuf.*
J. Sternberg : *La sortie est au fond de l'espace.*
Jean Anouilh : *Pauvre Bitos.*
Publication du *Journal* d'Antonin Artaud.
Françoise Sagan : *Un certain sourire.*
Première édition complète du *Journal* des Goncourt.
Dictionnaire encyclopédique Quillet.
Mort de Léautaud, de Madelin, de Febvre.
ap. 1956 « Nouvelle vague » du cinéma.
1957   Record de chaleur à Paris le 30 juin.
La S.O.M.I.V.A.C. met en valeur la plaine d'Aléria.
L'hélicoptère Djinn bat le record du monde d'altitude.
Mise en service de l'usine de traitement du gaz à Lacq.
Une antenne T.V. est installée sur la tour Eiffel.
C. Goujon, pilote d'essai, se tue sur Trident.
Eglise Sainte-Anne à Saint-Nazaire.
Francis Poulenc : *Dialogues des carmélites.*

Guy Béart, Grand Prix du disque.

René Clair : *Porte des Lilas.*

Henri-Georges Clouzot : *Les Espions.*

Louis Malle : *Ascenseur pour l'échafaud.*

Mort de Charles Pathé.

Albert Camus, prix Nobel de littérature.

Michel Butor : *La Modification,* prix Renaudot.

Roger Vailland : *La Loi,* prix Goncourt.

Georges Bataille : *Le Bleu du ciel* (écrit en 1937) ;
L'Erotisme.

Saint-John Perse : *Amers.*

André Roussin : *La Mamma.*

Marcel Achard : *Patate.*

Alain Robbe-Grillet : *La Jalousie.*

Samuel Beckett : *Fin de partie.*

Mort de Vercel, de Guitry.

Création de l'Institut de préparation aux enseignants
du second degré (I.P.E.S.).

Création de l'Institut national des sciences appliquées
(I.N.S.A.) sans concours d'entrée.

1957-1966 Lurçat : *Le Chant du monde.*

1958   Découverte de pétrole « commercial » près de Meaux.

Arrivée en France du premier pétrole saharien.

Gil Delamare et Colette Duval effectuent un saut de
nuit sans inhalateur à 7 000 m.

Mort de F. Joliot-Curie.

G. Gillet : pavillon français à l'exposition de Bruxelles,
cathédrale de Royan.

H. Baur : chapelle Sainte-Thérèse, Hem (près de
Roubaix).

Palais de l'U.N.E.S.C.O. à Paris.

Basilique souterraine de Lourdes.

Pierre Schaeffer crée le groupe de recherches musicales.

Louis Malle : *Les Amants.*

Jacques Tati : *Mon oncle.*

Claude Autant-Lara : *En cas de malheur.*

Marcel Carné : *Les Tricheurs.*

Robert Souplex interprète le commissaire Bourrel à la
télévision.

La France finit troisième de la coupe du monde de
football en Suède.

Mort de Schmitt, Rouault, Vlaminck.

Henri Alleg : *La Question.*

Françoise Mallet-Jorris : *L'Empire céleste*, prix Fémina.

Louis Aragon : *La Semaine sainte.*

Simone de Beauvoir : *Mémoires d'une jeune fille rangée.*

Jules Supervielle : *L'Escalier.*

Christiane Rochefort : *Le Repos du guerrier.*

Joseph Kessel : *Le Lion.*

Pierre Seghers : *Racines.*

Claude Lévi-Strauss : *L'Anthropologie structurale.*

Création du pardon de la batellerie à Conflans-Sainte-Honorine.

Mouvement de l'alittérature (Artaud, Beckett, le nouveau roman, etc.).

Création du prix Médicis.

Création des centres de documentation pédagogique (enseignement secondaire).

Mort de Carco, Martin du Gard.

1958-1962 H. Bernard : Maison de la radio (Paris).

1959   Affaire des « ballets roses ».

Catastrophe de Fréjus (rupture du barrage de Malpasset).

Debré : Loi d'aide à l'enseignement privé.

Inauguration du pont suspendu de Tancarville.

Exploitation de puits de pétrole en Ile-de-France.

Inauguration de l'oléoduc Hassi-Messaoud-Bougie (Algérie).

Découverte des bijoux mérovingiens de la reine Arégonde (565-570) à Saint-Denis.

Première greffe du rein (Paris et Boston).

Lejeune-Turpin-Gautier : découverte de quarante-sept chromosomes chez les mongoliens (au lieu de 46) trisomie 21.

Le Corbusier : unité d'habitation à Briey ; couvent Sainte-Marie à Evreux.

Pierre Boulez : *Poésie pour pouvoir.*

Francis Poulenc : *La Voix humaine.*

Jean Cocteau : décoration de la chapelle Saint-Blaise-des-Simples à Milly-la-Forêt.

Lopez : immeuble des Allocations familiales à Paris.

Claude Chabrol : *Le Beau Serge ; Les Cousins.*
Jean Renoir : *Le Déjeuner sur l'herbe ; Le Testament du docteur Cordelier.*
Roger Vadim : *Les Liaisons dangereuses.*
Jean Rouch : *Moi, un Noir.*
Georges Franju : *Les Yeux sans visage.*
Jean-Luc Godard : *A bout de souffle.*
François Truffaut : *Les 400 coups.*
Alain Resnais : *Hiroshima, mon amour.*
Claude Autant-Lara : *La Jument verte.*
Goscinny-Uderzo : *Astérix le Gaulois.*
Création du centre artistique et culturel du moulin de Vauboyen.
André Schwarz-Bart : *Le Dernier des justes,* prix Goncourt.
Antoine Blondin : *Un singe en hiver,* prix Interallié.
Eugène Ionesco : *Rhinocéros.*
Jean Genet : *Les Nègres.*
Jacques Audiberti : *L'Effet Glapion.*
Jean Anouilh : *Beckett ou l'honneur de Dieu.*
Jean-Paul Sartre : *Les Sequestrés d'Altona.*
Raymond Queneau : *Zazie dans le métro.*
Charles de Gaulle : *L'Appel ; Le Salut.*
Lancement du journal *Pilote.*
Création des collèges d'enseignement généraux (C.E.G.).
Jean-Louis Barrault, directeur du Théâtre de France.
Mort de Gérard Philipe.

1959-1965 François Mauriac : *Mémoires intérieurs.*
c. 1960 Les femmes adoptent la mini-jupe.
Théâtre d'avant-garde, troupes universitaires, etc.
1960 Création et réglementation des parcs nationaux.
Tremblement de terre qui détruit Agadir (Maroc).
Nombreuses grèves.
Explosion des trois premières bombes atomiques françaises.
Ouverture de l'autoroute du Sud A 6.
Lancement du paquebot *France,* le plus grand du monde.
H. Giraud se pose en avion, pour la première fois, sur le mont Blanc.
Mort de G. Claude, de J. Thibaud.

Béjart fonde le « Ballet du xxe siècle ».

Barbara, Grand Prix du disque.

Naissance de la pop' music, du pop' art.

Musée Fernand Léger à Biot.

Jean Cocteau : *Le Testament d'Orphée.*

Jean-Luc Godard : *A bout de souffle.*

François Truffaut : *Tirez sur le pianiste.*

Jean Rouch : *Chronique d'un été.*

Alain Resnais, Alain Robbe-Grillet : *L'Année dernière à Marienbad.*

Election de René Clair à l'Académie, le premier cinéaste à y entrer.

Débuts de Fernand Raynaud, de Raymond Devos.

Saint-John Perse, prix Nobel de littérature.

André Roussin : *Les Glorieuses.*

Maurice Merleau-Ponty : *Signes.*

Jean-Paul Sartre : *Critique de la raison dialectique.*

Françoise Sagan : *Un château en Suède.*

A. Adam : première édition intégrale des *Historiettes* de Tallemant des Réaux (1659).

Henry de Montherlant : *Le Cardinal d'Espagne.*

Lartéguy : *Les Centurions.*

Tournoux : *Secrets d'Etat.*

Mouvement « spatialiste » en poésie.

Mort d'Albert Camus, de Jules Supervielle.

1961 Agitation paysanne en Bretagne.

Effondrement d'immeubles à Clamart et Issy-les-Moulineaux.

Fin du procès de Marie Besnard : acquittée au bout de treize ans !

Déraillement du Strasbourg-Paris.

Chagall réalise des vitraux pour Jérusalem.

Début de la chanson « yé-yé » (Johnny Hallyday, Sylvie Vartan, Claude François, Richard Anthony, Sheila, etc.).

Début du twist.

Léo Ferré devient connu du grand public.

Jacques Demy : *Lola.*

Louis Malle : *Vie privée.*

Robert Dhéry : *La Belle Américaine.*

Henri Tisot se rend célèbre par ses imitations du général de Gaulle.

Louis Pauwels-Jacques Bergier : *Le Matin des magiciens.*

Perroux : *L'Economie du XXᵉ siècle.*

Jean Cau : *La Pitié de Dieu*, prix Goncourt.

Mort de Céline, de Cendrars.

1962   Quatres semaines de congés payés chez Renault.

Loi Malraux sur le sauvetage des édifices et de leur environnement (le Marais, etc.).

Orly : un Boeing s'écrase en faisant 131 morts, la plus grosse catastrophe aérienne française.

Gil Delamare et Colette Duval réalisent une chute libre sans inhalateur de 9 600 m.

Débuts de la Mondovision par satellite entre les Etats-Unis et Pleumeur-Bodou.

Gilbert Bécaud : *L'Opéra d'Aran.*

Création du Festival du Maris à Paris.

Prêt de la Joconde aux Etats-Unis.

Yves Robert : *La Guerre des boutons.*

Agnès Varda : *Cléo de 5 à 7.*

Chris Marker : *Cuba si.*

Jean-Claude Forest : *La Jetée ; Barbarella.*

Mort de Cortot.

Raymond Aron : *Paix et Guerre.*

Mort de Pierre Benoit, de Gaston Bachelard, de Daniel Sorano, de Robert Julliard.

1963   Cyclone aux Antilles.

Préavis de cinq jours exigé avant une grève.

Naissance du mot « informatique ».

Fermeture de la grotte de Lascaux au public pour préserver les fresques préhistoriques de la pollution.

Suicide d'A. Métraux.

L'abbaye de Fontevrault cesse d'être une prison (1804).

Premières M.J.C. (maisons des jeunes et de la culture) : Le Havre, Caen, Bourges, etc.

Gilbert Bécaud : Grand Prix du disque.

Jean Ferrat : prix du Disque.

Première jam-session au Vieux-Colombier (Paris).

Pierre Etaix : *Le Soupirant.*

Frédéric Rossif : *Mourir à Madrid.*

Robert Bresson : *Le Procès de Jeanne d'Arc.*

Bertrand Blier : *Hitler, connais pas.*

Jacques Demy : *Les Parapluies de Cherbourg.*

Alain Robbe-Grillet : *L'Immortelle* (film).

Mort de Mgr Maillet, directeur-fondateur des Petits Chanteurs à la croix de bois, de Georges Braque, d'Edith Piaf.

Jean-Marie Le Clézio : *Le Procès-Verbal.*

André Roussin : *La Voyante.*

Samuel Beckett : *Oh ! les beaux jours !*

Armand Lanoux : *Quand la mer se retire,* prix Goncourt.

Alain Robbe-Grillet : *Pour un nouveau roman.*

Roland Barthes : *Sur Racine.*

Henry de Montherlant : *Le Chaos et la Nuit.*

Eugène Ionesco : *Le roi se meurt.*

Mort de Jean Cocteau, de Henry Bordeaux.

Création du Théâtre de l'Est parisien (T.E.P.).

Georges Wilson, directeur du T.N.P.

Première parution du *Quid.*

à p. 1963 Découverte des sculptures et statues du cloître de Notre-Dame-en-Vaux (Châlons-sur-Marne).

1964   Création de l'Office national des forêts.

André Malraux fait commencer l'inventaire général des monuments et richesses de la France.

Scission entre les deux syndicats C.F.T.C. et C.F.D.T.

Réorganisation de la région parisienne en sept départements.

Début des fouilles de Leroi-Gourhan à Pincevent (camp magdalénien).

Darius Milhaud : *Pacem in terris.*

Francesca Solleville : prix Charles Cros.

Marc Chagall : plafond de l'Opéra de Paris.

Dégagement des fossés du Louvre.

Renouveau de l'artisanat corse (Corsicada).

Eric Tabarly gagne la Transat (course de voiliers).

Aux J.O. d'hiver à Innsbruck, la France remporte quatre médailles d'or (sœurs Goitschel), François Bonlieu) ; aux J.O. de Tokyo, Pierre Jonquières d'Oriola, seule médaille d'or.

Jacques Anquetil gagne son cinquième Tour de **France** cycliste.

Philippe de Broca : *L'Homme de Rio.*

François Truffaut : *La Peau douce.*

Jean-Luc Godard : *Une femme mariée ; Le Mépris.*
Mort de Gaby Morlay, de Marguerite Jamois.
Jean-Paul Sartre : prix Nobel de littérature (refusé) ;
Les Mots.
René Char : *Commune Présence,* recueil anthologique.
Georges Conchon : *L'Etat sauvage,* prix Goncourt.
René Fallet : *Paris au mois d'août,* prix Interallié.
Jean Guéhenno : *Ce que je crois.*
Etiemble : *Parlez-vous franglais ?*
Claude Lévi-Strauss : *Le Cru et le cuit.*
J. Vilar : *Le Dossier Oppenheimer.*
Ariane Mnouchkine crée le Théâtre du Soleil.
Début de la revue *Archeologia.*

v. 1965 Début des cafés-théâtres.

1965   Réduction du service militaire à seize mois.
Débuts du « monokini ».
Les Pr Jacob, Monod, Lwoff, prix Nobel de médecine.
Inauguration du tunnel sous le mont Blanc.
Inauguration de la centrale atomique de Chinon
(production d'électricité).
Lancement du premier satellite artificiel A 1 par la
fusée Diamant au Sahara.
Lancement du satellite scientifique français FR 1 par
une fusée américaine aux Etats-Uuis.
Démolition du premier pont suspendu au monde
à Tournon.
Mort du Dr Schweitzer à Lambaréné.
Chanson folksong en France.
Gérard Oury : *Le Corniaud.*
Jean-Luc Godard : *Pierrot le fou ; Alphaville.*
René Allio : *La Vieille Dame indigne.*
Agnès Varda : *Le Bonheur.*
Pierre Schœndorffer : *La 317ᵉ Section.*
Mort de Le Corbusier.
Louis Aragon : *La Mise à mort.*
Thierry Maulnier : *Cette Grèce ou nous sommes nés.*
René-Victor Pilhes : *La Rhubarbe,* prix Médicis.
Albertine Sarrazin : *L'Astragale.*
Louis Althusser : *Lire le Capital.*
René Picard : *Nouvelle critique ou nouvelle imposture,*
pamphlet.

Réforme Fouchet sur l'enseignement secondaire et supérieur.

1966 La femme devient juridiquement l'égale de son mari.

Vingt et un sportifs reçoivent la Légion d'honneur et le Mérite.

Naissance de la Banque nationale de Paris (B.N.P.), résultant d'une fusion.

Aménagement du lac de la forêt d'Orient, comme lac-réservoir de la Seine.

Pr Kastler, prix Nobel de physique.

Inauguration de l'usine marémotrice de la Rance, la première au monde.

Inauguration du pont de l'île d'Oléron.

Essais concluants de l'aérotrain Bertin (sur coussin d'air).

Inauguration du Centre international de recherche sur le cancer à Lyon.

Début de la musicassette.

Guislain et Szekely : Carmel de Valenciennes.

P. Sourel : Maison de la culture d'Amiens.

Jacques Demy : *Les Demoiselles de Rochefort*.

François Truffaut : *Farenheit 451*.

Claude Lelouch : *Un homme et une femme*.

Alain Resnais : *La Guerre est finie*.

Jean-Pierre Melville : *Le Deuxième Souffle*.

Dernier bal des « Quat'z arts ».

Mort de Lurçat.

Création du parc zoologique de Thoiry avec animaux sauvages en liberté.

Floralies internationales d'Orléans.

Jean Genet : *Les Paravents*.

Edmonde Charles-Roux : *Oublier Palerme*, prix Goncourt.

Lapierre et Collins : *Paris brûle-t-il ?*

Michel Foucault : *Les Mots et les Choses*.

Mort d'André Breton, de Georges Duhamel.

1967 Tremblement de terre dans les Pyrénées (Arette).

Violentes tempêtes dans la Manche.

Tornade dans le Nord.

Marée noire due au naufrage du *Torrey Cañon*.

Loi Neuwirth sur la contraception.

Naissance du 50 000 000e Français.

Mode des bottes.

Construction de la Grande-Motte en Languedoc.

Premier ordinateur français « Iris ».

Centrale nucléaire franco-belge de Chooz.

Une usine électrique remplace la « machine de Marly ».

Création de la base spatiale de Kourou en Guyane.

Lancement du *Redoutable,* premier sous-marin à propulsion nucléaire.

Première sortie en public de l'avion supersonique franco-britannique Concorde.

Mise en service de l'*Archéonaute,* bateau de prospection archéologique sous-marin.

Arambourg et Coppens découvrent des ossements du *paraustralopithecus œthiopicus* dans la vallée de l'Omo (Ethiopie).

Mise au jour du rempart grec de Massalia à Marseille.

Débuts de la télévision en couleurs.

Le Corbusier : M.J.C. de Firmigny.

Wogensky : M.J.C. de Grenoble.

Création de l'Orchestre de Paris.

Géard Oury : *La Grande Vadrouille.*

Jean-Luc Godard : *La Chinoise.*

Jean-Pierre Melville : *Le Samouraï.*

Alain Robbe-Grillet : *Trans-Europ-Express.*

Jacques Rivette : *La Religieuse.*

Jacques Tati : *Playtime.*

Michel Deville : *Benjamin.*

Georges Brassens : Grand Prix de poésie de l'Académie française.

Joseph Kessel : *Les Cavaliers.*

Claire Etcherelli : *Elise ou la vraie vie.*

Marguerite Duras : *La Musica.*

André Malraux : *Antimémoires.*

Emmanuelle Arsan : *Emmanuelle,* roman érotique.

Version française de l'*Histoire de l'Humanité* par l'U.N.E.S.C.O.

Mort d'André Maurois, de Maurice Garçon.

1968   René Cassin, prix Nobel de la paix.

Transfert des Halles de Paris à Rungis.

Disparition du sous-marin *Minerve* avec cinquante-quatre hommes.

La drogue se répand chez les jeunes ainsi que la liberté sexuelle.

Loi sur la reconnaissance de la section syndicale d'entreprise.

Débuts de la publicité à la télévision.

Explosion de la première bombe H française dans le Pacifique.

Inauguration du barrage de Vouglans.

Première transplantation cardiaque en France.

Inauguration du port pétrolier de Fos-sur-Mer.

Incendie accidentel du château de Hautefort.

A. Demard crée le musée de Vie paysanne à Champlitte.

Max Ernst : *Fontaine d'Amboise.*

Alain Resnais : *Je t'aime, je t'aime.*

François Truffaut : *Baisers volés.*

Lapoujade : *Le Socrate,* dessin animé.

Etats généraux du cinéma à Cannes.

Prolifération d'affiches, slogans, poèmes, etc., sur les murs.

Jeux Olympiques de Grenoble : la France obtient 4 médailles d'or, 3 d'argent et 2 de bronze (Killy, Goitschel, etc.).

Jeux Olympiques de Mexico : la France remporte 15 médailles dont 8 en or.

Bernard Clavel : *Les Fruits de l'hiver,* prix Goncourt.

Christine de Rivoyre : *Le Petit Matin,* prix Interallié.

André Roussin : *Un amour qui ne finit pas.*

Françoise Dorin : *La Facture.*

Pauline Réage : *Histoire d'O* (sortie autorisée).

Création du Théâtre de la Ville à Paris.

Création du Théâtre de l'Ouest parisien (T.O.P.) à Boulogne.

Loi Edgar Faure sur l'enseignement supérieur.

1968-1973 Laloux-Topor : *La Planète sauvage.*

1969   Cyclone en Bretagne : 26 morts.

Dévaluation du franc.

Mode unisex (pantalon, etc.).

Création du parc floral de Paris (Vincennes).

Premier tronçon du Réseau express régional (R.E.R.).

Découverte dans les ruines gallo-romaines de Bavay d'un trésor de bronze romain.

Costa Gavras : *Z.*

François Truffaut : *L'Enfant sauvage.*

Eric Rohmer : *Ma nuit chez Maud.*

Spectacle *Hair.*

Mort d'Henri Decoin.

Felicien Marceau : *Creezy,* prix Goncourt.

Max-Olivier Lacamp : *Les Feux de la colère,* prix Renaudot.

Henri Charrière : *Papillon.*

Robert Sabatier : *Les Allumettes suédoises.*

Fondation du journal *Charlie.*

Mort de Beatrix Dussane, d'André Salmon, de Louise de Vilmorin, d'Arthur Adamov, de Gabriel Chevallier.

1970 Une avalanche fait quarante et un morts dans la maison de l'U.C.P.A. à Val-d'Isère.

Tornades sur la France (février).

Coulée de boue au plateau d'Assy (72 morts).

Naufrage d'un bateau de promenade sur le lac Léman (24 morts).

Incendie du dancing de Saint-Laurent-du-Pont (145 morts).

Vague de froid, neige, etc., en décembre.

Disparition du sous-marin *Eurydice* (57 morts).

Accords sur la mensualisation chez Renault.

Incendie du « Bateau-Lavoir » à Montmartre.

Mode « maxi ».

Vote de la loi « anti-drogue ».

Service militaire : douze mois.

L. Néel, prix Nobel de physique.

Inauguration du turbotrain Paris-Cherbourg.

Liaison autoroutière complète entre Lille et Marseille.

Lancement du navire océanographique le *Noroît* au Havre.

Pierre Henry : *Ceremony,* messe électronique.

Claude Chabrol : *Le Boucher.*

Claude Sautet : *Les Choses de la vie.*

Jean-Pierre Melville : *Le Cercle rouge.*

Costa-Gavras : *L'Aveu.*

Chanson engagée, folk, etc.

Mort de Samson François, de Bourvil.

Michel Tournier : *Le roi des aulnes*, prix Goncourt.

François Nourrissier : *La Crève*, prix Fémina.

Michel Déon : *Les Poneys sauvages*, prix Interallié.

Charles de Gaulle : *Mémoires d'espoir*, tome I.

Jean-Paul Sartre, directeur du journal *La Cause du peuple*.

Jacques Monod : *Le Hasard et la Nécessité*.

Construction de la « cité des archives contemporaines » à Fontainebleau.

Eclatement de l'université de Paris en sept unités autonomes et pluridisciplinaires.

Mort d'Elsa Triolet, de Pierre Mac Orlan, de François Mauriac, de Jean Giono, de Roger Martin du Gard.

ap. 1970 Les femmes adoptent le collant en remplacement du porte-jarretelles et des bas.

1971 Grève chez Renault.

Scandale de la Garantie foncière.

Agitation universitaire et lycéenne.

Loi sur la formation permanente.

Mutinerie dramatique à la centrale de Clairvaux.

Explosion due au gaz à Argenteuil (13 morts).

Inauguration du pont de l'île de Noirmoutier.

Création du Conseil de la recherche scientifique et de l'environnement.

Début de la vague d'érotisme.

Mort de Coco Chanel.

Découverte d'un crâne de l'homme de Tautavel (environ 320 000 ans) dans les Corbières.

Mort de Louis Armand.

Suicide du cancérologue Lacassagne.

Pierre Granier-Defferre : *La Veuve Couderc*.

Michel Drach : *Elise ou la vraie vie*.

Yves Boisset : *Un condé*.

Claude Sautet : *Max et les ferrailleurs*.

Rolf Liebermann prend la direction de l'Opéra de Paris.

Mort de Fernandel.

Jacques Laurent : *Les Bêtises*, prix Goncourt.

André Malraux : *Les Chênes qu'on abat*.

Gérard Klein : *Les Seigneurs de la guerre*.

Paul Morand : *Venises*.

Pierre-Jean Remy : *Le Sac du palais d'été*.

Robert Sabatier : *Trois Sucettes à la menthe*.

Claude Levi-Strauss : *L'Homme nu*.

Théâtre du Soleil : *1789*.

Mort de Jean Vilar, de Jean-Marc Tennberg, de Philippe Hériat, de Pasteur, de Vallery-Radot.

1972 Violents orages et pluies dans toute la France.

Affaire du talc Morhange (36 morts).

Réforme des professions judiciaires.

Egalité des salaires masculins et féminins.

Accord sur la pré-retraite à plus de soixante ans.

Grève du Joint français à Saint-Brieuc (2 mois).

Loi sur la filiation naturelle.

Incendie de l'immeuble Publicis à Paris.

Quatre filles, dont le major, reçues à Polytechnique.

Nomination de la première femme ambassadeur de France.

Polémiques au procès de l'avortement de Bobigny.

L'inculpation d'un notaire pour meurtre à Bruay-en-Artois suscite de vives polémiques.

Catastrophe ferroviaire de Vierzy (Paris-Laon) : 104 morts, 88 blessés.

La hauteur des immeubles dans le centre de Paris est limitée à vingt-cinq mètres.

Loi portant création et organisation des régions.

Agitation étudiante à Paris.

Mis en service du R.E.R. entre Saint-Germain-en-Laye et Auber.

Inauguration du viaduc de Martigues (1 km).

Inauguration de la plus grande écluse du monde au Havre.

Mise en service de la centrale nucléaire Phœnix à Marcoule.

Tout le réseau S.N.C.F. fonctionne à l'électricité ou au diesel.

Etiolles : fouilles d'un site préhistorique (environ 10 000 ans av. J.-C.).

Construction de la tour Montparnasse, du palais des Congrès et du Front de Seine (Paris).

Andrault-Parat : Evry, ville nouvelle.

Pierre Henry : *L'Apocalypse de Jean*.

Claude Sautet : *César et Rosalie*.

Eric Rohmer : *L'Amour l'après-midi*.

Yves Boisset : *L'Attentat*.

Spectacle *Jésus superstar*.

Naissance de la troisième chaîne de télévision.

Alain Colas remporte la Transat (voile).

Démolition du music-hall Pacra.

Mort de Maurice Chevalier, de J. et R. Casadesus, de Pierre Brasseur.

Patrick Modiano : *Les Boulevards de ceinture*.

Jean Carrière : *L'Epervier de Maheux*, prix Goncourt.

Jean-Edern Hallier : *La Cause des peuples*.

Claude Manceron : *Les Hommes de la liberté : la jeunesse du roi*.

La Compagnie Renaud-Barrault s'installe à la gare d'Orsay.

Fermeture de la Comédie-Française pour cause de grèves.

L'enseignement religieux n'est plus obligatoire en Alsace.

Fondation du journal *Le Point*.

Création de l'Ecole nationale d'équitation (civile) à Saumur.

Mort du cardinal Tisserand, de Pierre Lazareff, de Jules Romains, d'Henry de Montherlant, de Jacques Deval, de Pierre-Henri Simon.

1973   Les mots techniques (franglais et autres) sont francisés.

Incendie du C.E.S. Pailleron par des élèves (21 morts).

Grève des contrôleurs aériens.

Grève des O.S. Renault.

Agitation lycéenne contre la loi Debré restreignant l'attribution des sursis.

« Affaire des micros » au *Canard enchaîné*.

Un supersonique soviétique s'abat lors de la fête aérienne du Bourget sur Goussainville.

Un Boeing brésilien s'abat près d'Orly (122 morts).

Grève et occupation d'usine chez Lip.

Loi Royer sur le commerce et l'artisanat.

Mesures d'économie de chauffage pour lutter contre la crise de l'énergie mondiale.

Grève des détaillants en fruits et légumes.

Course truquée au prix « Bride abattue ».

Mise en service des avions Mirage F 1 et Jaguar.

Le *France* cesse de naviguer pour cause de non-rentabilité.

Concorde OO2 relie Paris-Washington en 3 h 33 mn.

Inauguration du dernier tronçon du boulevard périphérique à Paris.

Yves Coppens découvre en Ethiopie les restes d'une femme préhistorique (australopithèque) ; âge : environ de 3,2 millions à 2,8 millions d'années (Lucie).

Echec du lancement des satellites Castor et Pollux par une fusée Diamant B à Kourou.

Mort de Gaston Voisin.

François Truffaut : *La Nuit américaine.*

Claude Chabrol : *Les Noces rouges.*

Yves Boisset : *R.A.S.*

Yves Robert : *Le Grand Blond avec une chaussure noire.*

Pascal Thomas : *Les Zozos.*

Mort de Jules Ladoumègue, de Pablo Picasso.

Publication en France de *L'Archipel du goulag,* de Soljénitsyne.

Lucien Bodard : *Monsieur le Consul,* prix Interallié.

Alain Peyrefitte : *Quand la Chine s'éveillera.*

Christine de Rivoyre : *Boy.*

Création du Dépôt central de microfilms des Archives nationales à Saint-Gilles-du-Gard.

Les I.U.T. intégrés aux universités.

Mort d'André Barsacq, de Maurice Escande, de Roland Dorgelès, de Jean Tissier, de Jeanne Fusier-Gir, de Jacques Maritain, de Maurice Dekobra, de Wladimir d'Ormesson, de Gabriel Marcel, de L. Hautecœur.

Protestation des artistes et intellectuels après les déclarations de Maurice Druon, ministre de la Culture.

à p. de 1973 Crise économique (énergie, chômage, etc.).

1974 Graves inondations en Bretagne.

La majorité civique est abaissée à dix-huit ans.

Loi Veil sur l'interruption de grossesse.

Coup de grisou à Liévin (42 morts).

Mutinerie à Clairvaux.

Fermeture des abattoirs de La Villette.

Une patrouille militaire est fauchée par un train dans un tunnel.

Création du lac de Der, lac-réservoir de la Marne.

Un avion turc s'écrase à Ermenonville : 345 morts.

Mise en service de l'avion Airbus (franco-allemand).
Ouverture de l'aéroport Charles-de-Gaulle à Roissy-en-France.

Premier congrès mondial de sexologie à Paris.

« Salon des 72 artistes » à Paris.

Henri Dutilleux : *Concerto pour violoncelle.*

Bertrand Tavernier : *L'Horloger de Saint-Paul.*

Robert Bresson : *Lancelot du lac.*

Louis Malle : *Lacombe Lucien.*

Succès d'*Emmanuelle*, film érotique.

Premier « écomusée » au Creusot.

Réorganisation de l'O.R.T.F. en sept sociétés (radio et T.V.).

Mort de Darius Milhaud, de Francis Blanche, de L. Touchagues, de Dunoyer de Segonzac, de Pierre Fresnay.

Roger-Victor Pilhes : *L'Imprécateur*, prix Fémina.

Jean d'Ormesson : *Au plaisir de Dieu.*

Mort de Marcel Pagnol, du cardinal Daniélou, de Marcel Achard, de V.-L. Tapié, de Julien Cain, de Pierre Renouvin, d'Henri de Monfreid.

Le journal *Combat* cesse de paraître.

Mort de Ferdinand Lop, une des figures légendaires du Quartier latin d'avant 1968.

Depuis 1974, renouveau du cirque (Jean Richard, Silvia Monfort, Annie Fratellini, Pierre Etaix, les Grüss, etc.).

1975   Cyclone à la Guadeloupe.

Trentième recensement en France : 52 658 243 habitants.

Discrimination à l'embauche interdite.

Réforme du divorce.

Réforme de l'enseignement et agitation lycéenne.

Manifestations des viticulteurs dans le Midi.

La Corse est divisée en deux départements.

Manifestations de prostituées à Paris, Lyon, etc.

Explosion à la poudrerie de Pont-de-Buis (4 morts, 36 blessés).

Campagne anti-tabac.

Inauguration du pont suspendu sur la Loire entre Saint-Nazaire et Saint-Brévin, 3 356 m.
Mort d'A. Lagarrigue, de J. Bertin.
Bertrand Tavernier : *Que la fête commence.*
Yves Boisset : *Dupont la joie.*
Création du musée de l'Atlantique à Port-Louis.
Fondation Vasarely.
Thévenet gagne le Tour de France cycliste.
Mort de Gabriello, d'André Jolivet, de Gustave Carpentier, de Joséphine Baker.
Emile Ajar : *La Vie devant soi,* prix Goncourt.
W. Lestienne : *L'Amant de poche,* prix Interallié.
Pierre-Jakez Hélias : *Le Cheval d'orgueil.*
Patrice Modiano : *Ville triste.*
Félicien Marceau : *Le Corps de mon ennemi.*
Louis Althusser : *Eléments d'autocritique.*
Max Gallo : *La Baie des anges.*
Mort de Raymond Cartier, de Pierre Dac, de Raymond Aron, de Gil Delamare, de Saint-John Perse, du cardinal Feltin, de Jacques Charon, de Jean Chevrier, de Me Floriot, de Gaston Gallimard.

à p. de 1975 Renouveau de la littérature de tradition régionale (Hélias, Chabrol, Vincenot, Carles...).

1976 Eruption du volcan la Soufrière à la Guadeloupe.
Loi sur la protection de la nature.
Deux marées noires en Bretagne causées par les naufrages de l'*Olympic Bravery* à Ouessant, et du *Boehlen* entre Sein et Ouessant.
Eté de la sécheresse.
Réforme Haby sur les trois cycles d'enseignement.
Premier tirage du nouveau jeu, le loto national.
Adoption de l'heure d'été pour économiser l'énergie.
Manifestations sanglantes de viticulteurs à Montredon.
Premiers vols commerciaux de Concorde entre Paris et Rio, Caracas, Washington.
Mort de Jacques Monod, du Pr Trémolières.
Vol de cent-dix-neuf toiles de Picasso à Avignon.
Patrice Chéreau met en scène les *Niebelungen* à Bayreuth.
Michel Lang : *A nous les petites anglaises.*
Bertrand Tavernier : *Le Juge et l'Assassin.*
Tabarly gagne la Transat pour la deuxième fois.

Aux J.O. de Montréal la France obtient neuf médailles dont deux en or (110 mètres-haies et équitation).

La momie de Ramsès II à Paris pour restauration.

Mort de J. Martinon, de Jean Gabin, de Dubout.

Joseph Joffo : *Le Sac de billes.*

Alain Peyrefitte : *Le Mal français.*

Valéry Giscard d'Estaing : *Démocratie française.*

Mort de Jean Sarment, d'Henri Bosco, de Louis Merlin, d'Yvonne de Brémond d'Ars, de Saint-Granier, de Paul Morand, d'André Malraux, E. de Benvéniste, de Raymond Queneau.

Le pape suspend de ses fonctions sacerdotales Mgr Lefèvre chef des intégristes.

1977   Violentes pluies et crues dans la région d'Auch (11 morts).

La France dépasse le million de chômeurs.

Journée nationale de l'arbre.

Loi Guermeur d'aide à l'enseignement privé.

Mort de Raoul Follereau, le défenseur de la cause des lépreux.

Attentats d'autonomistes bretons et corses contre les relais de télévision (Roc Trézudon, Bastia, Pré-en-Pail).

Mode « punk ».

Mort de Wilfrid Baumgartner, de Jacques Rueff, d'Henri Curiel, de Jacques Prouvost.

Dernier voyage du train Orient-Express.

Jonction entre le métro et le R.E.R. (Paris).

Inauguration du métro de Marseille.

Le *France* vendu à un homme d'affaires saoudien.

Inauguration à Issoire de la presse géante franco-russe de 65 000 tonnes.

Inauguration du pont suspendu de Brotonne sur la Seine (Normandie).

Destruction à Bourbonne-les-Bains, sous le couvert de l'administration, d'importantes ruines thermales gallo-romaines.

Découverte fortuite des têtes des statues de la galerie des rois de Notre-Dame (Paris).

L'œuvre de Chagall entre au Louvre.

Ouverture de l'auditorium Frantz Liszt à Senlis, créé par Georgy Cziffra,

Création des jardins Saint-Bernard à Paris.

Ouverture du Centre national d'art et de culture Georges Pompidou (Centre Beaubourg) à Paris.

Diane Kurys : *Diabolo menthe*.

Pierre Schœndorfer : *Le Crabe tambour*.

Mort de la Callas à Paris.

Le Président de la République interviewé en direct par soixante citoyens réunis à l'Elysée lors de l'émission télévisée « Les Dossiers de l'écran ».

Mort de René Goscinny, du dompteur A. Court, de René Poincelet, jockey, de Jean-Jacques Vital, d'Henri-Georges Clouzot, d'Yvonne Printemps.

Alphonse Boudard : *Les Combattants du petit matin*, prix Renaudot.

Régis Debray : *La neige brûle*, prix Fémina.

Sébastien Japrisot : *L'Eté meurtrier*.

Mort de J. Burnat, de Jacques Prévert, d'Henri-Irénée Marrou, de Berthe Bovy, de Victor Francen.

Les traditionalistes parisiens occupent l'église Saint-Nicolas-du-Chardonnet.

1978   Premier trimestre : pluies, inondations, neige, etc.

Panne générale de courant sur le territoire.

Explosion due au gaz dans le XVIe arr. à Paris, qui cause 12 morts et une centaine de blessés.

Pollution et marée noire en Bretagne due au naufrage du pétrolier *Amoco Cadiz* (Portsall).

Effondrement du pont Wilson à Tours.

Procès « Bride abattue » (tiercé truqué).

Inauguration du foyer Flora Tristan, à Clichy, pour les femmes battues.

Loi autorisant les prélèvements d'organes.

Les frères Willot rachètent l'« empire » Boussac.

Enlèvement et délivrance du baron Empain.

Première gare française pour les voitures à Paris-Bercy.

Inauguration du métro de Lyon.

Création d'un commissariat à l'énergie solaire.

La France crée sa course « transat » (voile) : la « course du rhum », au cours de laquelle disparaît Alain Colas.

Mort de Robert Debré, pédiatre.

Attentat à la bombe au château de Versailles (graves dégâts).
Création d'un musée d'Art et d'Essai au Palais de Tokyo à Paris.
Ouverture de l'« archéodrome » de Meursault (éco-musée).
Institut français de restauration des œuvres d'art ouvert à Paris.
Donation Pierre-Lévy (œuvres d'art).
Inauguration du musée Jules-Verne à Nantes.
Ariane Mnouchkine : *Molière*.
La France est éliminée de la coupe du monde de football en Argentine.
Victoire du skieur de fond J.-P. Pierrat dans la « Vasaloppet » (Suède).
Une équipe d'alpinistes et de TF 1 avec P. Mazeau atteignent le sommet de l'Everest.
Mort de Jacques Brel, de Claude François, d'Aimée Mortimer, de Damia, de R. Famechon, d'A. Combelle, de G. Speicher.
A. Lacaze : *Le Tunnel*.
Patrick Modiano : *Rue des boutiques obscures*, prix Goncourt.
Georges Pérec : *La Vie mode d'emploi*, prix Médicis.
C. Detrez : *L'Herbe à brûler*, prix Renaudot.
F. Soukin : *Un amour de père*, prix Fémina.
J.-D. Wolfromm : *Diane Lanster*, prix Interallié.
H. Vincenot : *La Billebaude*.
G. Duby : *Atlas historique mondial*.
Création de la revue *L'Histoire*.
Arrêt du journal *Le Quotidien de Paris*.
Par deux fois le cardinal Vuillot assure l'intérim de la papauté après la mort de Paul VI et de Jean-Paul 1er.
Entrevue du pape Jean-Paul II et de Mgr Lefèvre.
Mort de Claude Dauphin, de Joseph Delteil, de Charles Boyer, de Jacques Chastenet, de Jacques Grello, de Jacques Rueff, d'Albert Husson, Roger Caillois.

1979   Raz de marée à Nice (11 morts).
Vague de grand froid en janvier.
Reconduction de la loi Veil (1974).

Réforme des élections prud'homales.

Inauguration du Forum des Halles (Paris).

Mort du gangster Mesrine.

Publication de découvertes importantes sur l'hypertension.

Première éolienne produisant du courant électrique commercialisé (Ouessant).

Découverte d'un important gisement de pétrole en Béarn.

Mme Choquet-Bruhat, première femme élue à l'Académie des sciences.

Incendie du navire *Bételjeuse* en Irlande (43 morts français).

Le *France* devient le *Norway* (Norvège).

Bernard Hinault vainqueur pour la 3e fois du Grand Prix cycliste des Nations.

Victoire des voitures Ligier en Amérique du Sud.

Mort de Nadia Boulanger, de Ray Ventura, de Mary Marquet, de Christian Duvalleix, d'Albert Préjean, de Bruno Coquatrix, de Jean Lumière, de Charles Humez.

Antonine Mallet : *Pélagie la charrette*, prix Goncourt.

Jean-Marc Roberts : *Affaires étrangères,* prix Renaudot.

Patrick Moinot : *Le Guetteur d'ombres,* prix Fémina.

Cavana : *Les Ruskoffs,* prix Interallié.

Claude Durand : *La Foire zoologique,* prix Médicis.

Mort de Gilbert Cesbron, de Joseph Kessel, de Marcel Jouhandeau, de Pierre Viansson-Ponté.

Mgr Etchegaray nommé à la commission vaticane pour le rapprochement avec l'Eglise orthodoxe.

1980   1 500 000 chômeurs en septembre.

Liquidation et reconversion de Manufrance.

Cyclone meurtrier sur la Réunion (25 morts).

Inondations dans le S.-E. du Massif central (6 morts).

Marée noire en Bretagne à la suite de l'échouage du pétrolier *Tanio*.

Adoption du projet Peyrefitte « Sécurité-Liberté ».

Long conflit des armateurs et des marins-pêcheurs avec blocus des ports.

Grève des balayeurs de la R.A.T.P.

Grève des enseignants.

Attentat contre la synagogue de la rue Copernic (4 morts, 31 blessés).

Manifestation étudiante à Jussieu (1 mort).

Agitation syndicale chez les fonctionnaires pour la défense de la Sécurité sociale et du droit de grève.

Rapport Giraudet sur la réduction du temps de travail.

Mort de M. Boussac.

Inauguration du tunnel routier au Mont-Cenis.

Echec du lancement de la fusée *Ariane*.

Le Pr Dausset, prix Nobel de médecine.

Première greffe du poumon réussie à Lyon.

Année du patrimoine.

P. Grimault et J. Prévert : *Le Roi et l'Oiseau* (dessin animé).

L. Malle, palme d'or à Venise pour *Atlantic City*.

J. Cavalier, prix Delluc pour *L'Étrange Voyage*.

F. Truffaut : *Le Dernier Métro*.

A. Resnais : *Mon oncle d'Amérique*.

Le Comité Olympique français décide de participer aux Jeux olympiques de Moscou.

B. Hinault remporte le « Giro » et le championnat du monde cycliste sur route.

E. Tabarly bat le record de la traversée de l'Atlantique en solitaire (voile).

G. d'Aboville traverse l'Atlantique à la rame.

Festival international de Concours complet d'équitatation à Fontainebleau (contre-Jeux olympiques) : la France obtient la médaille d'or par équipe.

Création de l'école de Marionnettes à Rennes.

Découverte d'une grotte peinte près d'Ustaritz (Magdalénien final).

Découverte d'une pirogue préhistorique dans la Loire (Allier).

Création du musée de Préhistoire de Vassieux (Vercors).

Ouverture de la crypte archéologique de Notre-Dame de Paris.

Mort de l'archéologue A. Parrot, de Pascal Jardin, Louis Daquin, de Jean Valton, d'Odile Versois, de Joe Dassin, d'André Leduc, de Patrick Depailler, de Patrick Pons, Jean Robic.

Election de M. Yourcenar à l'Académie française.

Prix Goncourt : Y. Navarre, *Le Jardin d'acclimatation*.

Prix Renaudot : D. Sallenave, *Les Portes de Gubbio*.

Prix Médicis : J.L. Benoziglio, *Cabinet portrait*.

Prix Fémina : J. François, *Joue-nous Espana*.

Prix Interallié : C. Arnoty, *Toutes les choses plus une*.

Mort de Roland Barthes, Gaston Bonheur, Max-Pol Fouchet, Romain Gary, Maurice Genevoix, Jean-Paul Sartre, Albert Simonin, Carmen Tessier.

Visite du pape Jean Paul II en France.

1981   Très grandes variations du franc à l'occasion du changement de majorité.

Forte augmentation des taux de crédit, des prix du gaz et de l'électricité.

Progression du chômage (1 840 000 en juillet).

Accord sur les 39 heures de travail hebdomadaire.

Lancement réussi (2e) de la fusée Ariane.

Record du monde de vitesse sur rail par le TGV (380 km/h).

Accident du R.E.R. à Auber (1 mort, 71 blessés).

Adoption du projet « Carburol » (essence + alcool).

Arrêt du programme électronucléaire.

Première « Transat » aérienne pour avions de tourisme.

Record en spéléologie (— 1 430 m) par le groupe Vulcain en Haute-Savoie.

Le XV de France vainqueur du Tournoi des Cinq Nations.

3e victoire de B. Hinault dans le Tour de France.

Victoire de J. Lafitte dans le Grand Prix d'Autriche sur Talbot-Ligier.

Victoire d'Alain Prost dans le Grand Prix des Pays-Bas sur Renault turbo.

Fêtes populaires et « spontanées » à la Bastille et en province après l'élection présidentielle.

Mort de Jean Nohain, René Clair, Max Rougerie.

Inauguration du musée de Préhistoire à Nemours.

Il se révèle que l'écrivain-mystère Emile Ajar était Romain Gary.

Premier Salon du livre à Paris.

Mort de M. Baumont, de Maurice Fombeure, du duc de Lévis-Mirepoix.

Mgr Lustiger archevêque de Paris.

42e congrès eucharistique de Lourdes sans le pape.

Mort de la stigmatisée Marthe Robin.

*La composition
et l'impression de ce livre ont été effectuées
par l'imprimerie Aubin à Ligugé
pour les Éditions Albin Michel*

AM

*Achevé d'imprimer le 18 septembre 1981
N° d'édition, 6919. N° d'impression, L 13834
Dépôt légal, 4ᵉ trimestre 1981*